Legumi

Funghi

Dolci

Recetas para un
VERANO
ITALIANO

La dolce vita

En Italia, el verano es sinónimo de vacaciones y descanso, de reunirse y sentarse a la mesa con familiares y amigos. La cocina estival italiana es fácil de preparar y saca el máximo partido a una gran variedad de productos de temporada, tanto si se trata de compartir un banquete multitudinario bajo un parral en una calurosa noche de verano como de disfrutar de un día de excursión.

Ferragosto

En general, los italianos se reservan todo el mes de agosto para las vacaciones. La fecha más señalada del calendario estival es el 15 de agosto, o Ferragosto, un día de fiesta nacional en el que se suele celebrar una comida con familiares y amigos al aire libre, ya sea en el campo o en la playa.

El menú de ocasiones especiales como esta festividad se planifica al detalle con un surtido de platos ligeros y a menudo fríos en el que los ingredientes autóctonos de temporada se combinan a las mil maravillas y conforman un ágape rebosante de sabor y color. A menudo adopta la forma de un exquisito bufé frío dispuesto de izquierda a derecha, empezando por los platos más ligeros y los aperitivos, y terminando por los postres. La regla de oro para servir un bufé consiste en presentar la comida de la manera más apetitosa posible de modo que los deliciosos ingredientes de temporada luzcan en todo su esplendor.

Destinos de vacaciones

Muchas de las recetas de este libro son originarias de los destinos de vacaciones de Italia por excelencia: Sicilia, Cerdeña, Campania, Toscana y las montañas del norte del país. La sabrosa gastronomía siciliana se distingue por los cítricos y las influencias del norte de África, así como por sus famosos helados. La comida sarda, sencilla y refinada, se inspira en la magnífica variedad de marisco de las costas de la isla y las huevas de mújol curadas (botarga), el producto de exportación más conocido de Cerdeña.

Los sabores originales de Campania, protagonizados por las aceitunas, los tomates y el queso de cabra, son ideales para el verano. En la Toscana, las recetas veraniegas pueden transformar los ingredientes más humildes, como las alubias, las acelgas o el bacalao salado, en platos sencillos pero exquisitos. Para asar a la barbacoa, nada mejor que unos buenos filetes de ternera Chianina toscana que, tras una cocción sencilla y delicada, se deshacen en la boca. Por último, la cocina de montaña es refrescante y saciante, y se suele preparar con hierbas frescas, setas, manzanas, peras y pescados de los arroyos de montaña.

Recetas de verano

Las recetas de este libro se agrupan en capítulos que corresponden a las distintas formas de disfrutar de la comida en verano y están concebidas para crear sugerentes menús para cualquier ocasión. «Picnics» incluye platos fríos fáciles de llevar y de disfrutar en el campo y la playa, como sencillos panes y ensaladas, pasteles y tortillas, y postres que se pueden preparar con antelación. «Ensaladas» ofrece recetas a base de verduras y hortalizas que constituyen una guarnición ideal para los platos principales y las barbacoas. Las recetas de «Comidas y cenas ligeras» son sencillas y rápidas, con completas ensaladas que se pueden servir como plato único, *pizzas* y platos ligeros a base de hortalizas y pescado.

El capítulo «Barbacoas» recoge platos de hortalizas, pescado y carne que pueden prepararse tanto al aire libre como en la cocina. Las recetas de «Celebraciones de verano» son algo más elaboradas pero constituyen una excelente opción para las reuniones multitudinarias, con canapés y aperitivos, entrantes y platos principales. Por último, «Postres» y «Helados y bebidas» reúnen una tentadora variedad de recetas, algunas tradicionales y otras más insólitas, preparadas con frutas de temporada.

Recetas para un verano italiano es un verdadero festín de los deliciosos ingredientes que están disponibles entre mayo y septiembre, y constituye un recetario exhaustivo de genuinas recetas de temporada recopilado por el equipo de *La cuchara de plata*, un éxito de ventas que es todo un referente de la cocina italiana. Con ingredientes de calidad, incluso los platos más sencillos brillan con luz propia, y las recetas de este libro le permitirán disfrutar del auténtico sabor del verano en Italia.

Fiestas gastronómicas en Italia

Durante todo el año, coincidiendo con las festividades religiosas, las ciudades y los pueblos de Italia celebran centenares de fiestas gastronómicas en las que los puestos y las degustaciones de rigor suelen ir acompañados de fuegos artificiales y música. Esta es una selección de las más importantes.

Mayo

1ª semana: Sessame, Piamonte
Sagra del risotto (Fiesta del *risotto*)

1ª-3ª semana: Mezzago, Lombardía
Sagra degli asparagi (Fiesta del espárrago)

2ª semana: Terricciola, Toscana
Sagra della fragola (Fiesta de la fresa)

3ª semana: Zoppola, Friuli-Venecia Julia
Sagra degli asparagi (Fiesta del espárrago)

4ª semana: Poggioreale, Sicilia
Sagra del formaggio (Fiesta del queso)

4ª semana: Vignola, Emilia-Romaña
Sagra della ciliegia (Fiesta de la cereza)

3ª-4ª semana de mayo, 1ª-2ª semana de junio: Incisa in Valdarno, Toscana
Sagra del fungo porcino (Fiesta de las setas calabaza)

Junio

4ª semana de mayo-1ª semana de junio: Sesto al Reghena, Friuli-Venecia Julia
Sagra della trota (Fiesta de la trucha)

1ª semana: Rovolon, Véneto
Festa del pane (Fiesta del pan)

1ª semana: Genzano, Lacio
Festa della fragola (Fiesta de la fresa)

1ª-2ª semana: Palaia, Toscana
Festa della ciliegia (Fiesta de la cereza)

1ª-2ª semana: San Casciano Val di Pesa, Toscana
Festa del pinolo (Fiesta del piñón)

2ª-3ª semana: Buti, Toscana
Sagra del crostino (Fiesta del crostino)

2ª-4ª semana: Vicopisano, Toscana
Sagra dell'anguilla (Fiesta de la anguila)

3ª semana: Rossiglione, Liguria
Sagra della fragola (Fiesta de la fresa)

4ª semana de junio-1ª semana de julio: Collesalvetti, Toscana
Sagra del pane e pomodoro (Fiesta del pan y el tomate)

Julio

2ª-4ª semana: Collebeato, Lombardía
Sagra delle pesche
(Fiesta del melocotón)

3ª semana: Melpignano, Apulia
Sagra del cocomero
(Fiesta de la sandía)

3ª semana: Bagnara Calabra, Calabria
Sagra del pesce spada
(Fiesta del pez espada)

3ª semana: San Mango sul Calore, Campania
Sagra dei fichi (Fiesta del higo)

4ª semana: Piombino, Toscana
Sagra del pesce (Fiesta del pescado)

4ª semana: Nápoles, Campania
Sagra della melanzana
(Fiesta de la berenjena)

4ª semana: Tropea, Calabria
Sagra di cipolla rossa
(Fiesta de la cebolla roja)

4ª semana: Scarperia, Toscana
Sagra del fungo porcino
(Fiesta de las setas calabaza)

Agosto

4ª semana de julio-1ª semana de agosto: Magliano Vetere, Campania
Sagra del cavatello
(Fiesta de la pasta cavatello)

4ª semana de julio-1ª semana de agosto: Campello sul Clitunno, Umbría
Sagra del tartufo (Fiesta de la trufa)

3ª semana: Castel di Lucio, Sicilia
Sagra del caciocavallo
(Fiesta del queso caciocavallo)

3ª semana: Prato Carnico, Friuli-Venecia Julia
Fiesta della polenta
(Fiesta de la polenta)

3ª semana: Gildone, Molise
Sagra dei pepperoni
(Fiesta del pimiento)

4ª semana: Alife, Campania
Festa della cipolla
(Fiesta de la cebolla)

Septiembre

2ª semana: Striano, Campania
Sagra del pomodoro (Fiesta del tomate)

2ª semana: Vezzano Ligure, Liguria
Sagra dell'uva e del vino
(Fiesta de la uva y el vino)

2ª semana: Greve in Chianti, Toscana
Rassegna del Chianti Classico
(Fiesta del chianti)

3ª semana: Monterosso al Mare, Liguria
Sagra dell'acciuga
(Fiesta de la anchoa en salazón)

4ª semana de septiembre-1ª semana de octubre: Zagarolo, Lacio
Sagra dell'uva (Fiesta de la uva)

Calendario de ingredientes de temporada

Las frutas y las hortalizas están en su mejor momento durante la época de crecimiento natural. Esta lista agrupa los distintos ingredientes por temporadas. La disponibilidad puede variar en función del país de origen y la cosecha.

Todo el verano

- Acedera
- Acelga
- Ajo
- Albaricoque
- Alcachofa
- Berro
- Brécol
- Calabacín
- Canónigo
- Cebolla
- Col (verde)
- Espinaca
- Fresa
- Grosella espinosa
- Grosella negra
- Guisante
- Haba
- Hinojo
- Lechuga
- Melocotón
- Patata
- Pepino
- Pimiento
- Rábano
- Rúcula
- Tomate
- Zanahoria

Principios de verano

- Cereza
- Espárrago
- Kiwi
- Limón
- Melón
- Naranja
- Patata nueva
- Sandía

Mediados de verano

- Acelga
- Arándano
- Berenjena
- Cereza
- Frambuesa
- Grosella espinosa
- Grosella roja
- Higo
- Judía verde
- Maíz dulce
- Melón
- Nectarina
- Remolacha
- Sandía

Finales de verano

- Achicoria
- Alubia pinta
- Apio
- Arándano
- Berenjena
- Calabacín
- Ciruela
- Ciruela damascena
- Frambuesa
- Grosella roja
- Higo
- Judía verde
- Maíz dulce
- Manzana
- Mora
- Nectarina
- Pera
- Puerro
- Remolacha
- Seta
- Uva

Picnics

Pic-nic

Cada 15 de agosto (Ferragosto), los italianos suelen reunirse con sus familiares y amigos, en general en las regiones más frías de las montañas o a orillas del mar, para compartir una gran variedad de platos de fiesta al aire libre. Este día señalado suelen servirse numerosas recetas, la mayoría frías. No obstante, una comida al aire libre no tiene por qué ser algo excepcional, puesto que también puede consistir en unos bocadillos para reponer fuerzas un día de excursión o en una sencilla comida familiar bajo un olivo.

La gran variedad de entrantes, aperitivos y ensaladas del recetario de verano italiano es una fuente de inspiración inagotable para disfrutar de una comida al fresco. Tortillas, *risottos* fríos, pasteles y terrinas son fáciles de transportar y combinan a las mil maravillas con otros ingredientes para llevar más tradicionales, como bocadillos, fiambres, quesos y ensaladas. De postre, nada mejor que fruta fresca madura, aunque una sencilla tarta o una macedonia también pueden poner la guinda a una jornada inolvidable. Todas las recetas de esta sección son fáciles de hacer, se sirven frías y pueden prepararse con antelación.

Mayonesa (receta básica)

Maionese (ricetta base)

Preparación: 5 min

Para 4 personas

2 yemas de huevo o 1 yema de huevo y 1 huevo entero (véase preparación)
unos 200 ml de aceite de girasol
2 cucharadas de zumo de limón o vinagre de vino blanco
sal y pimienta

La mayonesa es una de las salsas más apreciadas y degustadas de todo el mundo. Si bien existe una gran variedad de mayonesas envasadas de calidad, no hay nada como las recetas caseras, por lo que es todo un lujo saborear la delicadeza de la mayonesa hecha en casa siempre que apetezca. Merece la pena saber cómo prepararla a mano y con el robot de cocina. Ambas técnicas se describen a continuación.

Antes de empezar, compruebe que el aceite y los huevos están a temperatura ambiente, puesto que si están demasiado fríos la salsa no se espesará como es debido. Incorpore el aceite en un hilo y haga lo mismo con el zumo de limón o el vinagre. Si la mayonesa se corta, bata una yema en un bol aparte e incorpórela en un hilo hasta que vuelva a quedar ligada.

Para preparar la mayonesa a mano, ponga las yemas en un bol y salpimiéntelas con una pizca de sal y otra de pimienta. Vierta el aceite en un hilo sin dejar de batir con un batidor de varillas o una cuchara de madera. En cuanto se espese, incorpore una gota de zumo de limón o vinagre. Siga añadiendo el aceite y el zumo o el vinagre en alternancia sin dejar de batir hasta incorporar todos los ingredientes.

Para preparar la mayonesa en el robot de cocina, ponga una yema y un huevo entero en el cuenco, salpimiente y añada 2 cucharadas de aceite y una gota de zumo de limón o vinagre. Ponga el robot en marcha unos segundos a la velocidad máxima. Cuando los ingredientes se hayan emulsionado, agregue el aceite y el zumo o el vinagre restantes en un hilo y ponga el robot en marcha 1 minuto más.

En ambos casos, rectifique la sazón. Pase la mayonesa a una salsera y guárdela en el frigorífico. Sírvala con carne hervida o asada, hortalizas crudas o cocidas o para acompañar.

Mayonesa a las hierbas

Maionese alle erbe

Preparación: 10 min
Cocción: 5 min
Para 4 personas

200 g de espinacas
1 ramita de estragón
½ manojo de berros
mayonesa (véase página anterior)
sal

Cueza las espinacas en agua hirviendo con sal 5 minutos, escúrralas bien y deje que se enfríen. Una vez frías, tritúrelas en el robot de cocina junto con el estragón y los berros hasta obtener un puré. Incorpore el puré de espinacas a la mayonesa hasta que la salsa adquiera un color verde uniforme y sálela. Sírvala fría con pescado escalfado frío o huevos duros.

Tapenade

Tapenade

Preparación: 15 min
Para 4 personas

100 g de filetes de anchoa en salazón, remojados 10 min en agua fría y escurridos
200 g de aceitunas negras sin hueso
150 g de alcaparras enjuagadas y escurridas
100 g de atún en aceite escurrido
1 cucharadita de mostaza de Dijon
aceite de oliva, para rociar
50 ml de brandy
2 cucharadas de zumo de limón colado
1 pizca de tomillo fresco
½ diente de ajo bien picado
pimienta
mayonesa (véase página anterior), opcional

Seque bien las anchoas y píquelas junto con las aceitunas, las alcaparras y el atún. Ponga el picadillo en un bol e incorpore la mostaza.

Riéguelo con un chorrito de aceite de oliva e incorpórelo sin dejar de remover. Añada el brandy, el zumo, el tomillo y el ajo y sazónelo con un poco de pimienta. Para preparar una versión más suave de esta sabrosa salsa provenzal, prescinda de la pimienta.

Si lo desea, mezcle todos los ingredientes con la mayonesa. Guarde la salsa en el frigorífico y sírvala con carne hervida, huevos duros o pescado.

Salsa al gorgonzola

Salsa al gorgonzola

Preparación: 5 min
Para 4 personas

300 g de queso gorgonzola suave desmenuzado
2 cucharadas de nata líquida o 100 ml de leche
1 cucharada de rábano rallado
sal y pimienta

En un bol, chafe el gorgonzola con un tenedor y, a continuación, incorpore la nata o la leche poco a poco. Cuando la salsa adquiera una consistencia cremosa, salpimiéntela, añada el rábano rallado y mézclela bien. Sírvala con canapés u hortalizas crudas.

Salsa verde

Salsa verde

Preparación: 15 min
Cocción: 15 min
Para 4 personas

1 patata pequeña
2 huevos duros
2 filetes de anchoa en salazón remojados 10 min en agua fría y escurridos
1 ramita de perejil, solo las hojas
½ diente de ajo
1 pepinillo escurrido
200 ml de aceite de oliva
2 cucharadas de vinagre de vino blanco
sal y pimienta

Cueza la patata en agua hirviendo con sal durante 15 minutos o hasta que esté tierna, escúrrala y pélela. Mientras aún esté caliente, póngala en un bol y cháfela con un tenedor.

Pele los huevos, pártalos por la mitad e incorpore las yemas al puré de patata. Seque las anchoas y píquelas bien junto con el perejil, el ajo y el pepinillo. Agregue el picadillo a la patata y mézclelo bien.

Ligue la salsa con el aceite en un hilo. Salpimiéntela e incorpore el vinagre. Sírvala con carne hervida o pescado escalfado frío.

Focaccia

Focaccia

Preparación: 3 h
(leudado incluido)
Cocción: 20-30 min
Para 6 personas

- 500 g de harina de fuerza, y un poco más para espolvorear
- ½ cucharadita de sal
- 2½ cucharaditas de levadura en polvo
- 1½ cucharadas de aceite de oliva, y un poco más para pintar
- 300 g de stracchino u otro queso de leche de vaca tierno en dados
- 12 hojas de albahaca picadas
- sal gorda, para espolvorear

Tamice la harina y la sal en un cuenco y añada la levadura. Forme un volcán y vierta el aceite y de 125 a 150 ml de agua templada en el centro. Incorpore los ingredientes secos de manera gradual y, si es necesario, añada más agua templada hasta obtener una masa maleable. Vuélquela sobre la encimera espolvoreada con un poco de harina y trabájela bien hasta que quede homogénea y elástica. Forme una bola con la masa, tápela con un paño de cocina limpio y déjela leudar de 1 hora y 15 min a 2 horas, hasta que duplique su volumen.

Precaliente el horno a 220 °C y pinte la bandeja con aceite. Aplane la masa, trabájela de nuevo y divídala en dos porciones. Extienda una mitad con un rodillo sobre la encimera espolvoreada con un poco de harina y pásela a la bandeja de manera que cubra parte de las paredes. Condiméntela con el queso, la albahaca y un poco de sal marina. Extienda la masa restante, póngala sobre el relleno y repliegue los bordes.

Pinche la superficie con un tenedor, píntela con un poco de agua y aceite y esparza un poco de sal gorda por encima. Hornee la *focaccia* de 20 a 30 minutos y déjela enfriar en una rejilla metálica.

Fotografía p. 26

Frisedda

Frisedda

Preparación: 10 min
Cocción: 5 min
Para 4 personas

- 2 roscas de pan
- 1 tomate maduro grande por la mitad
- 40 g de alcaparras pequeñas enjuagadas y escurridas
- 1 guindilla roja fresca despepitada y bien picada
- aceite de oliva, para rociar

Precaliente el horno a 180 °C. Corte las roscas de pan por la mitad a lo ancho y tuéstelas 10 minutos en el horno, hasta que empiecen a dorarse.

Saque el pan del horno y restriegue el tomate por las partes cortadas hasta que se unten bien. Esparza las alcaparras y la guindilla por encima y rocíelo con abundante aceite.

Nota: Para un picnic, tueste el pan con antelación y prepare los ingredientes restantes. Antes de servirlo, restriegue el tomate por el pan y esparza las alcaparras, la guindilla y el aceite.

Fotografía p.27

Casatiello

Casatiello

Preparación: 3 h 45 min (leudado incluido)
Cocción: 1 h
Para 6-8 personas

- 500 g de harina de fuerza, y un poco más para espolvorear
- 2½ cucharaditas de levadura en polvo
- 100 g de manteca de cerdo
- 100 g de mantequilla ablandada
- 25 g de queso pecorino rallado
- 25 g de parmesano rallado
- 50 g de salami en dados
- sal y pimienta

En un cuenco, tamice la harina con una pizca de sal. Incorpore la levadura, la manteca y agua hasta obtener una masa suave. Trabájela, dele forma de bola, póngala en un cuenco, tápela con un paño de cocina limpio y déjela leudar 1 hora.

Vuélquela sobre la encimera espolvoreada con un poco de harina y trabájela de nuevo. Incorpore la mantequilla, los quesos y una pizca de pimienta. Amásela 5 minutos más y, después, incorpore el salami. Dele forma de bola, tápela y déjela leudar 2 horas.

Precaliente el horno a 180 °C. Moldee la masa en forma de corona, póngala en la bandeja del horno y cuézala 1 hora, o hasta que al golpearla por la base suene hueca. Déjela enfriar sobre una rejilla metálica.

Panecillos de queso

Panini di formaggio e olive

Preparación: 10 min
Para 6 personas

- 600 g de queso cremoso
- 24 aceitunas verdes deshuesadas y bien picadas
- ½-1 cucharadita de aceite de oliva
- 12 panecillos de leche
- 100 g de canónigos
- sal y pimienta blanca recién molida

Mezcle el queso y las aceitunas en un bol. Salpimiente e incorpore el aceite hasta obtener una textura cremosa. Corte los panecillos por la mitad a lo ancho y úntelos con el queso. Ponga unos canónigos en la parte inferior de cada panecillo y cúbralos con la superior.

Tarta de judías verdes

Torta di fagiolini

Preparación: 30 min
Cocción: 1 h
Para 6 personas

- 1 kg de judías verdes despuntadas
- 50 g de mantequilla, y un poco más para engrasar
- 1 diente de ajo
- 250 g de masa de hojaldre preparada, descongelada si no es fresca
- harina, para espolvorear
- 4 huevos
- 400 ml de nata extragrasa
- 200 ml de leche
- 65 g de parmesano rallado
- sal y pimienta

Cueza las judías en agua hirviendo con sal de 5 a 8 minutos, hasta que estén tiernas pero aún consistentes, escúrralas y trocéelas. Funda la mantequilla en una sartén. Eche el ajo, sofríalo unos minutos hasta que se dore y retírelo. Ponga las judías en la sartén y rehóguelas, removiendo de vez en cuando, 5 minutos. Aparte la sartén del fuego y deje que las judías se enfríen un poco.

Precaliente el horno a 180 °C y engrase un molde para tarta con un poco de mantequilla. Extienda la masa de hojaldre sobre la encimera espolvoreada con un poco de harina hasta obtener una lámina de 3 mm de grosor y colóquela en el molde.

Bata los huevos con la nata y la leche y salpimiente. Reparta las judías por la base de hojaldre, cúbralas con el huevo batido y esparza el parmesano por encima. Ponga el molde en la bandeja del horno y cueza la tarta 45 minutos, o hasta que el relleno cuaje y la masa se dore. Sírvala templada o fría.

Focaccia (p.21)

Frisedda (p.24)

Piadina

Piadina

Preparación: 45 min
(leudado incluido)
Cocción: 15 min
Para 12 personas

600 g de harina, y un poco más para espolvorear
2 cucharaditas de levadura en polvo (opcional)
40 g de manteca de cerdo
aceite de oliva, para pintar
12 lonchas de jamón serrano
sal

Tamice la harina, la levadura y 2 pizcas de sal en un cuenco. Incorpore la manteca y agua suficiente para obtener una masa elástica. Tápela con un paño de cocina y déjela leudar 30 minutos.

Divida la masa en 12 porciones y extiéndalas sobre la encimera espolvoreada con un poco de harina en forma de círculos finos. Pinte una sartén con un poco de aceite, añada las porciones de masa por tandas y tuéstelas por ambos lados unos minutos, hasta que empiecen a dorarse. Cubra cada *piadina* con una loncha de jamón, dóblelas por la mitad y sírvalas.

Fotografía p.30

Barra de pan con pisto

Baguette alla ratatouille

Preparación: 50 min
Cocción: 1 h 20 min
Para 15 personas

400 g de berenjenas en dados
400 g de pimientos rojos
120 ml de aceite de oliva
1 kg de calabacines en dados
600 g de cebollas en dados
4 dientes de ajo aplastados
1 kg de tomates pelados, despepitados y en dados
2 hojas de laurel
3 ramitas de tomillo
1 cucharadita de azúcar
4 huevos un poco batidos
sal y pimienta
3 barras de pan de unos 50 cm de largo y 10 de diámetro

En primer lugar, prepare el pisto. Ponga la berenjena en un escurridor, sálela y déjela sudar. Con unas tenazas, acerque los pimientos a la llama viva hasta que se chamusquen. Si lo prefiere, pártalos por la mitad y áselos bajo el gratinador con la piel hacia arriba hasta que se chamusquen. Pele los pimientos, despepítelos, retíreles los tallos y trocee la pulpa en dados.

Caliente 1 cucharada del aceite en una sartén antiadherente. Rehogue el pimiento a fuego lento 10 minutos, removiendo de vez en cuando, y páselo a otro escurridor. Limpie la sartén con papel absorbente y caliente otra cucharada de aceite.

→

Rehogue el calabacín en la sartén a fuego lento 10 minutos, removiendo de vez en cuando, y páselo al escurridor con el pimiento. Limpie la sartén, caliente otra cucharada de aceite, rehogue la cebolla y pásela al escurridor. Limpie la sartén, caliente otra cucharada de aceite, rehogue la berenjena y pásela también al escurridor.

Caliente el aceite restante en la sartén. Sofría el ajo a fuego lento, removiendo a menudo, hasta que se dore y retírelo con una espumadera. Eche el tomate, el laurel y el tomillo en la sartén y llévelo a ebullición. Salpimiente e incorpore el azúcar y las hortalizas del escurridor. Tape la sartén y cuézalo a fuego medio, removiendo de vez en cuando, 30 minutos.

Eche el huevo y remuévalo vigorosamente unos segundos para incorporarlo. Aparte la sartén del fuego, rectifique la sazón y ponga el pisto en un plato. Déjelo enfriar, tápelo y guárdelo en el frigorífico.

Para servir, corte cada barra de pan en 5 trozos. Retire la miga con cuidado y rellene la barra con el pisto. Antes de servir, corte cada trozo de pan por la mitad.

Fotografía p.31

Piadina (p.28)

Barra de pan con pisto (p.28)

Tarta de hortalizas

Torta di verdure della lunigiana

Preparación: 30 min

Cocción: 40 min

Para 6-8 personas

- 500 g de espinacas
- 500 g de acelgas
- 500 g de hojas de ensalada silvestre, como borraja, rúcula y diente de león
- 2 calabacines en rodajas
- 2 puerros limpios y en rodajas
- 2 huevos
- 50 g de queso pecorino rallado
- 150 ml de aceite de oliva
- 300 g de harina, y un poco más para espolvorear
- sal y pimienta

Cueza las espinacas, las acelgas, las hojas de ensalada, los calabacines y los puerros en agua hirviendo con sal de 5 a 10 minutos hasta que estén tiernas. Escurra las hortalizas, retirando el máximo de líquido posible, y trocéelas. Bata los huevos con el pecorino, añada las hortalizas y 6 cucharadas de aceite y salpimiente. Mezcle bien el relleno y déjelo reposar.

Precaliente el horno a 200 °C y forre un molde rectangular con papel vegetal. Tamice la harina y una pizca de sal en la encimera y haga un hoyo en el centro. Vierta dentro el resto del aceite y 275 ml de agua templada e incorpore la harina con los dedos. Trabaje la masa hasta obtener una textura suave y extiéndala sobre la encimera espolvoreada con un poco de harina en 2 láminas rectangulares, una mayor que la otra.

Forre el molde con la lámina más grande y reparta el relleno de hortalizas por encima. Cúbralo con la otra lámina y repliegue los bordes. Haga un agujerito en el centro y hornee la tarta durante 30 minutos. Sírvala templada o fría.

Tarta de espinacas

Torta di spinaci

Preparación: 35 min

Cocción: 50 min

Para 6 personas

- 1 kg de espinacas sin los tallos más gruesos
- 50 g de mantequilla, y un poco más para engrasar
- 1 diente de ajo
- 250 g de ricota
- 2 huevos
- 100 ml de nata extragrasa
- 500 g de masa de hojaldre preparada, descongelada si no es fresca
- harina, para espolvorear
- 1 yema de huevo un poco batida
- sal y pimienta

Enjuague las espinacas y póngalas en una cazuela a fuego lento solo con el agua que retengan al lavarlas. Cuézalas 5 minutos, removiendo de vez en cuando. Escúrralas bien y estrújelas para que eliminen todo el líquido. Funda la mantequilla en una sartén. Sofría el ajo, removiendo a menudo, unos minutos o hasta que se dore bien y retírelo. Rehogue las espinacas en la sartén, removiendo, 5 minutos. Aparte la sartén del fuego y deje que se enfríe un poco.

Precaliente el horno a 180 °C y engrase un molde con un poco de mantequilla. Pique bien las espinacas, póngalas en un cuenco e incorpore la ricota, los huevos y la nata. Salpimiente.

Extienda dos terceras partes del hojaldre sobre la encimera espolvoreada con un poco de harina y cubra con él la base del molde. Reparta el relleno de espinacas por encima. Extienda la masa restante. Pinte el borde de la masa del molde con un poco de yema batida, cúbrala con la otra lámina y presione los bordes para sellarlos. Pinte la tarta con la yema restante y pinche la superficie con un tenedor. Ponga el molde en la bandeja del horno y cueza la tarta 40 minutos, hasta que la masa suba y se dore bien. Sírvala templada o fría.

Tarta de hinojo

Torta di finocchi

Preparación: 30 min
Cocción: 50 min
Para 6 personas

- 100 g de mantequilla, y un poco más para engrasar
- 6 bulbos de hinojo troceados
- 200 g de queso taleggio en lonchas
- 500 g de masa de hojaldre preparada, descongelada si no es fresca
- harina, para espolvorear
- 3 huevos
- 175 ml de leche
- 1 yema de huevo un poco batida
- sal y pimienta

Precaliente el horno a 180 °C y engrase un molde grande con un poco de mantequilla. Funda la mantequilla en una cazuela y rehogue el hinojo a fuego medio, removiendo de vez en cuando, de 8 a 10 minutos, hasta que esté tierno.

Extienda dos terceras partes del hojaldre sobre la encimera espolvoreada con un poco de harina y póngala en el molde. Recorte los bordes y pinte el contorno con agua. Cubra la masa con el hinojo rehogado y añada el queso.

Bata los huevos enteros con la leche en un bol, salpimiéntelos y viértalos sobre el hinojo y el queso. Extienda la masa restante, póngala sobre el relleno y presione los bordes para sellarlos. Pinte la superficie con la yema batida y hornee la tarta unos 40 minutos, hasta que se dore bien.

Fotografía p.40

Tarta verde de alcachofas

Torta di erbette e carciofi

Preparación: 50 min
(reposo incluido)
Cocción: 55 min
Para 6 personas

- 500 g de harina, y un poco más para espolvorear
- 6 cucharadas de aceite de oliva
- 2 rebanadas de pan blanco sin la corteza
- 120 ml de leche
- 500 g de hortalizas de hoja, como acelgas, espinacas o nabizas
- el zumo de 1 limón colado
- 12 alcachofas
- mantequilla, para engrasar
- 1 cebolla en rodajas finas
- 100 g de queso pecorino recién rallado
- 50 g de parmesano recién rallado
- 1 cucharada de mejorana picada
- sal y pimienta

Tamice la harina y una pizca de sal en la encimera y haga un hoyo en el centro. Añada 4 cucharadas de aceite y el agua justa para poder amasar la pasta. Déjela reposar 30 minutos en el frigorífico.

Trocee el pan, póngalo en un bol, vierta la leche y déjelo en remojo. Cueza las hortalizas en agua hirviendo con sal de 5 a 10 minutos hasta que estén tiernas, escúrralas, retirando el máximo líquido posible, y trocéelas. Llene un cuenco con agua hasta la mitad y vierta el zumo de limón. Retire las hojas exteriores de las alcachofas y deséchelas. Corte los 5 cm superiores de las hojas restantes y retire la pelusilla interior. Eche las alcachofas en el agua acidulada y déjelas 10 minutos.

Precaliente el horno a 200 °C y engrase un molde con mantequilla. Escurra las alcachofas, trocéelas y páselas a una cazuela con la cebolla y el aceite restante. Sofríalas a fuego lento unos 10 minutos hasta que estén tiernas. Escurra el pan y añádalo a la cazuela junto con las hortalizas troceadas y los quesos.

Mezcle bien el relleno, salpimiente e incorpore la mejorana. Extienda la masa sobre la encimera espolvoreada con un poco de harina para formar 2 círculos, uno mayor que el otro. Ponga el más grande en el molde, reparta el relleno por encima, cúbralo con la otra porción de masa y repliegue los bordes. Pinche la masa con un tenedor en forma de espiral y hornee la tarta 40 minutos. Se puede servir caliente, templada o fría.

Nasce Apollo: non vogliamo il partito-caserma
tondo al Quirinale, ma l'Ulivo non c'è
INTERNI

Tortilla de calabacín con queso de cabra y aceitunas negras

Frittata di zucchini al caprino e olive nere

Preparación: 40-50 min (reposo incluido)
Cocción: 20 min
Para 6 personas

- 3 cucharadas de aceite de oliva
- 600 g de calabacines en rodajas finas
- 1 ramita de tomillo
- 8 huevos
- 1 pizca de curry
- 200 g de queso de cabra desmenuzado
- 100 g de parmesano rallado
- 3 cucharadas de perejil picado
- 1 cucharada de cebollino cortado
- 1 cucharada de perifollo picado
- 80 g de aceitunas negras deshuesadas y por la mitad
- leche, para aclarar
- sal y pimienta

Caliente el aceite en una sartén. Rehogue el calabacín con el tomillo a fuego medio, removiendo y dándole la vuelta a menudo, hasta que esté tierno y el líquido se evapore. Salpimiente, retire y deseche el tomillo y reserve el calabacín en la sartén.

Bata los huevos con una pizca de curry, sal y pimienta en un bol e incorpore los quesos, el perejil, el cebollino, el perifollo y las aceitunas. Si queda demasiado espeso, añada un poco de leche. Vierta el huevo sobre el calabacín y cueza la tortilla a fuego medio unos 5 minutos, hasta que cuaje.

Aparte la sartén del fuego, separe la tortilla con una espátula y deslícela a una fuente. Déjela enfriar a temperatura ambiente, córtela en porciones y sírvala.

Pastel de tortillas

Torta di frittate

Preparación: 30 min

Cocción: 30 min

Para 6 personas

200 g de berenjenas en rodajas
200 g de pimientos rojos o amarillos
6 huevos
1 ramita de perejil picada
1 cucharada de parmesano recién rallado
25 g de mantequilla
100 g de queso fontina en lonchas
aceite de oliva
sal y pimienta

Precaliente el gratinador. Ase la berenjena hasta que esté tierna y dorada. Ase los pimientos hasta que se chamusquen, póngalos en una bolsa de plástico y anúdela. Precaliente el horno a 240 °C. Cuando los pimientos se hayan enfriado y pueda manipularlos, pélelos, despepítelos y corte la pulpa en tiras.

Bata 2 huevos en un bol y otros 2 huevos en otro, salpimiente y reparta el perejil entre ambos. Bata los huevos restantes en otro bol, salpimiente y añada el parmesano. Caliente la mantequilla y 1 cucharada de aceite en una sartén, vierta el huevo del primer bol y cueza la tortilla de manera que cuaje por un lado pero quede poco hecha por el otro.

Deslice la tortilla a un plato y haga las otras dos, una condimentada con perejil y otra con parmesano, del mismo modo.

Forre un molde con papel vegetal y disponga una de las tortillas de perejil con la parte poco hecha hacia arriba. Cúbrala con la berenjena y la mitad de fontina. Ponga la tortilla de parmesano encima, con la parte poco hecha hacia arriba, y cúbrala con las tiras de pimiento y la fontina restante. Por último, añada la segunda tortilla de perejil con la parte poco hecha hacia abajo. Hornee el pastel de tortillas 10 minutos y sírvalo caliente o frío.

Fotografía p.41

Tarta de hinojo (p.34)

Pastel de tortillas (p.39)

Hortalizas marinadas

Scapece misto

Preparación: 12 h
(refrigeración incluida)
Cocción: 25 min
Para 6 personas

- 1 kg de calabaza amarilla pelada y troceada
- 3 berenjenas en rodajas
- 175 ml de aceite de oliva
- 800 g de calabacines en rodajas
- 1 diente de ajo en láminas finas
- 2 ramitas de menta deshojadas
- vinagre de vino blanco suave, al gusto
- sal

Ponga la calabaza en un escurridor, sálela y déjela sudar 30 minutos. Ponga la berenjena en otro escurridor, sálela y déjela sudar también 30 minutos.

Enjuague la calabaza y la berenjena y séquelas con papel absorbente. Caliente 6 cucharadas de aceite en una sartén grande. Rehogue la calabaza, la berenjena y el calabacín a fuego medio-lento, dándoles la vuelta a menudo, unos 25 minutos o hasta que se doren bien. Retire las hortalizas con una espumadera y déjelas escurrir sobre papel absorbente.

Páselas a un bol y condiméntelas con el ajo y la mitad de hojas de menta. Caliente el aceite restante en una sartén pequeña, añada el vinagre, bátalo hasta que quede bien emulsionado y aderece las hortalizas con el aliño. Tape el bol con film transparente y déjelo toda la noche en el frigorífico. Para servir, retire y deseche el ajo y la menta. Ponga las hortalizas en una fuente y adórnelas con la menta restante.

Ditalini con tomate

Ditalini freddi aromatici

Preparación: 2 h 15 min
(marinada incluida)
Cocción: 8-10 min
Para 4 personas

450 g de tomates pelados, despepitados y en dados
1 manojo de hierbas aromáticas picado
1 diente de ajo picado
4 cucharadas de aceite de oliva
300 g de *ditalini* u otro tipo de pasta corta
1 cucharada de salsa Worcestershire
150 g de atún en aceite escurrido y desmenuzado
sal y pimienta

Mezcle el tomate, las hierbas, el ajo y el aceite en un bol y salpimiente. Tápelo con film transparente y déjelo reposar 2 horas en un lugar fresco.

Cueza la pasta al dente en agua hirviendo con sal de 8 a 10 minutos. Póngala en un escurridor, enjuáguela con agua fría, escúrrala bien y pásela a una sopera.

Añada el tomate marinado, la salsa Worcestershire y el atún, salpimiente y mézclelo con suavidad. Refrigérelo antes de servir.

Ensalada de alubias

Insalata di fagioli

Preparación: 20 min
Cocción: 1 h
Para 4 personas

600 g de alubias pintas
5 cucharadas de aceite de oliva
3 hojas de salvia
1 diente de ajo
sal y pimienta

Ponga las alubias, el aceite, la salvia, el ajo y 1,25 litros de agua en una cazuela y llévelo a ebullición. Baje el fuego, tape la cazuela a medias y cuézalo 1 hora, hasta que el agua se evapore por completo.

Si las alubias aún no están tiernas, añada un poco de agua caliente y prosiga con la cocción hasta que se evapore.

Aparte la cazuela del fuego y retire y deseche el ajo y la salvia. Pase las alubias a un cuenco y salpimiéntelas.

Ensalada de fusilli

Fusilli in insalata

Preparación: 20 min
Cocción: 8-10 min
Para 4 personas

4 tomates pelados, despepitados y en dados
16 hojas de albahaca
1 diente de ajo
aceite de oliva, para aliñar
350 g de *fusilli*
80 g de atún en aceite escurrido y desmenuzado
12 aceitunas negras deshuesadas y por la mitad
120 g de mozzarella en dados
sal

Ponga el tomate en una ensaladera junto con la albahaca y el ajo, alíñelo con aceite y sálelo.

Cueza la pasta al dente en agua hirviendo con sal de 8 a 10 minutos. Escúrrala y póngala en la ensaladera con el tomate. En cuanto se enfríe, añada el atún, las aceitunas y la mozzarella. Remuévalo con suavidad y retire el ajo antes de servir.

Ensalada de arroz a las hierbas

Insalata di riso al verde

Preparación: 25 min
Cocción: 15-18 min
Para 6 personas

300 g de arroz largo
6 cucharadas de aceite de oliva
2 cucharadas de vinagre de vino blanco
100 g de albahaca
100 g de perejil
4 tomates consistentes pelados, despepitados y en dados
200 g de queso fontina en dados
sal y pimienta

Cueza el arroz en agua hirviendo con sal de 15 a 18 minutos, hasta que esté tierno. Póngalo en un escurridor, enjuáguelo con agua fría, escúrralo bien y extiéndalo sobre un paño de cocina limpio.

Bata el aceite y el vinagre en un bol y salpimiente. Pase la vinagreta al vaso de la batidora, añada la albahaca y el perejil y tritúrelo hasta que quede bien emulsionado. Ponga el arroz en una ensaladera, condiméntelo con la salsa a las hierbas, añada el tomate y el queso y remuévalo. Sírvalo enseguida.

Farfalle giuliana

Farfalle alla giuliana

Preparación: 12 h
(refrigeración incluida)
Cocción: 25 min
Para 6 personas

1 berenjena grande en dados
2 pimientos rojos
200 ml de aceite de oliva
1 cebolleta bien picada
80 g de piñones
el zumo de 2 limones colado
600 g de *farfalle*
1 pizca de orégano
1 ramita de albahaca troceada
sal y pimienta

Ponga la berenjena en un escurridor, sálela y déjela sudar. Mientras tanto, acerque los pimientos a la llama viva con unas tenazas hasta que se chamusquen. Si lo prefiere, pártalos por la mitad y áselos bajo el gratinador con la piel hacia arriba hasta que se chamusquen.

Pélelos, despepítelos, retíreles los tallos y corte la pulpa en dados. Enjuague la berenjena y séquela con papel absorbente. Caliente la mitad del aceite en una sartén grande y rehogue la berenjena a fuego medio de 10 a 15 minutos, removiendo a menudo, hasta que se dore. Retírela con una espumadera y déjela escurrir sobre papel absorbente. Ponga en un bol el pimiento, la cebolleta, la berenjena y los piñones, y remuévalo bien. Para preparar el aliño, bata el aceite restante y tres cuartas partes del zumo en otro bol y salpimiente. Aliñe las hortalizas y mézclelo bien.

Triture un cucharón de las hortalizas aliñadas en el robot de cocina o la batidora. Cueza la pasta al dente en agua hirviendo con sal de 8 a 10 minutos. Escúrrala, póngala en una ensaladera, condiméntela con las hortalizas trituradas y remueva bien. Añada las hortalizas restantes y las hierbas y mézclelo. Rectifique de aceite y zumo de limón, salpimiente, tape la ensaladera con film transparente y déjela toda la noche en el frigorífico.

Nota: Este sabroso primer plato frío también es una buena elección para un picnic. El secreto reside en la salsa, los condimentos, el aceite y el limón, en cuyas cantidades es mejor ser generoso.

ADS - Nº 16
Litri 0.750

Ensalada de maccheroncini

Maccheroncini in insalata

Preparación: 45 min
(reposo incluido)
Cocción: 35 min
Para 4 personas

300 g de *maccheroncini* u otro tipo de pasta corta
2 pimientos amarillos
100 g de guisantes desvainados
200 g de tomates pelados, despepitados y troceados
1 manojo de *cicorino* (véase p.73) en tiras
1 cebolleta troceada
1 ramita de albahaca desmenuzada
2 cucharadas de mayonesa
1 cucharada de pasta de anchoas
120 ml de vino blanco
sal

Precaliente el horno a 230 °C. Cueza la pasta al dente en agua hirviendo con sal de 8 a 10 minutos. Póngala en un escurridor, enjuáguela con agua fría y escúrrala bien.

Ponga los pimientos en la bandeja del horno y áselos, dándoles la vuelta a menudo, de 10 a 15 minutos hasta que se chamusquen. Sáquelos del horno, póngalos en una bolsa de plástico y anúdela. Cuando se hayan enfriado y pueda manipularlos, pélelos, despepítelos y trocee la pulpa.

Cueza los guisantes en agua hirviendo con sal 10 minutos, escúrralos y déjelos enfriar. Ponga el pimiento, los guisantes, el tomate, el *cicorino*, la cebolleta y la albahaca en una ensaladera y añada la pasta cocida. Mezcle la mayonesa, la pasta de anchoas y el vino en un bol. Vierta la salsa sobre la ensalada de pasta, mézclelo y sírvalo.

Ensalada de chipirones y judías verdes

Insalata di moscardini e fagiolini

Preparación: 15 min
(refrigeración incluida)
Cocción: 2 h 30 min
Para 6 personas

1 kg de judías verdes despuntadas
el zumo de 1 limón colado
400 g de chipirones limpios y pelados (véase p.51)
175 ml de vinagre de vino tinto suave
2 cucharadas de albahaca picada
2 cucharadas de mejorana picada
1 cucharada de perejil picado
1 diente de ajo
1 guindilla roja fresca por la mitad y despepitada
150 g de atún en conserva escurrido
aceite de oliva
sal y pimienta

Cueza las judías verdes en agua hirviendo con sal de 5 a 10 minutos, hasta que estén tiernas pero sin que pierdan consistencia, escúrralas y póngalas en una ensaladera. Lleve agua a ebullición, añada el zumo y escalde los chipirones 1 minuto. Escúrralos, corte los más grandes por la mitad y deje enteros el resto.

Vierta el vinagre en un cazo, eche la albahaca, la mejorana, el perejil, el ajo y la guindilla, y llévelo a ebullición. Hierva la vinagreta unos minutos, hasta que se reduzca. Aparte el cazo del fuego y cuélela sobre un bol.

Desmenuce el atún, repártalo sobre las judías verdes y cúbralo con los chipirones. Rocíelo con aceite de oliva, alíñelo con la vinagreta y salpimiente. Refrigere la ensalada durante 2 horas antes de servirla.

Pennette frías con hortalizas

Pennette fredde alle verdure

Preparación: 2 h 45 min
(reposo incluido)
Cocción: 25 min
Para 4 personas

- 300 g de *pennette* u otro tipo de pasta tubular
- 2 pimientos amarillos
- 1 berenjena grande en rodajas
- 3 calabacines en rodajas
- 1 ramita de albahaca picada
- ½ cucharadita de jengibre rallado
- 4 cucharadas de aceite de oliva, y un poco más para rociar
- sal y pimienta

Precaliente el horno a 230 °C. Cueza la pasta al dente en agua hirviendo con sal de 8 a 10 minutos. Escúrrala, enjuáguela con agua fría y extiéndala sobre un paño de cocina limpio para que se seque.

Ponga los pimientos en la bandeja del horno y áselos, dándoles la vuelta a menudo, 15 minutos hasta que se chamusquen. Reparta las rodajas de berenjena y calabacín en otra bandeja de horno, rocíelas con aceite y áselas 10 minutos. Retírelas del horno y resérvelas.

Saque los pimientos del horno, póngalos en una bolsa de plástico y anúdela. Cuando se hayan enfriado y pueda manipularlos, pélelos, despepítelos y trocee bien la pulpa. Ponga la pasta, el pimiento, la berenjena, el calabacín, la albahaca y el jengibre en una ensaladera, salpimiente y alíñelo con el aceite. Remuévalo y déjelo reposar 2 horas antes de servirlo para que los sabores se entremezclen.

Ensalada fría de pulpo y berenjena

Insalata di polpo freddo e melanzane

Preparación: 3 h (marinada y reposo incluidos)
Cocción: 40 min
Para 4 personas

- 2 berenjenas en láminas finas
- 2 cucharadas de aceite de oliva, y un poco más para aliñar
- 1 diente de ajo aplastado
- 1 guindilla roja fresca despepitada y picada
- 1 cucharada de perejil picado
- 175 ml de vinagre de vino blanco
- 1 kg de pulpo
- 2 cucharadas de alcaparras en salmuera enjuagadas, escurridas y picadas
- 12 aceitunas negras deshuesadas y laminadas
- 4 tomates en gajos
- 4-5 hojas de albahaca

Caliente una sartén antiadherente, selle la berenjena por ambos lados dándole una vez la vuelta y póngala en una ensaladera. En otra sartén, caliente el aceite con el ajo y la guindilla. Añada el perejil y el vinagre, llévelo a ebullición y viértalo sobre la berenjena. Déjela marinar 2 horas.

Mientras tanto, si no está limpio, prepare el pulpo. Vuelva el cuerpo del revés, eviscérelo y corte y deseche el saco estomacal. Enjuague bien el pulpo con agua fría y vuelva el cuerpo del derecho. Empuje hacia fuera la boca y la parte blanda que rodea la parte central de los tentáculos y retírela. Por último, golpee bien el pulpo con una maza para carne. Lleve agua con sal a ebullición en una olla y cuézalo 30 minutos o hasta que esté tierno.

Aparte la olla del fuego y deje enfriar el pulpo en el líquido de cocción. Cuando esté frío, pélelo y córtelo en rodajas bien finas. Póngalas en la ensaladera con la berenjena, añada las alcaparras y las aceitunas y salpimiente. Aliñe la ensalada con aceite, adórnela con el tomate y la albahaca y sírvala enseguida.

Panzanella

Panzanella

Preparación: 10 min

Para 4 personas

8 rebanadas de pan de hogaza casero o comprado, sin la corteza
8 hojas de albahaca desmenuzadas
aceite de oliva virgen extra, para aliñar
4 tomates rojos consistentes pelados y en dados
sal y pimienta

Trocee el pan y déjelo unos minutos en remojo en agua fría. Escúrralo retirando el máximo líquido posible, póngalo en una ensaladera y salpimiéntelo. Añada la albahaca y alíñelo con aceite abundante. Remueva la miga de pan con 2 tenedores para que se desmenuce y añada los dados de tomate.

Fotografía p.56

Ensalada de mezzi rigatoni con atún y judías verdes

Insalata di mezzi rigatoni al tonno e fagiolini

Preparación: 20 min

Cocción: 20 min

Para 4 personas

150 g de judías verdes despuntadas
280 g de *mezzi rigatoni* u otro tipo de pasta mediana
aceite de oliva, para aliñar
150 g de tomates *cherry* por la mitad y despepitados
5 alcachofas tiernas en aceite escurridas y en gajos
80 g de una mezcla de aceitunas verdes y negras deshuesadas y laminadas
250 g de atún en conserva escurrido y desmenuzado
sal y pimienta

Cueza las judías verdes en agua hirviendo con sal de 5 a 10 minutos hasta que estén tiernas. Escúrralas, refrésquelas con agua fría, escúrralas de nuevo y pártalas por la mitad.

Cueza la pasta al dente en agua hirviendo con sal de 8 a 10 minutos. Póngala en un escurridor, enjuáguela con agua fría y escúrrala bien. Pásela a un plato y alíñela con aceite.

Ponga el tomate, la alcachofa, las aceitunas, las judías verdes y el atún en una ensaladera, añada la pasta y remuévalo bien. Sazone la ensalada con pimienta, alíñela con aceite y sírvala.

Ensalada sabrosa de arroz

Insalata di riso piccante

Preparación: 15 min
Cocción: 15-18 min
Para 4 personas

250 g de arroz largo
50 g de guisantes desvainados
1 pimiento rojo despepitado y en tiras
80 g de anchoas en aceite escurridas y picadas
100 g de aceitunas deshuesadas
1 cucharada de alcaparras enjuagadas y escurridas
6 cucharadas de aceite de oliva
2 cucharadas de zumo de limón
sal y pimienta

Cueza el arroz en agua hirviendo con sal de 15 a 18 minutos hasta que esté tierno. Mientras tanto, cueza los guisantes en agua hirviendo con sal 10 minutos o hasta que estén tiernos. Ponga el arroz en un escurridor, enjuáguelo con agua fría y escúrralo bien. Escurra los guisantes y refrésquelos con agua fría.

Ponga el arroz y los guisantes en una ensaladera y añada el pimiento, las anchoas, las aceitunas y las alcaparras. Bata el aceite con el zumo y salpimiente. Aliñe la ensalada.

Fotografía p.57

Ensalada de conchiglie con robiola y piñones

Insalata di conchiglie alla robiola e pinoli

Preparación: 10 min
Cocción: 15 min
Para 4 personas

100 g de queso *robiola* en dados
2 cucharadas de nata extragrasa
2 cucharadas de albahaca picada
130 g de piñones picados gruesos
280 g de *conchiglie*
sal y pimienta
queso pecorino rallado, para servir (opcional)

Ponga el queso y la nata en un cazo y fúndalo a fuego lento, removiendo a menudo. Aparte el cazo del fuego. Incorpore la albahaca, sazone con pimienta y añada los piñones. Pase la salsa a una ensaladera y resérvela fría pero no la refrigere.

Cueza la pasta al dente en agua hirviendo con sal de 8 a 10 minutos. Póngala en un escurridor, enjuáguela con agua fría, escúrrala bien y échela en la ensaladera. Remueva bien la ensalada, reparta el pecorino por encima, si lo desea, y sírvala.

Nota: Las *conchiglie* son un tipo de pasta ideal para ensaladas. Su forma las hace especialmente indicadas para las salsas ligeras.

Panzanella (p.54)

Ensalada sabrosa de arroz (p.55)

Ensalada de farfalle con trucha ahumada

Insalata di farfalle alla trota affumicata

Preparación: 15 min
Cocción: 35 min
Para 4 personas

150 g de patatas
150 g de judías verdes despuntadas
250 g de *farfalle*
aceite de oliva, para aliñar
300 g de trucha ahumada sin piel y en tiras finas
2 ramitas de eneldo picadas
sal y pimienta

Cueza las patatas en agua hirviendo con sal de 20 a 25 minutos hasta que estén tiernas. Escúrralas, córtelas en dados y deje que se enfríen. Mientras tanto, cueza las judías verdes aparte en agua hirviendo con sal de 5 a 10 minutos hasta que estén tiernas. Póngalas en un escurridor, enjuáguelas con agua fría, escúrralas y trocéelas. Cueza la pasta al dente en agua hirviendo con sal de 8 a 10 minutos. Póngala en un escurridor, enjuáguela con agua fría y escúrrala bien. Pásela a una fuente y alíñela con aceite.

Ponga la pasta en una ensaladera, eche la patata, las judías verdes y la trucha, y mézclelo con suavidad. Reparta el eneldo por encima, alíñelo con aceite y salpimiente. Tape la ensalada con film transparente y refrigérela hasta que vaya a servirla.

Cangrejo a la mostaza

Polpa di granchio alla senape

Preparación: 20 min
Para 4 personas

2 huevos duros
2 cucharadas de mostaza suave al estilo de Dijon
200 ml de aceite de girasol
2 cucharadas de zumo de limón
120 g de carne de cangrejo escurrida
1 hoja grande de lechuga
sal y pimienta
rebanadas finas de pan tostado, para acompañar

Parta los huevos por la mitad, separe las yemas y desmenúcelas en un bol (reserve las claras para otra receta). Añada la mostaza y mézclelo bien. Incorpore el aceite y el zumo de limón en un hilo, como si hiciera mayonesa. Cuando la salsa esté homogénea y espesa, salpimiéntela.

Separe la carne de cangrejo con las manos y retire los restos de caparazón y cartílago. Mézclela con la salsa de mostaza y póngala en el centro de la hoja de lechuga. Sírvalo con tostadas, para acompañar.

Rollitos de mortadela

Involtini di mortadella

Preparación: 15 min
Para 4 personas

100 g de queso cremoso semiblando
8 nueces peladas y picadas
20 pistachos pelados y picados
2 lonchas de mortadela
sal y pimienta
galletas de aperitivo sin sal o pan integral, para acompañar

Ponga el queso en un bol y bátalo hasta que quede homogéneo y cremoso. Incorpore las nueces y los pistachos y salpimiente.

Extienda las lonchas de mortadela, cúbralas con el queso condimentado y enróllelas. Envuelva los rollitos en film transparente bien apretado y retuerza los extremos como si fuera un caramelo. Refrigérelos hasta que vaya a servirlos.

Desenvuelva los rollitos y córtelos en rodajas de 2 mm de grosor. Disponga las rodajas algo superpuestas en una fuente y sírvalas con galletas de aperitivo o pan integral.

Mousse de jamón y kiwi

Mousse di prosciutto e kiwi

Preparación: 3 h 10 min (refrigeración incluida)
Para 6-8 personas

400 g de jamón cocido en dados
120 g de queso *robiola*
50 g de mantequilla ablandada
3 kiwis en rodajas
sal y pimienta

Ponga el jamón, el queso y la mantequilla en el robot de cocina, salpimiente y tritúrelo hasta que esté homogéneo. Forre un molde con film transparente y llénelo con la mousse. Tápelo con film transparente y refrigérelo durante 3 horas.

Desmolde la mousse en una fuente, adórnela con las rodajas de kiwi y sírvala.

Redondo de pollo

Salame di pollo

Preparación: 4 h 30 min (reposo y refrigeración incluidos)
Cocción: 1 h
Para 6 personas

- aceite de oliva, para engrasar
- 500 g de pechugas de pollo deshuesadas, sin la piel y troceadas
- 4 cebolletas picadas
- 1 diente de ajo picado
- 3 cucharadas de estragón picado
- 25 g de pistachos
- 50 g de miga de pan
- 80 g de jamón cocido en dados
- 1 pizca de nuez moscada recién rallada
- 700 ml de nata extragrasa
- 1 clara de huevo
- sal y pimienta
- ensalada verde, para acompañar

Precaliente el horno a 180 °C y pinte un buen trozo de papel de aluminio con aceite. Triture la pechuga de pollo en el robot de cocina. Póngala en un cuenco y añada la cebolleta, el ajo, el estragón, los pistachos, la miga de pan, el jamón y la nuez moscada. Salpimiente y mézclelo bien.

Bata la nata e incorpórela al picadillo. Monte la clara a punto de nieve e incorpórela también. Moldee el picadillo en forma de salchicha y envuélvalo bien con el papel de aluminio. Ponga el rollo en la bandeja del horno y áselo durante 1 hora.

Saque el rollo del horno y, en cuanto se enfríe, refrigérelo. A continuación, desenvuélvalo, córtelo en rodajas y sírvalo con ensalada verde para acompañar.

Redondo de pollo

Higos al horno

Fichi al forno

Preparación: 10 min

Cocción: 10 min

Para 4 personas

mantequilla, para engrasar
24 higos maduros consistentes
175 g de azúcar
120 ml de ron
la ralladura de 1 limón
helado de higos y nueces, para acompañar (opcional)

Precaliente el horno a 180 °C y engrase una fuente refractaria honda y grande con mantequilla. Enjuague los higos y, aún húmedos, páselos por el azúcar de manera que la piel quede bien rebozada. Póngalos en la fuente en una sola capa. Vierta el ron en la base y añada 200 ml de agua poco a poco. Reparta la ralladura por encima, ase los higos 10 minutos en el horno y sírvalos calientes o fríos. Si los sirve fríos, refrigérelos antes durante 1 hora. Quedan deliciosos acompañados de helado de higos y nueces.

Melón al oporto

Melone al porto

Preparación: 35 min (maceración incluida)

Para 4 personas

2 melones pequeños maduros y consistentes
6 cucharadas de oporto
4 hojas de menta

Reserve los melones en un lugar frío. Media hora antes de servirlos, pártalos por la mitad, retíreles las pepitas y las membranas, vacíe la pulpa menos uniforme que rodea la parte central y añada el oporto. Sirva cada mitad adornada con una hoja de menta. Si va a servir los melones en un picnic, prepárelos con antelación y guárdelos en un recipiente hermético. Cuando llegue a su destino, añada el oporto.

Strudel de manzana

Strudel di mele

Preparación: 1 h 30 min
(reposo incluido)
Cocción: 45 min
Para 8 personas

- 250 g de harina, y un poco más para espolvorear
- 1 huevo, con la yema y la clara separadas
- aceite de girasol, para pintar
- 5-6 manzanas consistentes
- 4 cucharaditas de ron
- 20 g de piñones
- 1 pizca de canela
- 65 g de azúcar
- 25 g de pasas
- 25 g de mantequilla, y un poco más para pintar
- 65 g de miga de pan
- sal

Tamice la harina con una pizca de sal en un cuenco, añada la clara y 100 ml de agua y trabaje la masa hasta que quede suave. Dele forma de bola, píntela con aceite, envuélvala en film transparente y déjela reposar 30 minutos. Precaliente el horno a 180 °C.

Mientras tanto, pele, descorazone y corte en rodajas finas las manzanas. Póngalas en un cuenco junto con el ron, los piñones, la canela, el azúcar y las pasas y resérvelo para que los sabores se entremezclen. Funda la mantequilla en una sartén pequeña y reserve una pequeña cantidad para pintar la masa. Rehogue la miga de pan a fuego lento, removiendo a menudo, unos minutos hasta que se dore. Aparte la sartén del fuego y resérvela.

Desenvuelva la masa y extiéndala sobre un paño espolvoreado con un poco de harina. Coloque las manos debajo del paño con las palmas hacia abajo y vaya separándolas poco a poco de manera que la masa se extienda en todas direcciones y quede lo más fina posible, hasta el punto de que si el paño es estampado se transparente el dibujo.

Corte la masa en forma de rectángulo y cúbrala de manera uniforme con la miga de pan rehogada y la manzana condimentada de modo que quede un contorno de 5 cm en los cuatro lados. Pinte el contorno con mantequilla fundida y, ayudándose con el paño, enrolle la masa como si fuera un brazo de gitano y repliegue los lados. Bata un poco la yema y pinte con ella el rollo. Póngalo con cuidado en la bandeja del horno y hornéelo 40 minutos. Sírvalo enseguida.

Nota: Este postre es ideal para un picnic, en cuyo caso puede prepararse el día anterior.

Ensaladas

Insalate

Las ensaladas son sanas, naturales y sabrosas, y pueden adaptarse para aprovechar las verduras y hortalizas de temporada. Esto permite crear combinaciones exquisitas e insólitas, como rúcula con melón o berros con berenjena. A la hora de combinar ingredientes para preparar una ensalada basta echar mano de la imaginación y el buen gusto, además de inspirarse en las recetas de estas páginas.

Una ensalada puede servirse como acompañamiento del plato principal o, combinada con ingredientes más nutritivos como carne o legumbres y patatas, como plato único. En «Comidas y cenas ligeras» encontrará numerosas recetas de este tipo de ensaladas mixtas. Las de este capítulo se preparan básicamente con verduras y hortalizas y son ideales como acompañamiento de platos de carne y pescado a la plancha.

No hay nada más rápido y fácil de preparar que una ensalada, basta seguir algunos consejos básicos. En primer lugar, utilice siempre aceite de oliva virgen extra y vinagre de buena calidad. Cuando prepare el aliño, bata siempre la sal con el vinagre para que se disuelva antes de añadir el aceite. Aliñe la ensalada justo antes de servir para que las hojas queden lo más crujientes posible. No se exceda con el aliño, de lo contrario no se apreciarán el resto de los sabores.

Ensalada de piña, canónigos y piñones

Insalata di ananas, songino e pinoli

Preparación: 10 min

Para 4 personas

1 cucharada de vinagre balsámico
1 cucharada de salsa de soja
3 cucharadas de aceite de oliva
1 manojo de canónigos
1 piña pequeña pelada, descorazonada y en dados
40 g de piñones
3 ramitas de cilantro picadas gruesas
sal y pimienta

Bata el vinagre, la salsa de soja y el aceite en una ensaladera y salpimiente. Deshoje los canónigos y échelos en la ensaladera junto con la piña y los piñones. Mezcle la ensalada, reparta el cilantro por encima y sírvala enseguida.

Ensalada de naranja, nueces e hinojo

Insalata d'arance, noci e finocchi

Preparación: 10 min

Para 4 personas

4 bulbos de hinojo en tiras finas
aceite de oliva, para aliñar
2 naranjas
6 nueces picadas
sal y pimienta

Ponga el hinojo en una ensaladera, alíñelo con aceite, sal y pimienta. Pele las naranjas, retíreles la membrana blanca, corte la pulpa en rodajas o en gajos y mézclela con el hinojo. Reparta las nueces por encima, remueva la ensalada y resérvela fría hasta el momento de servirla.

Ensalada de espárragos

Asparagi in insalata

Preparación: 15 min

Cocción: 20 min

Para 4 personas

1 kg de espárragos limpios
4 huevos duros
aceite de oliva, para aliñar
el zumo de ½ limón colado
1 cucharada de perejil picado
sal y pimienta

Ate los espárragos en un manojo y póngalos derechos en una cazuela con agua con sal hirviendo sin sumergir las yemas. Tape la cazuela y hiérvalos 20 minutos. Retírelos y póngalos en una fuente. Parta los huevos por la mitad, separe las yemas y desmenúcelas sobre los espárragos. Alíñelo con aceite y el zumo, adórnelo con el perejil y salpimiente.

Fotografía p.68

Ensalada de remolacha

Insalata mista di barbabietole

Preparación: 25 min
Cocción: 15-20 min
Para 4 personas

300 g de patatas
150 g de judías verdes
2 remolachas cocidas en rodajas
1 tomate en gajos
3 huevos duros
100 g de gruyer en dados
20 g de alcaparras enjuagadas y escurridas
3 pepinillos escurridos y troceados gruesos
1 cucharada de perejil
1 cucharada de vinagre de vino blanco
150-200 ml de aceite de oliva
sal y pimienta

Cueza las patatas en agua hirviendo con sal de 15 a 20 minutos hasta que estén tiernas. Cueza las judías verdes en otra cazuela de 5 a 10 minutos hasta que estén tiernas pero aún consistentes, escúrralas y refrésquelas con agua fría. Escurra las patatas, pélelas y córtelas en rodajas.

Ponga la patata, la remolacha y el tomate en el centro de una ensaladera. Pele los huevos, corte 2 de ellos en gajos y póngalos en la ensaladera junto con el queso. Rodee estos ingredientes con las judías verdes.

Pique el otro huevo en trozos grandes. Ponga las alcaparras, el pepinillo, el huevo picado, el perejil, el vinagre y 150 ml del aceite en la batidora, salpimiéntelo y bátalo hasta que se espese. Si es necesario, añada un poco más de aceite. Sirva la ensalada con la salsa aparte.

Ensalada de aguacate

Insalata di avocado

Preparación: 25 min
Para 4 personas

2 aguacates
el zumo de 1 limón colado
2 mandarinas
1 lechuga romana deshojada
2 tomates en rodajas
1 cebolleta en rodajas
2 cucharadas de perejil picado
2 cucharaditas de mostaza de Dijon
6 cucharadas de aceite de oliva
sal y pimienta

Pele, parta por la mitad y deshuese los aguacates, córtelos en tiras y rocíelos con el zumo de limón para que no se oxiden. Pele las mandarinas, retíreles la membrana blanca y córtelas en rodajas.

Disponga las hojas de lechuga en platos. Cúbralas con una capa de tomate y cebolleta, añada las tiras de aguacate en forma de círculo y termine con las de mandarina. Reparta el perejil picado por encima.

Bata la mostaza, el aceite y una pizca de sal y una de pimienta en un bol. Aliñe la ensalada y sírvala.

Fotografía p.69

Ensalada de espárragos (p.66)

Ensalada de aguacate (p. 67)

Ensalada con alcaparras

Insalatina ai capperi

Preparación: 20 min
Para 6 personas

3 zanahorias en juliana
1 manojo de hojas de diente de león en juliana
2 bulbos de hinojo en juliana
1 lechuga rizada en juliana
6 cucharadas de aceite de oliva
2 cucharadas de vinagre de vino blanco
3 cucharadas de alcaparras en salmuera enjuagadas y escurridas
1 ramita de albahaca desmenuzada
sal

Ponga la zanahoria, el diente de león, el hinojo y la lechuga en una ensaladera. Bata el aceite y el vinagre en un bol y sálelo. Añada las alcaparras y la albahaca, vierta el aliño sobre la ensalada, mézclela y sírvala.

Nota: En Italia es habitual utilizar las hojas de diente de león, que se distinguen por su sabor agradablemente amargo, como un ingrediente más de las ensaladas.

Ensalada de aguacate y anchoas

Insalata di avocado e acciughe

Preparación: 20 min
Para 4 personas

2 aguacates
6 aceitunas deshuesadas y laminadas
4 filetes de anchoa en aceite escurridos y picados
1 cucharada de alcaparras enjuagadas y escurridas
6 cucharadas de aceite de oliva
el zumo de 1 limón colado
sal

Parta por la mitad y deshuese los aguacates, retire la pulpa y córtela en dados. Ponga el aguacate, las aceitunas, las anchoas y las alcaparras en una ensaladera. Bata el aceite y el zumo en un bol y sálelo. Aliñe la ensalada y resérvela fría hasta que vaya a servirla.

Ensalada de zanahoria, apio y manzana

Insalata di carote, sedano e mele

Preparación: 15 min

Para 4 personas

- 4 zanahorias en rodajas
- 3 ramas de apio en tiras cortas
- 2 manzanas peladas, descorazonadas y en dados

Para la salsa

- 150 ml de yogur natural
- 2 cucharadas de nata líquida
- 1 cucharada de hierbas aromáticas variadas picadas
- 1 cucharada de perejil picado
- sal y pimienta

Disponga una capa de zanahoria, otra de apio y otra de manzana en una ensaladera. Para preparar la salsa, bata el yogur y la nata en un bol, incorpore las hierbas y salpimiente. Eche la salsa sobre la ensalada y adórnela con el perejil picado.

Nota: La zanahoria es una hortaliza muy versátil que puede degustarse de muchas formas, desde cruda en un *pinzimonio* (un plato de hortalizas frescas variadas) hasta guisada, así como en tartas saladas, suflés y batidos. Las zanahorias nuevas, de pulpa tierna y dulce, pueden consumirse crudas, ralladas y aliñadas con aceite, limón, sal y pimienta.

Pepino con yogur

Cetrioli allo yogurt

Preparación: 20 min

Para 4 personas

- 4 pepinos pequeños en rodajas finas
- 1 lechuga iceberg troceada
- 2 huevos duros en gajos
- 150 ml de yogur natural desnatado
- 1-2 cucharadas de zumo de limón colado
- sal y pimienta

Ponga el pepino, la lechuga y el huevo en una ensaladera. Mezcle el yogur con zumo al gusto en un bol y viértalo sobre la ensalada. Salpimiente, mezcle con suavidad y sirva la ensalada.

Ensalada de pepino y rábano picante

Cetrioli in insalata con cren

Preparación: 20 min

Para 4 personas

1 pepino
120 g de rábano picante
1 diente de ajo
150 ml de yogur natural
3 cucharadas de vinagre de vino blanco
1 pizca de jengibre molido
1 pizca de cayena
½ manojo de berros
sal y pimienta

Pele el pepino y el rábano y córtelos en juliana. Parta el diente de ajo por la mitad y frote el interior de una ensaladera con la parte cortada. Vierta el yogur en la ensaladera, añada el vinagre, el jengibre y la cayena y bátalo bien. Agregue el pepino y el rábano, mézclelo bien y adorne la ensalada con los berros.

Pepino con aceitunas

Cetrioli alle olive

Preparación: 45 min (reposo incluido)

Para 4 personas

2 pepinos pelados
1 cucharada de eneldo picado
1 cucharada de zumo de limón colado
1 cucharada de aceite de oliva
20 aceitunas negras deshuesadas y en cuartos
sal

Corte los pepinos en rodajas finas, póngalas en un escurridor, sálelas y déjelas sudar 30 minutos. Enjuague, escurra y seque el pepino y póngalo en una ensaladera. Reparta el eneldo por encima y alíñelo con el zumo y el aceite. Añada las aceitunas, rectifique de sal y mezcle bien. Deje reposar la ensalada unos minutos y sírvala.

Lechuga delicada

Lattuga delicata

Preparación: 15 min

Para 4 personas

150 g de queso fontina suave
aceite de oliva, para aliñar
4 tomates pelados y en dados
1 lechuga
12-16 hojas de albahaca
sal y pimienta blanca

Corte el queso en dados, póngalo en un bol, rocíelo con aceite y sazónelo con una pizca de pimienta blanca. Ponga el tomate en otro bol, salpimiéntelo y alíñelo con aceite. Retire y deseche las hojas externas de la lechuga y forre 4 platos de cristal con las más tiernas. Cúbralas con el queso, el tomate y la albahaca y sirva la ensalada.

Ensalada de cicorino al gorgonzola

Insalata di cicorino al gorgonzola

Preparación: 15 min

Para 4 personas

2 rebanadas de pan de hogaza sin la corteza
1 diente de ajo por la mitad
3 manojos de *cicorino* en juliana
100 g de gruyer en tiras finas
50 g de queso gorgonzola de sabor intenso
1 cucharada de mostaza de Dijon
6 cucharadas de aceite de oliva
2 cucharadas de vinagre de vino blanco
1 cucharadita de brandy
sal y pimienta

Restriegue el ajo por el pan, deseche el primero y corte las rebanadas en dados. Ponga el *cicorino*, el gruyer y el pan en una ensaladera.

Para preparar el aliño, desmenuce el gorgonzola en un bol y añada la mostaza, el aceite, el vinagre y el brandy. Salpimiente y bátalo hasta que quede bien emulsionado. Vierta el aliño sobre la ensalada justo antes de servirla.

Nota: El *cicorino*, al igual que la endibia, la escarola, la lechuga rizada y la achicoria roja, pertenece a la familia de la achicoria y posee un sabor amargo característico que aporta un toque delicioso a las ensaladas. Se parece bastante a la achicoria y puede ser rojo o verde.

Ensalada de lechuga, gruyer y huevo

Insalata di lattuga, groviera e uova

Preparación: 15 min

Para 4 personas

3 huevos duros
1 cucharadita de curry
2 cucharadas de vinagre de vino blanco
4 cucharadas de aceite de oliva
200 g de lechuga desmenuzada en trozos grandes
150 g de gruyer rallado
sal y pimienta

Parta los huevos por la mitad y separe las yemas. Corte las claras en dados y resérvelas. Chafe las yemas en un bol, incorpore el curry, el vinagre y el aceite, salpimiente y mezcle bien. Ponga la lechuga en una ensaladera y alíñela con la salsa. Reparta el gruyer y las claras en dados sobre la ensalada, mézclela con suavidad y sírvala.

Ensalada de berros y berenjena

Insalata di crescione e melanzane

Preparación: 15 min
Cocción: 8-10 min
Para 6 personas

- 4 berenjenas
- 6 cucharadas de aceite de oliva, y un poco más para pintar
- 200 g de berros
- 1 pimiento rojo despepitado y en tiras
- 1 diente de ajo
- 2 cucharadas de vinagre de vino blanco
- 1 ramita de perejil picada
- 3-4 hojas de menta
- sal

Precaliente el gratinador. Pele las berenjenas, córtelas en rodajas y píntelas con aceite. Áselas de 8 a 10 minutos, dándoles la vuelta una vez, y déjelas enfriar.

Trocee la berenjena asada y póngala en una ensaladera con los berros, el pimiento y el diente de ajo entero.

Bata el vinagre, el aceite, el perejil y la menta en un bol y salpimiente. Aliñe la ensalada, mézclela y retire el ajo antes de servirla.

Fotografía p.78

Ensalada a la ligur

Insalata di fagiolini alla ligure

Preparación: 15 min
Cocción: 5-10 min
Para 4 personas

- 500 g de judías verdes
- 100 g de piñones
- 2 cucharadas de pasta de anchoas
- 2 cucharadas de vinagre de vino blanco
- 6 cucharadas de aceite de oliva
- 4-5 hojas de menta
- sal

Lleve a ebullición agua con sal, eche las judías verdes y cuézalas de 5 a 10 minutos hasta que empiecen a estar tiernas. Escúrralas, páselas a una ensaladera y añada los piñones.

Bata la pasta de anchoas y el vinagre en un bol e incorpore el aceite. Aliñe la ensalada y mézclela con suavidad. Reparta las hojas de menta por encima y sírvala.

Ensalada de judías verdes

Fagiolini in insalata

Preparación: 45 min
(reposo incluido)
Cocción: 8-10 min
Para 4 personas

600 g de judías verdes y amarillas tiernas
1 cebolla en rodajas finas
1 diente de ajo en láminas finas
1 cucharadita de semillas de mostaza
el zumo de ½ limón colado
1 ramita de perejil picada
aceite de oliva, para aliñar
sal y pimienta

Despunte las judías y cuézalas en agua hirviendo con sal de 8 a 10 minutos o hasta que empiecen a estar tiernas. Escúrralas y póngalas en una ensaladera. Añada la cebolla, el ajo, la mostaza, el zumo y el perejil, alíñelo con aceite y salpimiente. Remueva la ensalada, resérvela en un lugar frío 30 minutos para que los sabores se entremezclen y sírvala.

Ensalada de higos

Fichi in insalata

Preparación: 15 min
Para 4 personas

4 higos negros
4 higos blancos
100 g de queso pecorino
100 g de rúcula troceada
1 lechuga troceada
5 cucharadas de aceite de oliva
sal y pimienta

Pele los higos y córtelos en gajos. Corte el queso en dados. Ponga la rúcula, la lechuga, los higos y el queso en una ensaladera, salpimiente y remuévalo con suavidad. Bata el aceite con una pizca de sal y otra de pimienta en un bol. Aliñe la ensalada, mézclela y sírvala.

Ensalada de hinojo, apio y manzana

Insalata di finocchio, sedano e mele

Preparación: 15 min
Para 4 personas

2 bulbos de hinojo
2 manzanas verdes
2 cogollos de apio
150 ml de yogur natural
2 cucharadas de cebollino
sal y pimienta

Corte el hinojo en rodajas finas y descorazone y corte las manzanas en rodajas finas. Corte el apio en rodajas. Mezcle el hinojo, la manzana y el apio en una ensaladera. Mezcle el yogur y el cebollino picado en un bol, salpimiente y añádalo a la ensalada. Remuévala con suavidad y sírvala.

Fotografía p. 79

Ensalada de berros y berenjena (p. 76)

Ensalada de hinojo, apio y manzana (p.77)

Carpaccio de boletos sobre lecho de col

Carpaccio di funghi su letto di insalata cappuccio

Preparación: 15 min

Para 4 personas

500 g de boletos tiernos bien frescos
3 cucharadas de aceite de oliva
½ cucharada de vinagre balsámico
1 cucharada de vinagre de jerez
1 col blanca en tiras
2 ramas de apio en tiras cortas
1 cucharada de cebollino troceado
50 g de parmesano en virutas
sal y pimienta

Parta y deseche los pies de los boletos y corte los sombrerillos en láminas muy finas. Bata el aceite y los dos tipos de vinagre en un bol y salpimiente.

Ponga la col y el apio en un cuenco, vierta la mitad del aliño, mézclelo y reparta la ensalada entre 4 platos. Cúbrala con los boletos laminados y el cebollino y eche el aliño restante. Reparta las virutas de parmesano y sirva la ensalada.

Ensalada de fresas

Insalata di fragole

Preparación: 20 min

Para 4 personas

150 g de fresas limpias y laminadas
1 lechuga rizada troceada
150 g de hojas de ensalada variadas, como rúcula y canónigos, troceadas
5 cucharadas de aceite de oliva
2 cucharadas de vinagre balsámico
sal y pimienta

Ponga las fresas, la lechuga y las hojas de ensalada en una ensaladera y mézclelo con suavidad. Bata el aceite y el vinagre en un bol y salpimiente. Vierta el aliño sobre la ensalada, remuévala con suavidad y sírvala.

Fotografía p.82

Ensalada de melocotón

Insalata di pesche

Preparación: 20 min
Para 4 personas

1 lechuga *lollo rosso* en tiras
1 escarola rizada en tiras
3 melocotones amarillos pelados, deshuesados y en octavos
150 ml de yogur natural desnatado
100 g de nueces troceadas
sal y pimienta

Ponga la lechuga y la escarola en una ensaladera y añada el melocotón. Salpimiente el yogur, repártalo sobre la ensalada y remuévala un poco. Esparza las nueces por encima y sirva la ensalada.

Ensalada de pétalos de clavel

Insalata con garofani

Preparación: 25 min (remojo incluido)
Para 4 personas

25 g de pétalos de clavel rosa de cultivo biológico
100 g de achicoria
100 g de lechuga de hoja pequeña
5-6 rábanos limpios
1 queso scamorza ahumado pequeño
1 manzana verde
6 cucharadas de aceite de oliva
2 cucharadas de vinagre de vino blanco
sal y pimienta

Sumerja los pétalos en un bol de agua fría y déjelos 10 minutos en remojo. Mientras tanto, corte la achicoria y la lechuga en tiras, los rábanos en rodajas finas, el queso en dados y la manzana descorazonada en rodajas y póngalo en una ensaladera.

Bata el aceite y el vinagre en un bol y salpimiente. Aliñe la ensalada y remuévala. Escurra los pétalos, repártalos por encima y sírvala.

Fotografía p.83

Ensalada de fresas (p.80)

Ensalada de pétalos de clavel (p.81)

Ensalada de rabanitos

Insalata di ravanelli con olive

Preparación: 20 min
(reposo incluido)
Para 4 personas

6 rabanitos rojos limpios
el zumo de 1 limón colado
100 g de canónigos
10 aceitunas negras deshuesadas
aceite de oliva, para aliñar
sal

Corte los rabanitos en rodajas bien finas, póngalas en una ensaladera y rocíelas con el zumo de limón. Añada los canónigos y las aceitunas, alíñelo con aceite y sálelo al gusto. Mézclelo con suavidad y déjelo reposar 10 minutos antes de servirlo.

Cogollos de lechuga a las hierbas

Cuori di lattuga alle erbe

Preparación: 20 min
(reposo incluido)
Para 4 personas

4 cogollos de lechuga
1 cucharada de mostaza de Dijon
2 cucharadas de vinagre balsámico
5-6 cucharadas de aceite de oliva
1 ramita de estragón picada
4 tallos de cebollino troceados
1 ramita de perifollo picada
sal y pimienta

Corte cada cogollo en cuatro trozos y póngalos en una ensaladera. Mezcle la mostaza y el vinagre en un bol, salpimiente e incorpore el aceite en un hilo sin dejar de batir. Esparza las hierbas sobre la lechuga y vierta el aliño. Remueva la ensalada, déjela reposar 10 minutos y sírvala.

Ensalada de lechuga con naranja y aceitunas

Insalata di lattuga all'arancia e olive

Preparación: 10 min
Para 4 personas

1 lechuga romana troceada
120 ml de aceite de oliva
el zumo de 1 limón colado
1 naranja pelada y en rodajas
12 aceitunas negras deshuesadas
sal y pimienta

Ponga la lechuga en una ensaladera. Bata el aceite y el zumo en un bol y salpimiente. Vierta el aliño sobre la ensalada y remuévala. Añada la naranja y las aceitunas y sírvala enseguida.

Ensalada de lechuga, judías verdes y remolacha

Insalata di lattuga, fagiolini e barbietole

Preparación: 20 min
Cocción: 10 min
Para 6 personas

- 4 cucharadas de aceite de oliva
- el zumo de ½ limón colado
- 1 cucharada de mostaza de Dijon
- 1 diente de ajo en láminas muy finas
- 1 ramita de perejil picada
- 120 g de judías verdes
- 2 remolachas grandes cocidas, peladas y en tiras de 5 cm
- 1 pepino pelado, por la mitad a lo largo y en rodajas
- 1 lechuga troceada
- 3 chalotes troceados
- ½ pimiento verde despepitado y en tiras
- 200 g de emmental en dados
- sal y pimienta

Bata el aceite, el zumo, la mostaza y el ajo en un bol y salpimiente. Incorpore el perejil. Lleve agua con sal a ebullición, eche las judías verdes despuntadas, cuézalas 10 minutos, escúrralas y refrésquelas con agua fría. Escurra las judías de nuevo, séquelas con papel absorbente y pártalas por la mitad.

Ponga las judías, la remolacha, el pepino, la lechuga, el chalote, el pimiento y el queso en una ensaladera. Añada unas cucharadas del aliño y mézclelo. Sirva la ensalada enseguida con el aliño restante aparte.

Ensalada de pétalos de girasol

Insalata di petali di girasole

Preparación: 15 min
Para 4 personas

- 1 flor de girasol de cultivo biológico
- 200 g de una mezcla de hojas de ensalada
- 200 g de champiñones botón blancos en rodajas finas
- aceite de oliva, al gusto
- vinagre de vino blanco, al gusto
- sal

Deshoje el girasol, enjuague los pétalos y séquelos con papel absorbente. Póngalos junto con la lechuga y los champiñones en una ensaladera. Bata el aceite y el vinagre en un bol, salpimiente y vierta el aliño sobre la ensalada. Remuévala con suavidad y sírvala.

Fotografía p.88

Ensalada de champiñones con speck y cicorino

Insalata di funghi allo speck e cicorino

Preparación: 10 min
Cocción: 15 min
Para 4 personas

5 cucharadas de aceite de oliva
1 diente de ajo
400 g de champiñones botón laminados
50 g de *speck* en tiras
1 cucharadita de vinagre balsámico
100 g de *cicorino* (véase nota p. 73)
sal y pimienta

Caliente 2 cucharadas de aceite con el ajo en una cazuela. Sofría el ajo hasta que se dore, añada los champiñones y el *speck* y rehóguelos a fuego medio-fuerte, removiendo, 10 minutos. Retire y deseche el ajo y salpimiente. Aparte la cazuela del fuego y deje que se enfríe.

Bata el aceite restante y el vinagre en un bol y salpimiente. Ponga el *cicorino* en una ensaladera, añada los champiñones y el *speck* rehogados, aliñe la ensalada y sírvala.

Ensalada solar

Insalata solare

Preparación: 45 min (reposo incluido)
Para 4 personas

1 berenjena
6 cucharadas de aceite de oliva, y un poco más para aliñar
1 pimiento verde despepitado y en tiras
1 pimiento rojo despepitado y en tiras
1 tomate en rodajas finas
100 g de aceitunas verdes deshuesadas
25 g de alcaparras enjuagadas y escurridas
1 guindilla roja fresca despepitada y picada
sal y pimienta

Pele la berenjena, córtela en dados, póngala en un escurridor, sálela y déjela sudar 30 minutos. A continuación, enjuáguela, séquela con papel absorbente, pásela a una ensaladera y alíñela con aceite. Cúbrala con los dos tipos de pimiento. Seque el tomate con papel absorbente y póngalo sobre el pimiento.

Añada las aceitunas, las alcaparras y la guindilla. Ponga el aceite en un bol, salpimiéntelo y viértalo sobre la ensalada. Mezcle la ensalada y alíñela unos 30 minutos antes de servirla.

Fotografía p. 89

Ensalada de maíz y mozzarella

Insalata di mais e mozzarella

Preparación: 10 min

Para 6 personas

250 g de maíz en conserva escurrido y enjuagado o de maíz cocido
3 tomates pelados y en dados
1 mozzarella mediana en dados
2 cogollos de apio troceados
1 pimiento verde en aceite escurrido y en tiras
4 cucharadas de aceite de oliva
vinagre de vino blanco, para aliñar
sal y pimienta

Ponga el maíz, el tomate, la mozzarella, el apio y el pimiento en una ensaladera. Alíñelo con el aceite, sal, pimienta y vinagre. Remueva bien la ensalada y sírvala.

Nota: La mozzarella de leche de vaca debe consumirse fresca, cuando aún está jugosa y presenta una textura elástica. Se conserva bien hasta 2 o 3 días en el frigorífico en su suero.

Ensalada de lechuga con hortalizas asadas

Insalata di lattuga con verdure arrosto

Preparación: 1 h 15 min (reposo incluido)

Cocción: 1 h

Para 4 personas

7 patatas pequeñas
1 patata harinosa grande en rodajas
1 zanahoria en rodajas
1 nabo en rodajas
1 pimiento rojo despepitado y en dados
8 cebollitas
2 ramitas de romero fresco
1 diente de ajo
aceite de oliva, para aliñar
3 calabacines en rodajas
4 hojas de menta desmenuzadas
1 cucharada de vinagre balsámico
1 lechuga troceada
sal y pimienta

Precaliente el horno a 200 °C. Ponga las patatas, la zanahoria, el nabo, el pimiento, las cebollitas, el romero y el ajo en una fuente refractaria, alíñelo con aceite y salpimiente. Hornee las hortalizas 30 minutos y, después, retírelas con una espátula. Ponga el calabacín en la fuente y áselo 30 minutos.

Saque la fuente del horno, esparza la menta sobre las hortalizas, riéguelas con el vinagre y deje que se enfríen. Disponga un lecho de lechuga en una fuente, ponga las hortalizas asadas encima y sirva la ensalada.

Ensalada de pétalos de girasol (p. 85)

Ensalada solar (p.86)

Ensalada de berenjena

Insalata di melanzane alla menta

Preparación: 45 min
(reposo incluido)
Cocción: 10 min
Para 4 personas

2 berenjenas en láminas finas
100 ml de aceite de oliva, y un poco más para pintar
3 tomates en gajos
2 cebolletas en rodajas
1 cucharada de pasta de anchoas
1 cucharada de vinagre de vino blanco
1 ramita de perejil picada
4-5 hojas de albahaca
1 ramita de orégano picada
1 ramita de menta picada
sal y pimienta
10 aceitunas negras, para adornar
hojas de menta, para adornar

Disponga la berenjena en un escurridor, sálela, tápela y déjela sudar 30 minutos. Enjuáguela y séquela con papel absorbente. Mientras tanto, precaliente el gratinador. Ponga la berenjena en la bandeja del horno, píntela con aceite, ásela 5 minutos, dele la vuelta y prosiga con la cocción otros 5 minutos. Sáquela del horno, deje que se enfríe y córtela en tiras.

Ponga la berenjena, el tomate y la cebolleta en una ensaladera. Bata la pasta de anchoas y el vinagre en un bol e incorpore el aceite, el perejil, la albahaca, el orégano, la menta, sal y pimienta. Vierta el aliño sobre la ensalada y mézclela un poco. Adórnela con las aceitunas y la menta y sírvala.

Tartar de tomate con albahaca

Tartare di pomodori al basilico

Preparación: 45 min
(reposo incluido)
Para 4 personas

16 tomates *cherry* despepitados y en dados
300 g de queso *primo sale* (véase nota) en dados
16 aceitunas negras deshuesadas
1 manojo de albahaca desmenuzado
aceite de oliva, para aliñar
sal

Ponga el tomate en un escurridor, sálelo y déjelo sudar 30 minutos. Escúrralo bien, páselo a una ensaladera, añada el queso, las aceitunas y la albahaca, alíñelo con abundante aceite y sálelo. Mezcle la ensalada con suavidad y resérvela fría hasta que vaya a servirla.

Nota: Para obtener los mejores resultados, los tomates y el queso deben ser bastante duros y cortarse en dados más bien pequeños. El *primo sale* es un queso fresco tierno que puede sustituirse por mozzarella de búfala.

Fotografía p. 94

Ensalada de puerros

Insalata di porri

Preparación: 45 min
(reposo incluido)
Para 4 personas

4 puerros tiernos, solo la parte blanca
parmesano (véase preparación)
aceite de oliva, para aliñar
sal y pimienta

Corte la parte blanca de los puerros en rodajas muy finas y péselas. Parta un trozo de parmesano que pese lo mismo que el puerro y córtelo en virutas con un pelador de hortalizas. Mezcle el puerro y el queso en un bol, alíñelo con aceite y salpimiente. Déjelo reposar 30 minutos para que los sabores se entremezclen.

Melón con rúcula

Palline di melone con rucola

Preparación: 10 min
Para 4 personas

1 melón pequeño
100 g de rúcula troceada
4 cucharadas de aceite de oliva
2 cucharadas de vinagre de vino blanco
sal y pimienta blanca recién molida

Parta el melón por la mitad y retire y deseche las pepitas. Con un vaciador de melón, retire la pulpa en forma de bolitas. Póngalas en una ensaladera y añada la rúcula.

Bata el aceite y el vinagre en un bol y salpimiente. Vierta el aliño sobre la ensalada, remuévala con suavidad y sírvala.

Ensalada de melón

Insalata di melone

Preparación: 15 min
Para 4 personas

1 melón
4 tomates en rodajas
1 lechuga en tiras
200 g de maíz dulce en conserva o cocido escurrido
150 ml de yogur natural
el zumo de ½ limón colado
2 cucharadas de aceite de oliva
sal

Parta el melón por la mitad y retire y deseche las pepitas. Con un vaciador de melón, retire la pulpa en forma de bolitas y póngalas en una ensaladera. Añada el tomate, la lechuga y el maíz. Mezcle el yogur, el zumo, el aceite y una pizca de sal en un bol. Vierta el aliño sobre la ensalada, remuévala con suavidad y sírvala.

Ensalada de grosellas rojas y arándanos

Insalata di ribes e mirtilli

Preparación: 15 min

Para 4 personas

2 huevos duros en rodajas
250 g de hojas de ensalada troceadas
4 zanahorias en tiras
4 quesos de cabra en dados
250 g de grosellas
250 g de arándanos
5 cucharadas de aceite de oliva
3 cucharadas de vinagre balsámico
sal y pimienta

Ponga el huevo, las hojas de ensalada, la zanahoria, el queso, las grosellas y los arándanos en una ensaladera. Bata el aceite y el vinagre en un bol y salpimiente. Vierta el aliño sobre la ensalada, mézclela y sírvala.

Ensalada siciliana de cítricos

Insalata siciliana d'agrumi

Preparación: 40 min (reposo incluido)

Para 6 personas

4 naranjas
2 bulbos de hinojo en tiras finas
4 limones algo verdes en rodajas finas
100-150 g de aceitunas negras deshuesadas y picadas
aceite de oliva, para aliñar
sal y pimienta blanca recién molida

Pele las naranjas, retíreles toda la membrana blanca, sepárelas en gajos y póngalos en una ensaladera. Añada el hinojo, el limón y las aceitunas, alíñelo con aceite y salpimiente. Remueva la ensalada con suavidad, tápela, déjela reposar 20 minutos en el frigorífico para que los sabores se entremezclen y sírvala.

Ensalada de calabacín

Insalata di zucchine novelle

Preparación: 45 min
(reposo incluido)
Para 4 personas

6 calabacines tiernos en láminas finas
50 g de parmesano en virutas
1 pizca de orégano
3 cucharadas de aceite de oliva
2 tomates pelados y en rodajas
sal y pimienta

Ponga el calabacín en una ensaladera, añada el parmesano, el orégano y el aceite y salpimiente. Remuévalo bien y resérvelo en un lugar frío 30 minutos como mínimo para que los sabores se entremezclen. Añada el tomate justo antes de servir la ensalada.

Fotografía p.95

Ensalada de calabacín con albahaca

Zucchine in insalata con basilico

Preparación: 10 min
Para 4 personas

600 g de calabacines tiernos en rodajas finas
6 ramitas de albahaca picadas
el zumo de 1 limón colado
6 cucharadas de aceite de oliva
sal y pimienta

Ponga el calabacín en una ensaladera y esparza la albahaca por encima. Bata el zumo y el aceite en un bol y salpimiente. Vierta el aliño sobre la ensalada y mézclela bien.

Ensalada mixta de calabacín

Insalata mista di zucchine

Preparación: 15 min
Para 4 personas

1 bulbo de hinojo
4 calabacines pequeños en rodajas finas
2 ramas de apio picadas
1 cebolleta en rodajas
1 manojo de rúcula picado
el zumo de ½ limón colado
6 cucharadas de aceite de oliva
sal y pimienta

Parta el hinojo en cuartos y córtelo en tiras finas. Póngalo en una ensaladera con el calabacín, el apio, la cebolleta y la rúcula. Bata el zumo y el aceite en un bol y salpimiente. Aliñe la ensalada, mézclela con suavidad y sírvala.

Tartar de tomate con albahaca (p.90)

Ensalada de calabacín (p. 93)

Panzanella de hortalizas

Panzanella di verdure

Preparación: 1 h 30 min
(refrigeración incluida)
Cocción: 5 min
Para 4 personas

2 calabacines tiernos
150 g de pan de hogaza sin la corteza y en dados
aceite de oliva, para aliñar
2 tomates de pera maduros pelados, despepitados y en dados
1 cebolleta en rodajas finas
8 aceitunas negras deshuesadas y picadas
vinagre balsámico, para aliñar
4-5 hojas de albahaca desmenuzadas, y un poco más para adornar
sal y pimienta

Precaliente el horno a 180 °C. Escalde el calabacín en agua hirviendo 3 minutos hasta que empiece a estar tierno, escúrralo y deje que se enfríe. Ponga el pan en la bandeja del horno, rocíelo con aceite, salpimiéntelo y tuéstelo 5 minutos.

Corte los calabacines en rodajas y póngalos en una ensaladera con el tomate, el pan tostado, la cebolleta y las aceitunas. Aliñe la ensalada con aceite y vinagre, salpimiente e incorpore con suavidad la albahaca.

Rellene 4 moldes pequeños con la ensalada, presionándola un poco, y refrigérelos durante 1 hora. Para servir, desmóldelos en platos y adorne la ensalada con hojas de albahaca.

Ensalada de cuscús y cebolla

Insalata di cus-cus alle cipolle

Preparación: 2 h 45 min
(remojo y refrigeración incluidos)
Para 4 personas

200 g de cuscús
5 cucharadas de aceite de oliva
el zumo de 2 limones colado
200 g de cebollas picadas
500 g de tomates en dados
1 ramita de perejil picada
1 ramita de cilantro picada
1 ramita de menta picada
1 ramita de albahaca picada
sal y pimienta

Ponga el cuscús en un cuenco, cúbralo con agua caliente, remuévalo con un tenedor, tápelo y déjelo 30 minutos en remojo, hasta que absorba el líquido. Ahuéquelo con un tenedor. Bata el aceite y el zumo en un bol y salpimiente. Vierta el aliño sobre el cuscús y añada la cebolla, el tomate y las hierbas. Remuévalo, tápelo y refrigérelo durante 2 horas antes de servirlo.

Ensalada de alcachofa, champiñones e hinojo

Insalata di carciofi, funghi e finocchi

Preparación: 25 min
Para 4 personas

- el zumo de 1 limón colado
- 3 alcachofas bien tiernas
- 150 g de champiñones botón
- 1 bulbo de hinojo
- 1 buena ramita de perejil bien picada
- 6 cucharadas de aceite de oliva
- sal y pimienta

Llene la mitad de un cuenco con agua y añada 1 cucharada del zumo. Limpie las alcachofas, deseche las hojas externas más duras y póngalas en remojo en el agua acidulada. Corte los champiñones en láminas y póngalos en un bol aparte. Mezcle el zumo restante y 4 cucharadas del aceite en una jarra, salpimiente y viértalo sobre los champiñones.

Limpie el bulbo de hinojo, córtelo en tiras y póngalo en una ensaladera. Escurra las alcachofas, separe las hojas y dispóngalas alrededor del hinojo. Ponga los champiñones en medio. Mezcle el perejil y el aceite restante en un bol y salpimiente. Aliñe la ensalada y remuévala antes de servirla.

Ensalada mixta

Insalata mista

Preparación: 30 min
Cocción: 20-30 min
Para 4 personas

- 3 patatas
- 2 zanahorias
- 100 g de guisantes desvainados
- el zumo de 1 limón colado
- 3 alcachofas muy tiernas
- 100 g de queso edam en dados
- 6 cucharadas de aceite de oliva
- 16 aceitunas verdes y negras deshuesadas
- 2 huevos duros en gajos
- sal y pimienta

Cueza las patatas en agua hirviendo con sal de 20 a 30 minutos, hasta que estén tiernas. Mientras tanto, cueza las zanahorias en otro cazo de 20 a 25 minutos, hasta que estén tiernas, y los guisantes en un tercer recipiente de 15 a 25 minutos, hasta que estén tiernos.

Mientras tanto, llene la mitad de un cuenco con agua y añada 1 cucharada del zumo. Limpie las alcachofas, córtelas en gajos y póngalas en remojo en el agua acidulada. Escurra todas las hortalizas cocidas y corte las zanahorias y las patatas en dados.

Ponga la patata, la zanahoria, los guisantes, la alcachofa y el queso en una ensaladera. Bata el aceite y el zumo restante en un bol y salpimiente. Aliñe la ensalada y mézclela. Adórnela con las aceitunas y el huevo duro.

Ensalada gourmet

Insalata del gourmet

Preparación: 25 min

Cocción: 25-30 min

Para 4 personas

2 pimientos rojos
4 cebollitas en cuartos
1 ramita de perejil picada
1 ramita de albahaca picada
4 patatas nuevas hervidas, escurridas y en dados
2 zanahorias hervidas, escurridas y en rodajas
100 g de jamón cocido magro en tiras
150 ml de nata extragrasa
1 cucharada de salsa Worcestershire
6 cucharadas de aceite de oliva
el zumo de 2 limones colado
sal

Precaliente el horno a 180 °C. Ponga los pimientos en la bandeja del horno y áselos, dándoles la vuelta a menudo, de 25 a 30 minutos hasta que se chamusquen. Sáquelos del horno, póngalos en una bolsa de plástico y anúdela. Cuando se hayan enfriado y pueda manipularlos, pélelos, despepítelos y corte la pulpa en tiras.

Ponga el pimiento, las cebollitas, el perejil, la albahaca, la patata, la zanahoria y el jamón en una ensaladera. Bata la nata en un bol. Aparte, bata la salsa Worcestershire, el aceite y el zumo, salpimiente e incorpore la nata batida. Aliñe la ensalada con esta salsa, remuévala con suavidad y sírvala.

Ensalada de tomate y huevos de codorniz

Insalata di pomodori e uova di quaglia

Preparación: 15 min

Cocción: 8 min

Para 4 personas

12 huevos de codorniz
4-6 hojas de lechuga
200 g de jamón cocido en tiras
4 tomates verdes despepitados y en rodajas
aceite de oliva y vinagre de vino blanco, para aliñar
sal

Cueza los huevos en agua hirviendo 2 o 3 minutos, escúrralos y refrésquelos con agua fría. Pélelos y pártalos por la mitad. Disponga un lecho de lechuga en una ensaladera y añada el jamón, el tomate y el huevo encima. Sálelo y alíñelo con aceite y un chorrito de vinagre. Mezcle la ensalada con suavidad una vez en la mesa.

Ensalada de espinacas

Insalata di spinaci

Preparación: 10 min

Para 4 personas

350 g de brotes de espinacas sin los tallos más duros
vinagre de vino blanco, para aliñar
aceite de oliva, para aliñar
sal
virutas de parmesano, para adornar

Corte las espinacas en tiras y póngalas en una ensaladera. Sálelas y alíñelas con vinagre y aceite al gusto. Reparta el parmesano por encima y sirva la ensalada.

Ensalada de apio y roquefort

Insalata di sedano al roquefort

Preparación: 15 min

Para 4 personas

1 manzana
250 g de champiñones botón
el zumo de ½ limón colado
5 ramas de apio en trozos de 3 cm
150 g de jamón cocido en dados
100 g de roquefort en dados
10 nueces por la mitad
1 cucharada de perejil picado

Para la salsa

4 cucharadas de mayonesa
4 cucharadas de mostaza
150 ml de yogur natural
sal y pimienta

Pele, descorazone y corte la manzana en dados. Lamine los champiñones y riéguelos con el zumo. Ponga la manzana, los champiñones, el apio, el jamón y el queso en una ensaladera.

Para preparar la salsa, mezcle la mayonesa, la mostaza y el yogur en un bol y salpimiente. Vierta la salsa sobre la ensalada, adórnela con las nueces, reparta el perejil por encima y déjela reposar unos minutos antes de servirla.

Barbacoas

Grigliata

En los meses de verano, nada hay tan divertido como cocinar al aire libre, cuando los aromas y los sonidos procedentes de la barbacoa son el preludio de un día de fiesta en buena compañía. Además, las barbacoas tienen la ventaja añadida de que se preparan sin prisas, sin que nadie tenga que encerrarse toda la mañana en la cocina. Una buena barbacoa tiene que ser sencilla, y el único requisito es elegir ingredientes de buena calidad para asar sobre las brasas, salpimentarlos y quizá rociarlos con un chorrito de aceite de oliva virgen extra.

En Italia, los filetes de ternera de raza Chianina son tan apreciados que para asarlos a la barbacoa deben seguirse unas normas muy estrictas, como no pincharlos nunca con un tenedor para que no se pierdan los exquisitos jugos (véase «Chuletón a la florentina», p.124). También el pescado, como las sardinas y las cigalas, y las hortalizas, como la achicoria y la berenjena, quedan estupendos a la brasa. Suelen condimentarse con hierbas aromáticas frescas y aliñarse con un chorrito de zumo de limón y otro de aceite de oliva virgen extra.

Si no dispone de barbacoa, puede preparar las recetas de este capítulo a la plancha en el fogón de la cocina. Como guarnición bastará con una ensalada y unas rebanadas de pan.

Adobo aromático

Marinata aromatica

Preparación: 5 min,
más el tiempo de adobo

1 cebolla en rodajas
3 cucharadas de perejil picado
1 cucharada de tomillo picado
2 hojas de laurel troceadas
2 dientes de ajo en láminas finas
5 cucharadas de aceite de oliva
2 cucharaditas de zumo de limón colado
sal y pimienta

Para filetes de vacuno, chuletas de cordero y pechugas de pollo. Salpimiente la carne y cúbrala con la cebolla, el perejil, el tomillo, el laurel y el ajo. Mezcle el aceite y el zumo de limón y viértalo sobre la carne. Déjela macerar unas 2 horas en el frigorífico.

Marinada rápida al limón

Marinata veloce al limone

Preparación: 5 min,
más el tiempo de marinada

400 ml de aceite de oliva
el zumo de 1 limón colado
2 ramitas de perejil, solo las hojas
1 chalote pequeño picado
1 ramita de tomillo, solo las hojas
1 hoja de laurel
sal y pimienta

Para carne y pescado. Mezcle el aceite, el zumo de limón, el perejil, el chalote, el tomillo y el laurel en un bol y salpimiente. Deje marinar la carne o el pescado 30 minutos.

Adobo al yogur

Marinata allo yogurt

Preparación: 10 min,
más el tiempo de adobo

1 cebolla en trozos grandes
500 ml de yogur natural desnatado
sal y pimienta

Para cordero y cabrito. Triture la cebolla en el robot de cocina y pásela por un tamiz sobre un cuenco. Añada el yogur y salpimiente. Deje la carne en adobo 3 o 4 horas en el frigorífico.

Marinada al vinagre

Marinata all'aceto

Preparación: 5 min, más el tiempo de marinada

200 ml de vinagre de vino blanco
200 ml de aceite de oliva
el zumo de 1 limón colado
2 cucharaditas de romero bien picado
1 cucharada de perejil bien picado
1 pizca de orégano
sal y pimienta

Para pescado. Mezcle el vinagre, el aceite y el zumo de limón en un cuenco. Añada el romero, el perejil y el orégano y salpimiente. Deje marinar el pescado 30 minutos.

Marinada al vino blanco

Marinata al vino bianco

Preparación: 5 min, más el tiempo de marinada

1 cebolla en rodajas
1 litro de vino blanco seco
250 ml de aceite de oliva
el zumo de 1 limón colado
sal y pimienta

Para pescado. Ponga la cebolla en un cuenco, añada el vino, el aceite y el zumo de limón y salpimiente. Deje marinar el pescado 30 minutos.

Mantequilla de anchoas

Burro all'acciuga

Preparación: 5 min

100 g de mantequilla ablandada
50 g de filetes de anchoa bien enjuagados y escurridos
1 cucharadita de pasta de anchoas

Bata la mantequilla en un bol. Incorpore los filetes de anchoa y, a continuación, la pasta. Para acompañar carne roja a la parrilla.

Mantequilla a la albahaca

Burro al basilico

Preparación: 5 min

Cocción: 5 min

100 g de mantequilla en dados
1 buen manojo de albahaca con las hojas desmenuzadas
2-3 cucharadas de zumo de limón colado
sal y pimienta

Ponga la mantequilla en un cuenco refractario y fúndala al baño María. Aparte el cuenco del fuego, incorpore la albahaca y el zumo de limón a la mantequilla y salpimiente. Para acompañar pescado o marisco.

Mantequilla al hinojo

Burro al finocchio

Preparación: 10 min

1 diente de ajo
100 g de mantequilla ablandada
2 cucharaditas de semillas de hinojo
el zumo de ½ limón colado
pimienta blanca

Escalde el ajo en agua hirviendo 1 minuto, pélelo y cháfelo con un tenedor. Bata la mantequilla en un bol e incorpore el ajo. Triture las semillas de hinojo en un mortero o un molinillo de especias e incorpórelas a la mantequilla. Añada el zumo y una pizca de pimienta blanca. Para acompañar carne roja o pescado a la parrilla.

Mantequilla al gorgonzola

Burro al gorgonzola

Preparación: 5 min

100 g de mantequilla ablandada
70 g de queso gorgonzola desmenuzado
1 ramita de perejil picado

Bata la mantequilla y el gorgonzola en un bol hasta obtener una textura cremosa y homogénea e incorpore el perejil. Para acompañar carne roja a la parrilla.

Mantequilla a la salvia

Burro alla salvia

Preparación: 1 min
Cocción: 5 min

100 g de mantequilla
15 hojas de salvia
sal

Funda la mantequilla en una sartén pequeña a fuego lento. Cuando empiece a tomar color, añada la salvia y una pizca de sal. En cuanto la salvia esté crujiente, aparte la sartén del fuego y sirva la mantequilla enseguida. Para acompañar arroz hervido, carne a la parrilla o raviolis.

Achicoria a la parrilla

Radicchio de Treviso alla griglia

Preparación: 10 min
Cocción: 5 min
Para 4 personas

600 g de achicorias rojas
4 cucharadas de aceite de oliva
el zumo de 1 limón
sal y pimienta

Encienda la barbacoa. Retire las hojas externas más duras de las achicorias, corte los tallos a una altura de 3 cm y enjuáguelas. Úntelas con el aceite, póngalas en la parrilla y áselas, dándoles la vuelta de vez en cuando, 5 minutos.

Póngalas en una fuente, salpimiéntelas y alíñelas con el zumo de limón. Sírvalas enseguida.

Berenjenas a la parrilla

Melanzane arrosto

Preparación: 1 h 45 min (reposo incluido)
Cocción: 10-15 min
Para 6 personas

3 berenjenas en láminas gruesas
3 dientes de ajo en láminas finas
18 hojas de albahaca
aceite de oliva, para aliñar
sal y pimienta
1 pimiento rojo y otro amarillo (opcional)

Ponga la berenjena en un escurridor, sálela y déjela sudar unos 30 minutos. Encienda la barbacoa. Enjuague la berenjena, séquela con papel absorbente, póngala en la parrilla y ásela unos minutos por ambos lados. Retírela del fuego y deje que se enfríe.

Disponga las láminas de berenjena por capas en una fuente y cubra cada capa con parte del ajo y la albahaca, sal, pimienta y abundante aceite. Resérvelo al menos 1 hora en un lugar frío, para que los sabores se entremezclen, y sírvalo. Si lo desea, ase los pimientos, despepítelos, córtelos en tiras y dispóngalas entre las láminas de berenjena antes de aderezarlas.

Fotografía p.114

Patatas al rescoldo

Patate d'argento

Preparación: 10 min
Cocción: 40 min-1 h
Para 6 personas

18 patatas blancas para asar de tamaño uniforme

Lave y seque las patatas y sálelas. Envuélvalas por separado en papel de aluminio y pínchelas varias veces con un palillo. Ase las patatas en los rescoldos de la barbacoa unos 40 minutos. Mientras tanto, prepare el relleno que prefiera (véase abajo) mezclando los ingredientes hasta obtener una pasta. Retire las patatas con cuidado con unas tenazas, desenvuélvalas y póngalas en platos. Ponga el relleno al lado y sírvalas enseguida.

Para servir, prepare uno o más de estos rellenos y condiméntelos al gusto:

Queso brie mezclado con hierbas aromáticas picadas, como mejorana, tomillo y perifollo.

Salmón ahumado y mantequilla con hinojo silvestre picado, aceite de oliva y aceitunas negras trituradas.

Gambas cocidas, mantequilla y pimentón dulce.

Aceitunas negras, alcaparras, atún en conserva, anchoas, zumo de limón y aceite de oliva.

Queso mascarpone, 2 chalotes bien picados, curry y zumo de tomate.

Queso mascarpone, queso gorgonzola, pistachos picados y brandy.

Queso mascarpone, yogur natural, albahaca picada, sal y pimienta.

Fotografía p.115

Calamares rellenos

Calamari ripieni alla griglia

Preparación: 20 min
Cocción: 10-15 min
Para 4 personas

4 calamares limpios, con los tentáculos y el cuerpo separados (véase p. 265)
1 ramita de perejil, y un poco más para adornar
½ diente de ajo
50 g de pan rallado
aceite de oliva, para aliñar y pintar
sal y pimienta
gajos de limón, para adornar

Encienda la barbacoa. Pique los tentáculos de los calamares junto con el perejil y el ajo. Ponga el relleno en un bol, añada el pan rallado, aliñe con aceite y salpimiente. Rellene los calamares con la pasta y ciérrelos con palillos.

Pinte los calamares con aceite, salpimiéntelos, póngalos en la parrilla y áselos, dándoles la vuelta a menudo, hasta que se doren bien y estén tiernos. Sírvalos calientes con unos gajos de limón y unas ramitas de perejil.

Dorada a la parrilla

Orata ai ferri

Preparación: 3 h 10 min (marinada incluida)
Cocción: 15 min
Para 4 personas

4 cucharadas de aceite de oliva
el zumo de 1 limón colado
1 ramita de perejil picada
4 doradas de 250-300 g escamadas y limpias
175-225 g de pan rallado fino
sal y pimienta

Mezcle el aceite, el zumo y el perejil en un plato, salpimiente, añada el pescado, dele la vuelta para que se empape bien y déjelo marinar 3 horas en el frigorífico.

Encienda la barbacoa. Escurra el pescado y reserve la marinada. Cubra el pescado con el pan rallado, presionándolo con los dedos. Póngalo en la parrilla y áselo, dándole la vuelta y untándolo 2 o 3 veces con la marinada reservada, unos 15 minutos, hasta que la carne se desmenuce con facilidad.

Berenjenas a la parrilla (p.109)

Patatas al rescoldo (p.112)

Cigalas a la parrilla

Scampi grigliati

Preparación: 50 min
(marinada incluida)
Cocción: 12 min
Para 4 personas

- 20 cigalas peladas
- 1 ramita de perejil bien picada
- 1 ramita de perifollo bien picada
- 1 ramita de mejorana bien picada
- el zumo de 1 limón colado
- 4 cucharadas de aceite de oliva, y un poco más para pintar
- sal y pimienta

Ponga las cigalas en un cuenco, esparza las hierbas por encima, añada el zumo de limón y el aceite y salpimiente. Déjelas marinar unos 45 minutos.

Encienda la barbacoa. Escurra las cigalas y reserve la marinada. Póngalas en la parrilla y áselas 12 minutos, dándoles un par de vueltas y untándolas de vez en cuando con la marinada.

Fotografía p.117

Cigalas a la salvia

Scampi alla salvia

Preparación: 1 h 15 min
(marinada incluida)
Cocción: 10-12 min
Para 4 personas

- 20 cigalas peladas
- el zumo de 2 limones colado
- 20 lonchas de panceta ahumada
- 20 hojas de salvia pequeñas
- aceite de oliva, para pintar
- sal y pimienta

Ponga las cigalas en un cuenco, salpimiéntelas, riéguelas con el zumo y déjelas marinar alrededor de 1 hora. Encienda la barbacoa. Escurra las cigalas y reserve la marinada. Envuelva cada cigala en una loncha de panceta junto con una hoja de salvia y fije los paquetitos con un palillo. Píntelos con aceite, póngalos en la parrilla y áselos, dándoles un par de vueltas y untándolos de vez en cuando con la marinada, de 10 a 12 minutos.

Cigalas a la parrilla

Sardinas a la parrilla

Sardine alla griglia

Preparación: 50 min
(reposo incluido)
Cocción: 4 min
Para 4 personas

- la piel de ½ naranja, cortada fina, picada
- 1 diente de ajo picado
- 2 cucharaditas de romero bien picado
- 1 kg de sardinas escamadas y limpias
- aceite de oliva, para aliñar
- sal y pimienta

Mezcle la piel de naranja, el ajo y un poco de romero en un bol y rellene las sardinas con esta pasta.

Póngalas en una fuente, cúbralas con la pasta restante, salpimiéntelas y alíñelas con un poco de aceite. Déjelas 30 minutos en reposo para que los sabores se entremezclen.

Encienda la barbacoa. Coloque las sardinas en la parrilla y áselas unos 2 minutos por cada lado. Sírvalas enseguida.

Fotografía p.119

Sardinas rellenas

Sardine farcite

Preparación: 25 min
Cocción: 6-8 min
Para 6 personas

- 80 g de cuscús fino cocido
- 5 cucharaditas de *harissa*
- 1 cucharada de comino molido
- 1 cucharada de pimentón dulce
- 1 cucharada de cúrcuma molida
- 3 dientes de ajo picados
- 1 manojo de cilantro picado
- 150 ml de aceite de oliva
- 24 sardinas pequeñas escamadas y limpias
- sal

Encienda la barbacoa. Mezcle en un cuenco el cuscús, la *harissa*, el comino, el pimentón, la cúrcuma, el ajo y el cilantro. Incorpore 1 cucharada de aceite para obtener una pasta homogénea. Rellene las sardinas con la pasta y píntelas con aceite.

Coloque las sardinas en la parrilla y áselas 3 o 4 minutos por cada lado, dándoles la vuelta con cuidado. Cuando estén bien doradas, déjelas escurrir sobre papel absorbente. Sálelas un poco y sírvalas enseguida.

Sardinas a la parrilla

Brochetas de pescado

Spiedini misti di pesce

Preparación: 1 h
(marinada incluida)
Cocción: 10 min
Para 6 personas

1 kg de filetes de pescado variado, como atún o rape, y si lo desea marisco, por ejemplo, cigalas
5 cucharadas de aceite de oliva
1 diente de ajo bien picado
2 cucharadas de perejil bien picado
8 aceitunas negras deshuesadas (opcional)
8 champiñones pequeños
8 tomates *cherry*
sal y pimienta

Corte los filetes de pescado en dados grandes y, si utiliza cigalas, pélelas. Mezcle el aceite, el ajo y el perejil y pase el pescado y el marisco por la marinada. Déjelo marinar 30 minutos. Encienda la barbacoa.

Escurra el pescado y el marisco y reserve la marinada. Ensarte las porciones en brochetas en alternancia con las aceitunas, los champiñones y los tomates. Unte las brochetas con la marinada y póngalas en la parrilla a fuego medio-fuerte, dándoles la vuelta a menudo, 10 minutos. Sírvalas enseguida.

Fotografía p.122

Chuletas de cordero a la menta

Costolette alla menta

Preparación:
1 h 15 min-2 h 15 min
(adobo incluido)
Cocción: 4-8 min
Para 4 personas

el zumo de 1 limón colado
aceite de oliva abundante, para pintar
1 ramita de menta picada
8 chuletas de cordero
sal y pimienta
guisantes o calabacines rehogados en mantequilla, para acompañar (opcional)

Mezcle el zumo de limón, 3 cucharadas de aceite y la menta en un plato. Eche las chuletas de cordero y déjelas en adobo 1 o 2 horas, dándoles la vuelta a menudo.

Encienda la barbacoa. Escurra las chuletas, póngalas en la parrilla y áselas de 2 a 4 minutos por cada lado, pintándolas con más aceite si fuera necesario. Salpimiéntelas y, si lo desea, sírvalas con guisantes o calabacines rehogados en mantequilla.

Fotografía p.123

Brochetas de cordero

Spiedini marinati

Preparación: 1 h 15 min
(adobo incluido)
Cocción: 3-5 min
Para 4 personas

- 5 cucharadas de aceite de oliva
- 1 diente de ajo
- 1 ramita de tomillo
- 6 granos de pimienta
- 500 g de pierna de cordero añojo deshuesada, en dados
- sal

Mezcle el aceite, el ajo, el tomillo y la pimienta en grano en un plato, sálelo y añada la carne. Remuévalo bien y déjelo en adobo 1 hora.

Encienda la barbacoa. Escurra el cordero y ensártelo en 4 brochetas metálicas. Póngalas en la parrilla bien caliente y áselas, dándoles la vuelta a menudo, 3 minutos o hasta que estén casi doradas por fuera pero tiernas por dentro.

Chuletas de cordero a la mantequilla de anchoas

Costolette al burro d'acciuga

Preparación: 5 min
Cocción: 4-8 min
Para 4 personas

- 8 chuletas de cordero
- aceite de oliva
- mantequilla de anchoas (véase p.105)
- sal

Encienda la barbacoa. Pinte las chuletas por ambos lados con aceite, póngalas en la parrilla y áselas de 2 a 4 minutos por cada lado, según el punto de cocción deseado. Sálelas, páselas a una fuente caliente y condiméntelas con la mantequilla de anchoas.

Brochetas de pescado (p.120)

Chuletas de cordero a la menta (p.120)

Albóndigas al limón

Polpette in foglie di limone

Preparación: 30 min
Cocción: 15 min
Para 6 personas

- 5 rebanadas de pan de molde (unos 150 g) sin la corteza
- 6 cucharadas de leche
- 300 g de carne picada de buey
- 300 g de carne picada de ternera
- 100 g de parmesano rallado
- 2 huevos
- 2 cucharadas de perejil bien picado
- aceite de oliva, para pintar
- 36 hojas de limonero
- sal y pimienta

Trocee el pan y póngalo en un bol. Vierta la leche, déjelo 10 minutos en remojo, retírelo y resérvelo, eliminando la mayor parte de líquido. Ponga el pan, la carne, el queso, los huevos y el perejil en un cuenco, salpimiente y mezcle bien, añadiendo un chorrito de leche si el picadillo queda demasiado espeso.

Encienda la barbacoa. Moldee el picadillo en forma de albóndigas del tamaño de una nuez, úntelas con aceite, envuelva cada una de ellas en 2 hojas de limonero y fíjelas con palillos. Áselas por ambos lados unos 15 minutos.

Chuletón a la florentina

Costata alla fiorentina

Preparación: 15 min
Cocción: 10 min
Para 4 personas

- 2 chuletones de 600 g
- aceite de oliva, para aliñar
- sal y pimienta

Encienda la barbacoa, a poder ser con carbón de madera de roble. No sazone la carne. Cuando las brasas estén calientes, coloque la parrilla a unos 20 cm de las mismas. Ponga los chuletones en la parrilla y áselos unos 5 minutos por cada lado, dándoles la vuelta una sola vez. Retírelos y salpimiéntelos. Para servir, unte una fuente caliente con un poco de aceite y ponga los chuletones encima.

Nota: La Asociación de la Academia del Chuletón a la Florentina, fundada en 1991 por representantes de la Asociación de Carniceros de Florencia, ha dispuesto una serie de normas para preparar este corte de vacuno a la parrilla. Durante más de 200 años, este plato se ha definido como un chuletón procedente de ternera de raza Chianina que se ha dejado reposar entre 5 y 6 días. La carne debe cortarse del lomo alto a la riñonada y tener el hueso en forma de T en el centro. Debe tener un grosor de 2 a 3 cm y pesar entre 600 y 800 g.

Fotografía p.126

Solomillo a las hierbas

Bistecche alle erbe

Preparación: 5 min
Cocción: 8-10 min
Para 4 personas

- 4 filetes de solomillo de buey de 200 g cada uno
- 4 hojas de salvia
- 1 cucharada de hojas de romero
- 4 cucharadas de aceite de oliva
- 1 cucharadita de pimienta en grano majada
- sal
- 4 panecillos con semillas, para acompañar

Encienda la barbacoa. Frote bien los filetes con las hojas de salvia y romero. Vierta el aceite en un plato llano, eche la pimienta y pase los filetes por el condimento de modo que se empapen bien. Escúrralos, póngalos en la parrilla y áselos unos 4 minutos por cada lado o hasta que la carne alcance el punto deseado. Sálelos y sírvalos enseguida entre los panecillos abiertos por la mitad.

Fotografía p.127

Parrillada de carne

Grigliata mista

Preparación: 10 min
Cocción: 8-10 min
Para 6 personas

- 2 filetes de solomillo de buey
- 2 filetes de pierna o paletilla de cerdo deshuesados
- 2 cucharadas de aceite de oliva
- 2 cucharaditas de salvia seca
- 2 cucharaditas de romero seco
- 6 chuletas de cordero
- 3 salchichas
- 6 filetes de hígado de ternera
- sal y pimienta
- panecillos, para acompañar

Retire la grasa de los filetes de buey y cerdo. Póngalos entre 2 láminas de film transparente y golpéelos con una maza hasta que estén finos y con un grosor uniforme. Frótelos bien con el aceite, la salvia y el romero, salpimiéntelos y póngalos en un cuenco. Ponga las chuletas de cordero, las salchichas y el hígado en otro cuenco.

Encienda la barbacoa. Antes de asar la carne, pinche las salchichas con un palillo y unte el hígado con aceite. Ponga los filetes de buey y cerdo en la parrilla, áselos 1 minuto por cada lado y, después, añada las chuletas de cordero y áselas otros 2 minutos. Por último, ase las salchichas y el hígado, dándoles la vuelta una vez, de 4 a 6 minutos, hasta que estén tiernos. Salpimiente y sírvalo con panecillos.

Chuletón a la florentina (p.124)

Solomillo a las hierbas (p.125)

Brochetas multicolores

Spiedini colorati

Preparación: 20 min

Cocción: 8-10 min

Para 4 personas

1 filete de buey de 400 g
1 trozo de beicon magro de 200 g
4 tomates pequeños por la mitad
2 cebollas en rodajas gruesas
8 aceitunas verdes deshuesadas
aceite de oliva, para pintar
sal y pimienta

Corte el filete de buey y el beicon en 8 dados cada uno. Sale el tomate por la parte cortada y déjelo escurrir boca abajo. Encienda la barbacoa. Ensarte en cada una de las brochetas medio tomate, un dado de beicon, una rodaja de cebolla, un dado de filete de buey y una aceituna, seguido de otro dado de beicon, otra rodaja de cebolla, otro dado de filete de buey, otra aceituna y otro medio tomate.

Unte las brochetas con aceite, póngalas en la parrilla y áselas de 8 a 10 minutos, dándoles la vuelta una vez, hasta que la carne esté hecha y tierna. Salpiméntelas y sírvalas enseguida.

Pollo en espetón

Pollo allo spiedo

Preparación: 15 min

Cocción: 45 min-1 h

Para 4 personas

1 pollo entero y limpio
3 cucharadas de aceite de oliva
sal y pimienta
ensalada verde o patatas nuevas asadas con romero, para acompañar

Encienda la barbacoa. Disponga las alas del pollo plegadas junto al dorso, salpiméntelo por dentro y úntelo con abundante aceite por fuera.

Ensarte el pollo en el asador, póngalo en la barbacoa y hágalo girar lentamente, rociándolo de vez en cuando con el jugo de cocción, de 35 a 50 minutos, hasta que esté tierno y asado.

Para comprobar el punto de cocción, pinche la parte más gruesa del muslo con una brocheta. Si el jugo sale claro, el pollo está hecho. Retírelo del asador y salpiméntelo. Sírvalo caliente acompañado de ensalada verde o patatas nuevas asadas con romero.

Nota: Si lo desea, ase el pollo en el horno, dándole la vuelta a menudo.

Brochetas de pavo

Spiedini di tacchino

Preparación: 50 min
(reposo incluido)
Cocción: 20-25 min
Para 4 personas

- 300 g de pechuga de pavo en tiras finas
- 3 berenjenas en láminas
- 5 calabacines en láminas
- 12 cebollitas
- 2 cucharadas de aceite de oliva, y un poco más para pintar
- 1 pizca de orégano
- 2 pimientos rojos despepitados y en rodajas
- 1 ramita de albahaca picada
- sal y pimienta

Encienda la barbacoa. Enrolle las tiras de pavo en las láminas de berenjena y, después, en las de calabacín, reservando parte de las hortalizas.

Ensarte los rollitos en 4 brochetas en alternancia con las cebollitas. Úntelas con aceite, sazónelas con orégano, póngalas en una fuente y déjelas reposar 30 minutos para que los sabores se entremezclen.

Ponga las láminas de berenjena y calabacín reservadas en la parrilla junto con el pimiento y áselas, dándoles la vuelta una vez, unos 10 minutos. Ponga las hortalizas asadas en una ensaladera, salpimiéntelas y condiméntelas con la albahaca y aceite.

Ase las brochetas en la parrilla, dándoles la vuelta de vez en cuando, de 10 a 15 minutos, hasta que estén hechas. Salpimiéntelas y sírvalas enseguida con las hortalizas asadas.

Comidas y cenas ligeras

Pranzi e cene leggeri

En Italia, los veranos suelen ser muy calurosos, por lo que para evitar pasar mucho tiempo en la cocina la solución son las comidas frías sencillas o incluso los platos únicos. Sin embargo, esto no significa que haya que renunciar a las preparaciones sabrosas, apetitosas y refrescantes. Los platos de verano de la cocina italiana son ideales para ello, puesto que son extremadamente variados y versátiles: muchos pueden servirse como entrantes, primeros, guarniciones o ensaladas, o de plato único.

Las recetas de este capítulo son sencillas, informales, rápidas de preparar e ideales como comida o cena ligera, basta acompañarlas de un buen pan. Aquí encontrará desde ensaladas y carpaccios de pescado, carne y queso, hasta pizzas y platos de pasta con hortalizas de temporada, pasando por platos ligeros de hortalizas y pescado.

Ensalada de pato ahumado con habas y rúcula

Insalata di anatra affumicata alle fave e rucola

Preparación: 15 min
Cocción: 8 min
Para 4 personas

- 2 pechugas de pato ahumadas en filetes finos
- 4 cucharadas de aceite a la albahaca
- 600 g de habas desvainadas
- 250 g de rúcula
- 1 cucharada de perifollo picado
- sal y pimienta

Ponga el pato en un plato, rocíelo con 1 cucharada del aceite y dele la vuelta para que se unte bien. Cueza las habas 8 minutos en agua hirviendo con sal, escúrralas y refrésquelas en agua con hielo. Escurra las habas de nuevo y presiónelas un poco entre el pulgar y el índice para pelarlas. Páselas a una ensaladera, añada el resto del aceite y mézclelo un poco. Agregue el pato y la rúcula y remueva. Salpimiente la ensalada, esparza el perifollo y sírvala.

Nota: Las habas frescas también son deliciosas crudas, con pan, salami o queso pecorino.

Ensalada alegría

Insalata allegria

Preparación: 25 min
Para 4 personas

- 1 manojo de hierbas aromáticas picado
- 25 g de alcaparras en salmuera enjuagadas y escurridas
- 1 diente de ajo aplastado
- 100 ml de nata extragrasa
- 3 cucharadas de mayonesa
- 3 cucharadas de nueces picadas
- la piel de 1 naranja, cortada fina y picada
- 4 rebanadas de pan de hogaza
- 100 g de hojas de ensalada variadas desmenuzadas
- 100 g de queso fontina en dados
- 200 g de tomates *cherry* por la mitad
- 2 huevos duros
- aceite de oliva, para aliñar
- sal y pimienta

Ponga las hierbas, las alcaparras y el ajo en un cuenco. Bata la nata en un bol hasta que empiece a espesarse e incorpore la mezcla de hierbas junto con la mayonesa, las nueces y la mitad de la piel de naranja, y salpimiente.

Unte las rebanadas de pan con la crema, póngalas en una fuente y cúbralas con las hojas de ensalada, el queso y los tomates. Parta los huevos por la mitad, separe las yemas y desmenúcelas en un bol. Reparta las yemas y el resto de la piel de naranja sobre el queso y los tomates, alíñelo con aceite y sírvalo.

Nota: Las hierbas se añaden a las ensaladas como toque final o para potenciar el sabor de los demás ingredientes. Las más habituales son el cebollino, la menta, el cilantro, el perejil, el estragón y la albahaca, y pueden picarse de distintos grosores antes de incorporarse a la ensalada.

Ensalada de gambas

Insalata di avocado e gamberetti

Preparación: 15 min

Para 4 personas

50 g de pistachos pelados y picados
2 aguacates
el zumo de 1 limón colado
200 g de gambas cocidas peladas
aceite de oliva, para aliñar
sal y pimienta blanca recién molida

Mezcle los pistachos con una pizca de pimienta en un bol. Pele, parta por la mitad y deshuese los aguacates. Córtelos en rodajas finas y rocíelos con el zumo de limón. Ponga el aguacate en una ensaladera, añada las gambas, mézclelo con suavidad e incorpore los pistachos. Sale la ensalada con moderación, alíñela con aceite y sírvala.

Ensalada campesina

Insalata del contadino

Preparación: 10 min

Para 4 personas

500 g de patatas cocidas en dados
200 g de judías verdes redondas cocidas
200 g de alubias pintas cocidas o en conserva y escurridas
1 cebolla pequeña en rodajas finas
2 cucharadas de vinagre de vino blanco
6 cucharadas de aceite de oliva
4-6 hojas de albahaca desmenuzadas
sal

Mezcle la patata, las judías verdes y las alubias en una fuente e incorpore la cebolla. Vierta el vinagre en un bol y bátalo con una buena pizca de sal. Añada el aceite y bátalo bien de nuevo. Aliñe la ensalada, esparza la albahaca y sírvala.

Fotografía p.136

Ensalada de pulpo

Insalata di polpo

Preparación: 1 h
(reposo incluido)
Cocción: 1 h
Para 4 personas

1 pulpo de 1 kg
1 hoja de laurel
2 ramitas de perejil
1 diente de ajo picado grueso
1 guindilla roja fresca despepitada y picada gruesa
5 cucharadas de aceite de oliva
el zumo de 1 limón colado
sal

Si el pulpo no está limpio ni ablandado, vuelva el cuerpo del revés y eviscérelo. Corte y deseche el saco estomacal. Enjuague bien el pulpo con agua fría y vuelva el cuerpo del derecho. Empuje hacia fuera la boca y la parte blanda que rodea la parte central de los tentáculos y retírela. Por último, golpee bien el pulpo con una maza para carne. Lleve agua con sal a ebullición. Eche el pulpo y el laurel y cuézalo 1 hora, comprobando el punto de cocción con un tenedor. Aparte la olla del fuego, deseche el laurel y deje enfriar el pulpo en el agua.

Cuando esté frío, sáquelo de la olla, pélelo y deseche la piel, trocéelo y póngalo en una fuente. Triture grueso en la batidora el perejil, el ajo y la guindilla junto con el aceite, el zumo de limón y una pizca de sal. Eche el aliño sobre el pulpo y sírvalo.

Nota: El pulpo es un ingrediente ideal para las ensaladas. Basta condimentarlo con un chorrito de aceite de oliva o con vinagre, limón, especias, sal y pimienta.

Fotografía p.137

Ensalada de cebolla, trucha y acedera

Insalata di cipolla, trota e acetosella

Preparación: 30 min
(reposo incluido)
Cocción: 1 min 30 s
Para 4 personas

12 huevos de codorniz
4 cebollas en rodajas finas
200 g de trucha ahumada, sin piel y desmenuzada
200 g de acedera

Para la salsa

1 naranja
50 ml de nata líquida
2 cucharaditas de mostaza de Dijon
sal y pimienta

Ponga los huevos en una olla, cúbralos con agua y llévela a ebullición. Hiérvalos 1 minuto y medio y después escúrralos. Sumerja los huevos en un cuenco con agua fría y deje que se enfríen por completo.

Para preparar la salsa, pele la naranja, retírele la membrana blanca y pártala por la mitad. Exprima una de las mitades en un bol, incorpore la nata y la mostaza, y salpimiente.

Separe la otra mitad de la naranja en gajos y resérvelos. Pele los huevos de codorniz y póngalos en una ensaladera con los gajos de naranja reservados y la cebolla, la trucha y la acedera. Aliñe la ensalada y déjela reposar 5 minutos en un lugar frío antes de servirla.

Ensalada de farro y gambas

Insalata di farro e gamberetti

Preparación: 30 min
Para 4 personas

1 pepino pelado y en rodajas
1 cucharada de vinagre de manzana
3 cucharadas de aceite de oliva
el zumo de 1 limón colado
1 ramita de perejil picada
1 ramita de estragón picada
200 g de farro o espelta cocidos y escurridos
300 g de gambas cocidas peladas
1 zanahoria rallada fina
150 g de rúcula desmenuzada
sal y pimienta

Ponga el pepino en un bol y alíñelo con el vinagre. Bata el aceite, el zumo, el perejil y el estragón en otro bol y salpimiente. Ponga el farro, las gambas, la zanahoria, el pepino y la rúcula en una ensaladera, aliñe la ensalada, remuévala y sírvala.

Ensalada campesina (p.133)

Ensalada de pulpo (p.134)

Ensalada de lomo de cerdo con melón y fresas

Insalata di lonza di maiale al melone e fragole

Preparación: 1 h
(reposo incluido)
Cocción: 20 min
Para 4 personas

- 5 cucharadas de aceite de oliva
- 500 g de lomo de cerdo en dados
- 3 cucharadas de jerez
- 1 cucharada de vinagre de vino blanco
- ½ melón despepitado, pelado y en dados
- 12 fresas limpias y en cuartos
- 350 g de *insalatine*, o ensalada verde variada (véase nota)
- sal y pimienta

Caliente 2 cucharadas del aceite en una sartén y rehogue el lomo a fuego medio-fuerte, removiendo a menudo, de 5 a 10 minutos hasta que todos los trozos estén sellados. Baje el fuego, salpimiente y prosiga con la cocción, removiendo de vez en cuando, 10 minutos más. Aparte la sartén del fuego y deje enfriar el lomo.

Bata el jerez, el vinagre, el aceite restante y una pizca de sal en una batidora a velocidad máxima hasta que el aliño quede emulsionado. Páselo a un bol y sazónelo con pimienta. Ponga el lomo, el melón, las fresas y la ensalada verde en una ensaladera, vierta el aliño por encima, mézclelo con suavidad y sírvalo.

Nota: El término italiano *insalatine* se refiere a las hojas de ensalada de pequeño tamaño, ya sean de sabor dulce como el canónigo o la lechuga hoja de roble, o amargo como la achicoria y la rúcula. Estas hojas aportan un toque delicioso a los platos de carne fría y pescado.

Mozzarella al cicorino

Ciliegine di mozzarella al cicorino

Preparación: 10 min

Para 4 personas

2 manojos de *cicorino* desmenuzados (véase p. 73)
1 lechuga rizada desmenuzada
300 g de tomates *cherry* por la mitad
1 pimiento amarillo despepitado y en tiras finas
200 g de atún en salmuera o al natural escurrido y desmenuzado
200 g de mozzarellas pequeñas
4-5 hojas de albahaca desmenuzadas
6 cucharadas de aceite de oliva
2 cucharadas de vinagre de vino blanco
1 cucharada de mostaza de Dijon
sal y pimienta

Ponga el *cicorino* y la lechuga en una ensaladera, añada los tomates, el pimiento, el atún y la mozzarella y esparza la albahaca por encima.

Bata el aceite, el vinagre, la mostaza y una pizca de sal y de pimienta en un bol. Aliñe la ensalada, remuévala y sírvala.

Ensalada de lechuga con raya y nueces

Insalata di lattuga con razza e noci

Preparación: 15 min

Cocción: 15 min

Para 6 personas

1,5 litros de caldo de pescado
1 kg de aletas de raya
1 cucharada de vinagre de jerez
2 cucharadas de mostaza en grano
2 cucharadas de aceite de oliva
1 lechuga desmenuzada
12 nueces por la mitad
sal y pimienta

Vierta el caldo en una cazuela baja, ponga la raya y llévelo a ebullición. Baje el fuego de manera que la superficie apenas borbotee y escalfe el pescado 15 minutos. Mientras tanto, bata el vinagre, la mostaza y el aceite en un bol y salpimiente. Retire la raya del caldo con una espumadera, quítele la piel y córtela en tiras finas.

Mezcle la lechuga con el aliño y póngala en una fuente. Disponga el pescado encima y esparza las nueces. Sirva la ensalada enseguida, mientras el pescado aún esté tibio.

Tortilla de lechuga

Omelette alla lattuga

Preparación: 10 min
Cocción: 15 min
Para 4 personas

- 40 g de mantequilla
- 1 lechuga en tiras
- 5 huevos
- sal y pimienta blanca recién molida

Funda 25 g de la mantequilla en una cazuela. Eche la lechuga y rehóguela, removiendo de vez en cuando, 10 minutos. Aparte la sartén del fuego y salpimiente. Bata los huevos con una pizca de sal en un bol e incorpore la lechuga rehogada. Funda la mantequilla restante en una sartén. Eche el huevo con la lechuga y fríalo hasta que la parte inferior de la tortilla cuaje pero la superior no esté del todo hecha. Deslice la tortilla a un plato y sírvala enseguida.

Ensalada de achicoria roja, pavo y tirabeques

Insalata di radicchio, tacchino e taccole

Preparación: 20 min
Cocción: 4-5 min
Para 4 personas

- 200 g de tirabeques limpios
- 200 g de pechuga de pavo cocida en dados
- 150 g de achicoria roja desmenuzada
- aceite de oliva, para aliñar
- 2 huevos duros en rodajas
- sal y pimienta blanca

Para la salsa de atún

- 120 g de atún en conserva escurrido y desmenuzado
- 200 g de mayonesa
- 1 cucharada de vinagre de vino blanco
- 2 cucharadas de alcaparras enjuagadas, escurridas y picadas

Escalde los tirabeques en agua hirviendo con sal 3 o 4 minutos hasta que empiecen a estar tiernos, escúrralos y resérvelos. Para preparar la salsa, mezcle el atún y la mayonesa en un bol hasta obtener una pasta cremosa e incorpore el vinagre y las alcaparras.

Ponga el pavo, la achicoria y los tirabeques en una ensaladera, mézclelo, alíñelo con aceite y sazónelo con un poco de pimienta blanca. Adorne la ensalada con el huevo, alíñela con la salsa de atún y sírvala.

Ensalada de pollo

Insalata di pollo con le prugne

Preparación: 20 min
Cocción: 3 h
Para 4 personas

- 400 g de tomates pelados, despepitados y en gajos
- 6 cucharadas de aceite de oliva
- 2 pechugas de pollo deshuesadas y sin la piel
- 350 g de ciruelas deshuesadas y en cuartos
- 300 g de hojas de lechugas variadas troceadas
- 1 cucharada de vinagre de vino blanco
- sal y pimienta

Precaliente el horno a 150 °C. Ponga el tomate en la bandeja del horno y sálelo con moderación. Seque los tomates en el horno de 2 a 3 horas, hasta que pierdan toda el agua. Caliente 2 cucharadas del aceite en una sartén y rehogue las pechugas a fuego medio-fuerte, dándoles la vuelta una vez, 7 u 8 minutos hasta que se doren uniformemente. Salpimiéntelas y retírelas de la sartén. Ponga las ciruelas en la sartén, rehóguelas, removiendo de vez en cuando, de 5 a 8 minutos y retírelas también.

Corte las pechugas en trozos pequeños. Disponga un lecho de lechuga en una fuente, eche el pollo encima y añada las ciruelas y el tomate. Bata el aceite restante, el vinagre y una pizca de sal en un bol. Aliñe la ensalada, sazónela con pimienta y sírvala.

Ensalada real

Insalata reale

Preparación: 1 h
(reposo incluido)
Cocción: 40 min
Para 4 personas

- 400 g de alubias blancas
- 200 g de patatas
- 1 manzana
- el zumo de 1 limón colado
- 3 cucharadas de vinagre de vino blanco
- 6 cucharadas de aceite de oliva
- 4 cogollos de endibia troceados
- 200 g de canónigos
- sal y pimienta

Cueza las alubias en agua hirviendo con sal unos 40 minutos, hasta que estén muy tiernas, después, escúrralas y deje que se enfríen.

Mientras tanto, cueza las patatas en otra olla de agua hirviendo con sal unos 30 minutos, hasta que estén tiernas. Escúrralas y, cuando se hayan enfriado lo suficiente para manipularlas, pélelas y córtelas en rodajas. Pele, descorazone y corte en dados la manzana, póngala en un bol y rocíela con el zumo de limón para que no se oxide.

Vierta el vinagre en un bol, añada una pizca de sal, incorpore el aceite y sazone con pimienta. Escurra la manzana y póngala en una ensaladera junto con las alubias, la patata, la endibia y los canónigos. Aliñe la ensalada, mézclela con suavidad y sírvala.

Ensalada de arroz, gambas y manzana verde

Insalata di riso, gamberetti e mele verdi

Preparación: 50 min
(reposo incluido)
Cocción: 50 min
Para 4 personas

250 g de arroz largo
aceite de oliva, para aliñar
1 zanahoria troceada
1 puerro en tiras cortas
1 cebolla en cuartos
1 ramita de salvia
1 ramita de perejil
1 ramita de romero
300 g de gambas
25 g de mantequilla
1 cucharadita de harina
200 ml de vino blanco seco
2 manzanas verdes peladas, descorazonadas y en dados
1 cucharada de perejil bien picado
sal y pimienta

Cueza el arroz en agua hirviendo con sal unos 15 minutos, hasta que esté tierno. Póngalo en un escurridor, enjuáguelo con agua fría y escúrralo bien de nuevo. Páselo a una ensaladera, rocíelo con aceite y resérvelo en un lugar frío. Vierta 1 litro de agua en una cazuela, eche la zanahoria, el puerro, la cebolla y las hierbas y llévelo a ebullición. Cuézalo unos minutos, añada las gambas y prosiga con la cocción 10 minutos más. Escúrralo, deseche las hortalizas y las hierbas y, cuando las gambas se enfríen, pélelas.

Funda la mantequilla en una sartén. Eche la harina y, después, incorpore el vino poco a poco. Añada la manzana y rehóguela, removiendo a menudo, hasta que esté tierna pero no deshecha. Aparte la sartén del fuego, esparza el perejil sobre la manzana y deje que se enfríe. Incorpore las gambas y la manzana al arroz, alíñelo con aceite y salpimiéntelo. Mezcle bien la ensalada y sírvala.

Ensalada a la nizarda

Insalata di riso alla nizzarda

Preparación: 10 min
Cocción: 15 min
Para 4 personas

200 g de arroz largo
1 pimiento rojo despepitado y en tiras
150 g de aceitunas deshuesadas y en rodajas
100 g de atún en aceite escurrido y desmenuzado
6 cucharadas de aceite de oliva
el zumo de 1 limón colado
2 huevos duros en gajos
sal y pimienta

Cueza el arroz en agua con sal 15 minutos o hasta que esté tierno. Póngalo en un escurridor, enjuáguelo con agua fría y escúrralo bien de nuevo. Páselo a un cuenco y añada el pimiento, las aceitunas y el atún. Bata el aceite y el zumo de limón en un bol y salpimiente. Aliñe la ensalada y mézclela con suavidad. Adórnela con el huevo duro y sírvala.

Nota: La Ensalada a la nizarda es una receta tradicional que se prepara con judías verdes, patata, atún, aceitunas, anchoas, tomate y huevos y se condimenta con hierbas.

Ensalada de ternera

Insalata di rucola e vitello

Preparación: 15 min
(reposo incluido)
Para 4 personas

- 100 g de rúcula troceada gruesa
- 300 g de ternera asada fría en tiras finas
- 100 g de queso fresco, como robiola, en lonchas
- 3 cucharadas de aceite de oliva
- el zumo de 1 limón colado
- sal y pimienta

Disponga un lecho de rúcula en una fuente. Ponga la carne encima y cúbrala con el queso. Bata el aceite y el zumo de limón en un bol y salpimiente. Aliñe la ensalada y déjela reposar 5 minutos antes de servirla para que los sabores se entremezclen bien.

Ensalada sabrosa

Insalata gustosa

Preparación: 20 min
Cocción: 12-15 min
Para 4 personas

- 2 patatas en dados
- 2 calabacines en dados
- 150 g de habas frescas desgranadas
- 200 g de mortadela en dados
- 150 ml de mayonesa
- el zumo de ½ limón colado
- 1 cucharada de salsa rosa
- sal

Cueza la patata, el calabacín y las habas en agua hirviendo con sal de 12 a 15 minutos, hasta que estén tiernos. Escurra las hortalizas, páselas a una ensaladera y añada la mortadela. Mezcle la mayonesa, el zumo de limón y la salsa rosa en un bol. Aliñe la ensalada, mézclela bien y sírvala.

Ensalada de buey y achicoria roja

Manzo in insalata con radicchio

Preparación: 10 min
Para 4 personas

- 200 g de achicoria roja
- 300 g de carne de buey cocida, fría y en lonchas finas
- 100 g de latteria u otro queso suave en lonchas
- zumo de limón colado
- aceite de oliva, para aliñar
- sal y pimienta

Trocee la achicoria y cubra con ella el fondo de una fuente rectangular. Ponga las lonchas de buey entre 2 láminas de film transparente y golpéelas con una maza para carne o un rodillo hasta que estén bien finas y con un grosor uniforme. Dispóngalas sobre la achicoria y cúbralas con el queso. Salpimiente la ensalada, alíñela con zumo de limón y aceite, y sírvala.

Ensalada de salmón

Insalata di salmone e cipolla

Preparación: 15 min
Cocción: 10 min
Para 4 personas

250 ml de leche
1 cucharada de pimienta en grano
1 filete de salmón de 400 g
2 cucharadas de nata líquida
el zumo de 1 naranja colado
2 cucharadas de aceite de oliva
1 lechuga en tiras
1 cebolla roja en rodajas finas
25 g de pistachos picados
1 ramita de perejil deshojada
sal y pimienta

Ponga la leche y 250 ml de agua en una cazuela baja, eche la pimienta en grano y llévelo a ebullición. Baje el fuego de modo que apenas borbotee, añada el salmón y escálfelo 10 minutos. Bata la nata, el zumo de limón y el aceite en un bol, y salpimiente. Retire el salmón de la cazuela con una espumadera y escúrralo bien.

Retire y deseche la piel del salmón y desmenúcelo en un bol. Disponga la lechuga, las rodajas de cebolla y el salmón en una fuente y adorne la ensalada con los pistachos y las hojas de perejil. Alíñela con la salsa y sírvala.

Ensalada de cigalas, higos y melón

Insalatina di scampi, fichi e melone

Preparación: 25 min
Cocción: 4-5 min
Para 4 personas

600 g de cigalas
4 tomates de pera pelados, despepitados y troceados
el zumo de ½ limón colado
el zumo de ½ pomelo colado
unas gotas de tabasco
aceite de oliva, para aliñar
1 melón por la mitad y despepitado
4 higos blancos
1 manojo de rúcula
sal y pimienta

Cueza las cigalas en agua hirviendo con sal 4 o 5 minutos, escúrralas, pélelas y resérvelas. Ponga el tomate, el zumo de los cítricos y el tabasco en el robot de cocina o la batidora y tritúrelo hasta que quede bien emulsionado. Pase la salsa a un bol, alíñela con aceite, remuévala y resérvela.

Con un vaciador de melón, retire unas 40 bolitas de la pulpa del melón. Pele los higos y córtelos en 4 trozos cada uno con un cuchillo bien afilado y humedecido. Ponga la rúcula en el centro de 4 platos y disponga los higos, las cigalas y las bolitas de melón alrededor como si fueran rayos de sol. Vierta la salsa de tomate sobre la ensalada antes de servirla.

Ensalada de escarola

Insalata di scarola e speck

Preparación: 15 min
Cocción: 8-10 min
Para 4 personas

3 cucharadas de aceite de oliva
4 lonchas gruesas de *speck*, unos 200 g en total, en tiras finas
1 cogollo de escarola desmenuzado
3 cebolletas en rodajas
2 cucharadas de vinagre de vino blanco
2 huevos duros
sal y pimienta

Caliente el aceite en una sartén pequeña y rehogue el *speck* a fuego mínimo 3 o 4 minutos. Retírelo de la sartén, reservando el aceite, y déjelo escurrir sobre papel absorbente. Ponga la escarola, la cebolleta y el *speck* en una ensaladera. Incorpore el vinagre al aceite de la sartén y cuézalo unos minutos hasta que se reduzca.

Aparte la sartén del fuego y aliñe la ensalada. Parta los huevos por la mitad, separe las yemas y desmenúcelas por encima. Corte las claras en dados y añádalos también. Salpimiente la ensalada y sírvala enseguida.

Ensalada de escarola y gambas

Insalata di scarola e gamberi

Preparación: 15 min
Cocción: 3 min
Para 4 personas

300 g de gambas peladas
1 cogollo de escarola troceado
3 tomates pelados, despepitados y en gajos
½ cucharada de alcaparras en salmuera enjuagadas y escurridas
100 ml de aceite de oliva
el zumo de 1 limón colado
1 cucharada de perejil picado
sal y pimienta

Cueza las gambas en agua con sal unos 3 minutos, escúrralas y deje que se enfríen. Ponga la escarola, el tomate, las gambas y las alcaparras en una ensaladera. Bata el aceite y el zumo en un bol y salpimiente. Aliñe la ensalada, mézclela con suavidad, esparza el perejil por encima y sírvala.

Ensalada de trucha asalmonada y pepino

Insalata di trota salmonata e cetrioli

Preparación: 1 h 15 min
(refrigeración incluida)
Cocción: 8-10 min
Para 4 personas

- 4 filetes de trucha asalmonada
- 4 tomates maduros en rodajas
- 1 pepino pelado y en rodajas
- 1 cucharada de albahaca picada
- 1 cucharada de cebollino troceado
- sal

Para el aliño

- 6 cucharadas de aceite de oliva
- 2 cucharadas de vinagre de vino blanco
- 1 cucharada de chalote picado
- 1 diente de ajo picado
- sal y pimienta blanca

Parta los filetes de pescado por la mitad, póngalos en una cazuela baja, cúbralos con agua y añada una pizca de sal. Llévelo a ebullición, baje el fuego de modo que la superficie del agua apenas borbotee y escalfe el pescado 3 minutos. Sáquelo de la cazuela y resérvelo.

Para preparar el aliño, bata el aceite, el vinagre, el chalote y el ajo en un bol y salpimiente. Vierta la mitad del aliño en una fuente y refrigérelo 1 hora. Para servir, disponga las rodajas de tomate y pepino en una fuente, cúbralas con el pescado, esparza la albahaca y el cebollino por encima y vierta el aliño restante.

Fotografía p.154

Pizza de patata

Pizza di patate

Preparación: 25 min
Cocción: 40-50 min
Para 4 personas

- 500 g de patatas sin pelar
- 100 g de harina
- 25 g de mantequilla
- 1 huevo
- 2 cucharadas de aceite de oliva, y un poco para untar
- 150 g de mozzarella en lonchas
- 5 filetes de anchoa en conserva escurridos y picados
- 3 tomates pelados y en dados
- 1 pizca de orégano
- sal y pimienta

Precaliente el horno a 220 °C y unte con aceite una fuente de horno. Ponga las patatas en una olla, cúbralas con agua y eche sal. Llévelas a ebullición y cuézalas, tapadas, de 20 a 30 minutos o hasta que estén tiernas. Escúrralas, déjelas enfriar un poco y pélelas. Pase las patatas templadas por un pasapurés sobre un cuenco, añada la harina, la mantequilla y el huevo y mézclelo bien. Disponga el puré de patata en la fuente y alise la superficie. Cúbralo con la mozzarella y reparta las anchoas y el tomate por encima. Salpimiente, alíñelo con aceite y sazone con el orégano. Hornee la pizza de patata 20 minutos, hasta que se dore y el queso burbujee. Sírvala enseguida.

Fotografía p.155

Pizza de queso

Pizza al formaggio

Preparación: 15 min
Cocción: 20 min
Para 4 personas

- aceite de oliva, para pintar y aliñar
- 500 g de masa para pizza (véase p. 156)
- harina, para espolvorear
- 150 g de mozzarella en lonchas
- 150 g de queso gorgonzola desmenuzado
- 1 pizca de orégano
- sal y pimienta
- lechuga, para acompañar

Precaliente el horno a 220 °C y unte la bandeja del horno con aceite. Extienda la masa sobre la encimera espolvoreada con un poco de harina hasta obtener una lámina de 1 cm de grosor y pásela a la bandeja. Cubra la superficie de manera uniforme con los quesos, esparza el orégano, salpimiente y rocíelo con aceite. Hornee la pizza 20 minutos, hasta que el queso se dore y burbujee. Sírvala con ensalada de lechuga, para acompañar.

Pizza de berenjena

Pizza alle melanzane

Preparación: 50 min
(reposo incluido)
Cocción: 30 min
Para 4 personas

- 2 berenjenas en rodajas finas
- aceite de oliva, para pintar y aliñar
- 500 g de masa para pizza (véase p. 156)
- harina, para espolvorear
- 200 g de tomate en conserva escurrido y picado
- 150 g de mozzarella en tiras
- 4-5 hojas de albahaca picadas
- sal y pimienta

Ponga la berenjena en un escurridor, sálela por capas y déjela sudar 30 minutos. A continuación, enjuáguela y séquela bien con papel absorbente. Precaliente el horno a 220 °C y unte la bandeja del horno con aceite.

Extienda la masa sobre la encimera espolvoreada con un poco de harina hasta obtener una lámina de 2 cm de grosor y pásela a la bandeja. Cúbrala con la berenjena, reparta el tomate por encima y termine con la mozzarella. Salpimiente la pizza, rocíela con aceite y condiméntela con la albahaca. Hornee la pizza durante 30 minutos y sírvala enseguida. También puede degustarse fría.

Ensalada de trucha asalmonada y pepino (p.152)

Pizza de patata (p.152)

Pizza de gambas y rúcula

Pizza con gamberi e rucola

Preparación: 3 h 30 min
(leudado incluido)
Cocción: 20 min
Para 4 personas

Para la masa

500 g de harina, a poder ser de tipo 00, y un poco más para espolvorear
25 g de levadura fresca o 4 cucharaditas de seca
250 ml de agua templada
sal

Para la cobertura

aceite de oliva, para pintar y aliñar
250 g de tomate en conserva escurrido y picado
250 g de gambas cocidas peladas
1 manojo de rúcula picado
sal y pimienta

Para preparar la masa, tamice la harina y una pizca de sal en la encimera y dele forma de volcán. Si la levadura es fresca, cháfela con un tenedor en un bol con 250 ml de agua templada hasta que esté homogénea y viértala en el hoyo del volcán. Si es seca, échela en el agua, resérvela 10 minutos, hasta que la superficie burbujee, y viértala en el volcán.

Incorpore la harina poco a poco con los dedos y trabaje bien la masa hasta que esté suave y elástica. Moldéela en forma de bola, póngala en un cuenco, tápela con un paño de cocina limpio y déjela leudar en un lugar cálido unas 3 horas, hasta que casi duplique su volumen.

Precaliente el horno a 220°C y unte la bandeja del horno con aceite. Aplane la masa con la mano y extiéndala sobre la encimera espolvoreada con un poco de harina hasta obtener un círculo de 1 cm de grosor. Ponga la masa en la bandeja y repliegue el borde. Reparta el tomate por encima, después las gambas y, por último, la rúcula. Salpimiente la pizza, rocíela con aceite y hornéela 20 minutos. Sírvala enseguida.

Pizza a la marinera

Pizza alla pescatora

Preparación: 30 min

Cocción: 45 min

Para 4 personas

300 g de chipirones limpios y pelados (véase p. 134)
2 cucharadas de aceite de oliva, y un poco más para pintar y aliñar
300 g de gambas
300 g de almejas limpias
300 g de mejillones limpios y sin las barbas
1 cebolla en rodajas finas
4 dientes de ajo en rodajas finas
1 guindilla fresca despepitada y picada
1 cucharada de perejil picado
masa para pizza (véase p. 156)
harina, para espolvorear
300 g de tomates *cherry* pelados y en cuartos
sal

Cueza los chipirones en agua hirviendo con sal 2 minutos, o hasta que estén tiernos, y escúrralos bien. Precaliente el horno a 220 °C. Unte la bandeja del horno con aceite y fórrela con papel vegetal. Cueza las gambas en agua hirviendo con sal 2 o 3 minutos, escúrralas, pélelas y retíreles el hilo intestinal. Deseche las almejas y los mejillones que tengan las valvas rotas o que no se cierren al darles un golpecito. Cueza las almejas y los mejillones restantes en una sartén a fuego fuerte 5 minutos, hasta que se abran. Separe los moluscos de las valvas y deseche los que no se hayan abierto.

Caliente el aceite en una sartén y sofría la cebolla, el ajo y la guindilla a fuego lento, removiendo a menudo, 5 minutos. Eche los chipirones, los mejillones, las almejas y las gambas. Salpimiente y rehóguelo, removiendo, 5 minutos. Aparte la sartén del fuego e incorpore el perejil.

Extienda la masa sobre la encimera espolvoreada con un poco de harina y póngala en la bandeja. Cúbrala con el tomate, rocíelo con aceite y hornee la pizza unos 15 minutos. Disponga el marisco encima y prosiga con la cocción otros 7 u 8 minutos (no más, pues de lo contrario quedaría correoso).

Pizza a la marinera

Minipizzas con parmesano

Pizzelle con parmigiano

Preparación: 2 h 30 min
(leudado incluido)
Cocción: 30 min
Para 25 unidades

Para la masa

500 g de harina, a poder ser de tipo 00, y un poco más para espolvorear
20 g de levadura fresca o 5 g de seca

Para la cobertura

3 cucharadas de aceite de oliva, y un poco más para freír
1 diente de ajo
1 kg de tomates pelados, despepitados y picados
1 pizca de azúcar
1 pizca de orégano
3-4 hojas de albahaca
100 g de parmesano rallado
sal

Para preparar la cobertura, caliente el aceite en una cazuela grande y fría el ajo. Cuando se dore, retírelo con una espumadera y deséchelo. Añada el tomate y el azúcar y sálelo con moderación. Tape la cazuela y cueza la salsa a fuego lento unos 25 minutos, hasta que se espese. Apártela del fuego e incorpore el orégano y la albahaca.

Para preparar la masa, tamice la harina en la encimera y haga un hoyo en el centro. Si la levadura es fresca, cháfela con un tenedor en un bol con agua templada hasta que esté homogénea y viértala en el hoyo. Si es seca, disuélvala en el agua, resérvela 10 minutos, hasta que burbujee, y viértala en el hoyo. Incorpore la harina poco a poco y trabaje la masa hasta que esté suave y elástica. Moldéela en forma de bola, póngala en un cuenco, tápela con un paño de cocina limpio y déjela leudar en un lugar cálido 2 horas.

Vuelque la masa sobre la encimera espolvoreada con un poco de harina y separe un trozo del tamaño de una nuez grande. Extienda la porción de masa, estirándola con las manos, y forme un círculo de 6 o 7 cm de diámetro. Repita la operación con la masa restante hasta obtener 25 bases de minipizzas. Caliente la salsa de tomate a fuego lento. Vierta aceite abundante en una sartén y, cuando esté bien caliente, eche las bases de pizza, por tandas, y fríalas 15 segundos. Retírelas de la sartén y déjelas escurrir sobre papel absorbente.

Cuando todas las bases estén fritas, cúbralas con 1 cucharadita de salsa de tomate y 1 de parmesano rallado. Póngalas en una fuente y sírvalas enseguida.

Pasta con tinta de sepia

Pasta col nero di seppie

Preparación: 40 min
Cocción: 1 h 15 min
Para 6 personas

- 1,2 kg de sepias
- 100 ml de aceite de oliva
- 1 cebolla bien picada
- 1 diente de ajo bien picado
- 100 ml de vino blanco seco
- 2 cucharaditas de concentrado de tomate
- 350 g de tomates picados
- 1 guindilla roja fresca, despepitada y bien picada
- 450 g de *linguine*
- 2 cucharadas de perejil picado
- sal

Para limpiar las sepias, corte los tentáculos a la altura de los ojos y retire y deseche la boca de la parte central. Separe los tentáculos y quíteles la piel. Retire también la piel del cuerpo, haga un corte en el centro y saque la jibia. Abra el cuerpo, separe con suavidad la bolsa de tinta de las vísceras y póngala en un bol con agua. (La bolsa de tinta es de color blanco nacarado.) Eviscere las sepias y deseche las cabezas. Enjuague los cuerpos y los tentáculos con agua fría y trocéelos.

Caliente el aceite en una cazuela baja y sofría la cebolla y el ajo a fuego lento, removiendo de vez en cuando, 5 minutos o hasta que estén tiernos. Eche la sepia, suba un poco el fuego y rehóguela, removiendo a menudo, 10 minutos. Vierta el vino, prosiga con la cocción para que se evapore el alcohol e incorpore el concentrado, el tomate, la guindilla y la tinta de la sepia, y salpimiente. Baje el fuego y cuézalo alrededor de 1 hora, removiendo de vez en cuando, añadiendo un poco de agua si fuera necesario.

Cueza la pasta al dente en abundante agua con sal de 8 a 10 minutos. Escúrrala y pásela a una fuente. Cúbrala con la salsa de sepia, esparza el perejil y sírvala enseguida.

Espaguetis con langosta

Spaghetti all'aragosta

Preparación: 15 min
Cocción: 30 min
Para 6 personas

100 ml de aceite de oliva
1 cebolla bien picada
300 g de tomates maduros pelados, despepitados y en dados
400 g de carne de langosta en dados
450 g de espaguetis
sal
1 ramita de perejil, para adornar

Caliente el aceite en una cazuela baja y sofría la cebolla a fuego lento, removiendo a menudo, 5 minutos o hasta que esté tierna. Incorpore el tomate, sofríalo 5 minutos más, añada la carne de langosta y rehóguela a fuego lento unos 10 minutos o hasta que esté tierna.

Mientras tanto, cueza la pasta al dente en agua hirviendo con sal de 8 a 10 minutos. Escúrrala y mézclela con la salsa de langosta. Pásela a una fuente, adórnela con el perejil y sírvala.

Nota: Para muchos italianos, la langosta de Cerdeña, de carne delicada y sabor intenso, es la mejor del mundo.

Ruote multicolor con pimiento

Ruote colorate ai peperoni

Preparación: 30 min (reposo incluido)
Cocción: 50 min
Para 4 personas

350 g de *ruote* rojas y verdes
1 pimiento rojo
1 pimiento amarillo
1 pimiento verde
4 cucharadas de aceite de oliva
1 manojo de hierbas variadas, como albahaca, mejorana y estragón, desmenuzado
1 diente de ajo picado
sal

Precaliente el horno a 180 °C. Cueza la pasta al dente en agua hirviendo con sal de 8 a 10 minutos. Póngala en un escurridor, enjuáguela con agua fría y escúrrala de nuevo. Pásela a una ensaladera y rocíela con aceite. Ponga los pimientos en la bandeja del horno y áselos, dándoles la vuelta de vez en cuando, de 35 a 40 minutos, hasta que se chamusquen. Sáquelos del horno, póngalos en una bolsa de plástico y anúdela. Cuando se hayan enfriado y pueda manipularlos, pélelos, despepítelos y corte la pulpa en tiras de 1 cm de ancho. Ponga el pimiento en un bol, sálelo, alíñelo con el aceite y condiméntelo con las hierbas y el ajo. Añádalo a la pasta fría, remuévalo bien y sírvalo.

Linguine con marisco

Linguine ai frutti di mare

Preparación: 30 min

Cocción: 20 min

Para 4 personas

400 g de almejas
300 g de mejillones
2 cucharadas de aceite de oliva
3 dientes de ajo
1 pizca de orégano
350 g de *linguine*
400 g de tomate troceado en conserva
1 cucharada de albahaca picada
sal y pimienta

Raspe las almejas y los mejillones bajo el chorro de agua fría y quíteles las barbas a los últimos. Deseche los moluscos que tengan las valvas rotas o que no se cierren al darles un golpecito.

Caliente 1 cucharada del aceite en una sartén y sofría 1 diente de ajo y el orégano. Eche las almejas y cuézalas de 3 a 5 minutos a fuego medio-fuerte, hasta que se abran. Aparte la sartén del fuego y deseche las que no se hayan abierto.

Ponga los mejillones en una cazuela mediana, vierta 150 ml de agua, tápelo y llévelo a ebullición a fuego fuerte. Cuézalos, sacudiendo la cazuela de vez en cuando, de 3 a 5 minutos, hasta que se abran. Aparte la cazuela del fuego y deseche los mejillones que no se hayan abierto.

Retire los moluscos de los recipientes y reserve 1 cucharada del líquido de cocción de las almejas. Separe la mayoría de las almejas y los mejillones de las valvas y resérvelos.

Precaliente el horno a 220 °C. Cueza la pasta al dente en abundante agua hirviendo con sal de 8 a 10 minutos, y escúrrala.

Caliente el aceite restante en una cazuela mediana y sofría el resto del ajo, removiendo a menudo, unos minutos, hasta que se dore bien. Retírelo y deséchelo. Añada el tomate, la pasta, los moluscos, la albahaca y el líquido de cocción reservado y salpimiente. Mézclelo bien y póngalo en el centro de un buen trozo de papel de aluminio. Doble el papel y envuélvalo en forma de paquete. Póngalo en la bandeja del horno y cuézalo 5 minutos. Sírvalo enseguida.

Fotografía p. 166

Espaguetis con tomate

Spaghetti al pomodoro crudo

Preparación: 45 min
(reposo incluido)
Cocción: 10 min
Para 4 personas

- 500 g de tomates en rama maduros pelados, despepitados y troceados
- 4 cucharadas de aceite de oliva
- 10 hojas de albahaca picadas
- 2 dientes de ajo
- 350 g de espaguetis
- sal y pimienta

Ponga el tomate en una ensaladera, añada el aceite, la albahaca y el ajo y salpimiente. Mézclelo bien, tápelo y resérvelo 30 minutos en un lugar fresco para que los sabores se entremezclen. Retire y deseche el ajo.

Cueza la pasta al dente en abundante agua hirviendo con sal de 8 a 10 minutos, y escúrrala. Mézclela con la salsa de tomate fresco y sírvala enseguida.

Fotografía p.167

Fusilli con caponata de berenjena

Fusilli con caponata di melanzane

Preparación: 30 min
Cocción: 35 min
Para 4 personas

- 5 cucharadas de aceite de oliva, y un poco más para aliñar
- 2 berenjenas peladas y en dados
- 2 cebollas en rodajas
- 3 tomates de pera pelados, despepitados y en dados
- 1 cucharada de alcaparras enjuagadas y escurridas
- 6 aceitunas negras deshuesadas y por la mitad
- 6 hojas de albahaca desmenuzadas
- 300 g de *fusilli*
- sal y pimienta

Caliente 3 cucharadas del aceite en una sartén y rehogue la berenjena a fuego medio-lento, removiendo de vez en cuando, 10 minutos, hasta que esté tierna y dorada. Aparte la sartén del fuego y reserve la berenjena.

Caliente el aceite restante en una cazuela baja. Eche la cebolla y sofríala a fuego lento, removiendo de vez en cuando, 5 minutos o hasta que esté tierna. Añada el tomate y prosiga con la cocción, removiendo, 5 minutos más. Incorpore las alcaparras, las aceitunas y la berenjena y rehóguelo unos minutos. Aparte la cazuela del fuego y agregue la albahaca.

Cueza la pasta al dente en abundante agua hirviendo con sal de 8 a 10 minutos. Escúrrala y póngala en una ensaladera. Alíñela con aceite, salpimiéntela y remuévala. Incorpore la *caponata* de berenjena caliente, mézclelo bien y sírvala.

Espaguetis fríos con atún y cebollino

Spaghetti freddi al tonno ed erba cipollina

Preparación: 40 min
(reposo incluido)
Cocción: 10 min
Para 4 personas

- 350 g de espaguetis
- 1 pimiento rojo despepitado y en tiras cortas
- 2 cucharaditas de cebollino troceado
- aceite de oliva, para aliñar
- 120 g de atún en aceite escurrido y desmenuzado
- sal y pimienta

Cueza la pasta al dente en abundante agua hirviendo con sal de 8 a 10 minutos. Escúrrala, enjuáguela con agua fría y escúrrala de nuevo.

Mientras tanto, ponga el pimiento y el cebollino en un cuenco. Añada los espaguetis, alíñelos con aceite abundante y sazónelos con pimienta. Remuévalos y déjelos 30 minutos en reposo para que los sabores se entremezclen. Pase los espaguetis a una fuente, reparta el atún por encima y sírvalos.

Gnocchetti con pavo

Gnocchetti profumati al tacchino

Preparación: 3 h
(reposo incluido)
Cocción: 10 min
Para 4 personas

- 200 g de tomates consistentes en dados
- 200 g de pavo asado en dados
- 20 aceitunas negras deshuesadas y troceadas
- 1 manojo de hierbas aromáticas variadas picado
- unas gotas de tabasco
- aceite de oliva, para aliñar
- 350 g de *gnocchetti* sardos *(malloreddus)*
- sal y pimienta

Ponga el tomate, el pavo, las aceitunas, las hierbas y unas gotas de tabasco en un cuenco y mézclelo bien. Sazónelo con pimienta, alíñelo con aceite, remuévalo y déjelo reposar 2 o 3 horas para que los sabores se entremezclen.

Cueza la pasta al dente en abundante agua hirviendo con sal de 8 a 10 minutos. Escúrrala y deje que se enfríe. Pásela a una fuente, cúbrala con la salsa, sálela y sírvala.

Nota: Los *gnocchetti* sardos, o *malloreddus*, son una variedad de pasta típica de la isla de Cerdeña que se elaboran con una sabrosa mezcla de harina de trigo duro pura, agua y sal. Pueden sustituirse por otro tipo de pasta pequeña en forma de concha.

Linguine con marisco (p.163)

Espaguetis con tomate (p.164)

Ensalada campestre

Insalata rustica

Preparación: 40 min

Cocción: 1 h 5 min

Para 6 personas

400 g de alubias pintas
150 g de cebollitas
150 g de zanahorias *baby*
200 g de jamón cocido en dados

Para la salsa verde

1 patata pequeña
2 huevos duros
4 filetes de anchoa remojados 10 minutos y escurridos
1 ramita de perejil
1 ramita de albahaca
½ diente de ajo
1 pepinillo escurrido
200 ml de aceite de oliva
2 cucharadas de vinagre de vino blanco
sal y pimienta

Prepare la salsa verde. Cueza la patata en agua con un poco de sal, 15 minutos o hasta que esté tierna. Escúrrala, pélela y, en un bol, cháfela con un tenedor. Pele los huevos, pártalos por la mitad, eche las yemas en el bol y mézclelas con la patata.

Seque las anchoas con papel absorbente y pique bien el perejil, la albahaca, el ajo y el pepinillo. Échelo en el bol e incorpore el aceite en un hilo. Salpimiente e incorpore el vinagre.

Ponga las alubias en una olla, cúbralas con agua, llévela a ebullición, baje el fuego y cuézalas unos 40 minutos, hasta que estén tiernas. Reserve unas cebollitas y 2 o 3 zanahorias. Cueza las cebollitas restantes en agua hirviendo 10 minutos o hasta que estén tiernas. Cueza aparte las zanahorias restantes de 5 a 10 minutos o hasta que estén tiernas. Escurra todas las hortalizas cuando estén cocidas. Pele las cebollitas, incluidas las reservadas, y déjelas enteras.

Pique las zanahorias, incluidas las reservadas. En una ensaladera, mezcle las alubias con las cebollitas, las zanahorias y el jamón, incorpore la salsa verde y sírvalo.

Ponga
aquí el
sello

PHAIDON PRESS
c/ Buenos Aires, 54, 3º 3ª
08036 Barcelona
España

Caponata agridulce

Caponata in agrodolce

Preparación: 55 min
(reposo incluido)
Cocción: 30 min
Para 4 personas

- 1 kg de berenjenas en dados
- 2 cucharadas de pasas
- 120 ml de aceite de oliva
- 1 rama de apio picada
- 1 cebolla en rodajas
- 300 g de tomates maduros pelados y en dados
- 1½ cucharaditas de azúcar
- 100 ml de vinagre de vino tinto
- 1 cucharada de piñones
- 100 g de aceitunas verdes deshuesadas y por la mitad
- 25 g de alcaparras enjuagadas y escurridas
- 4-5 hojas de albahaca
- 12 lonchas de provolone u otro queso semicurado
- sal y pimienta

Ponga la berenjena en un escurridor, sálela, déjela sudar 30 minutos, escúrrala y séquela con papel absorbente. Mientras tanto, ponga las pasas en un bol, cúbralas con agua caliente, déjelas en remojo 15 minutos y escúrralas.

Caliente 5 cucharadas del aceite en una sartén grande. Eche la berenjena y rehóguela a fuego medio, removiendo a menudo, de 8 a 10 minutos o hasta que se dore bien.

Mientras tanto, caliente el aceite restante en una cazuela baja. Eche el apio, la cebolla y el tomate, rehóguelo a fuego lento, removiendo a menudo, 10 minutos o hasta que la salsa se espese. Salpimiente, incorpore el azúcar, el vinagre, los piñones, las aceitunas, las pasas y las alcaparras, y prosiga con la cocción unos minutos. Añada la berenjena y cuézalo 10 minutos. Sirva la *caponata* caliente condimentada con la albahaca y el provolone aparte.

Judías verdes con tomate

Fagiolini al pomodoro

Preparación: 15 min
Cocción: 25 min
Para 4 personas

- 600 g de judías verdes redondas despuntadas
- 2 cucharadas de aceite de oliva
- 1 cebolla picada
- 1 diente de ajo
- 5 tomates pelados, despepitados y picados
- 6 aceitunas verdes deshuesadas y en cuartos
- 6 hojas de albahaca picadas
- sal y pimienta

Cueza las judías verdes en agua hirviendo con sal de 5 a 10 minutos o hasta que empiecen a estar tiernas. Mientras tanto, caliente el aceite en otra cazuela, eche la cebolla y el ajo y sofríalos a fuego lento, removiendo de vez en cuando, 5 minutos. Escurra las judías verdes, póngalas en la cazuela y mézclelo bien. Incorpore el tomate, salpimiente y deseche el ajo. Rehóguelo 10 minutos a fuego lento, incorpore las aceitunas y la albahaca y prosiga con la cocción 5 minutos más. Sírvalo caliente.

Habas con jamón cocido

Fave al prosciutto

Preparación: 30 min
Cocción: 20 min
Para 4 personas

- 2 kg de habas frescas desvainadas
- 40 g de mantequilla
- 100 g de jamón cocido en dados
- 1 cebolla picada
- 1 zanahoria picada
- 200 ml de caldo de carne
- 1 ramita de perejil picada
- sal y pimienta

Ponga las habas en una olla, cúbralas con agua, llévelas a ebullición y cuézalas 10 minutos.

Mientras tanto, funda la mitad de la mantequilla en una cazuela y rehogue el jamón, la cebolla y la zanahoria 5 minutos, removiendo de vez en cuando. Escurra las habas y échelas en la cazuela. Vierta el caldo y salpimiente. Cuézalo hasta que la salsa se espese, incorpore la mantequilla restante, páselo a una fuente caliente y esparza el perejil por encima.

Fricasé de berenjena

Fricassea di melanzane

Preparación: 1 h (reposo incluido)
Cocción: 25 min
Para 4 personas

- 5 berenjenas en rodajas gruesas
- 25 g de mantequilla
- 3 cucharadas de aceite de oliva
- 1 cebolla picada
- 500 g de tomates de pera maduros pelados, despepitados y picados
- 1 ramita de perejil picada
- 1 diente de ajo picado
- 2 huevos
- el zumo de 1 limón colado
- sal y pimienta

Ponga la berenjena en un escurridor, sálela y déjela sudar 30 minutos. Mientras tanto, funda la mantequilla con el aceite en una cazuela y sofría la cebolla a fuego lento, removiendo a menudo, 5 minutos.

Enjuague la berenjena, séquela y échela en la cazuela con el tomate, el perejil y el ajo. Salpimiente. Mézclelo bien y rehóguelo a fuego medio unos 15 minutos, o hasta que la berenjena esté tierna. Aparte la cazuela del fuego.

Bata los huevos con el zumo y échelo sobre la berenjena. Remuévalo enseguida de modo que el huevo no llegue a cuajar, sino que adquiera una textura cremosa. Pase el fricasé a una fuente caliente y sírvalo enseguida.

Berenjena marinada

Melanzane marinate

Preparación: 7 h
(marinada incluida)
Cocción: 20 min
Para 4 personas

- 600 g de berenjenas en rodajas de 5 mm de grosor
- 1 guindilla fresca despepitada y picada
- 3 dientes de ajo bien picados
- 1 cucharada de alcaparras en salmuera enjuagadas, escurridas y picadas
- 10 hojas de menta picadas
- 175 ml de aceite de oliva
- sal y pimienta

Ponga la berenjena en un escurridor, sálela y déjela reposar 30 minutos. Mientras tanto, en un bol, mezcle la guindilla, el ajo, las alcaparras y la menta y salpimiente. Caliente una sartén antiadherente de base gruesa. Enjuague las rodajas de berenjena, séquelas y úntelas con aceite. Póngalas en la sartén, por tandas si fuera necesario, y áselas a fuego fuerte hasta que se doren bien por ambos lados.

En una ensaladera, disponga una capa de berenjena y riéguela con 1 cucharada del aderezo picante. Repita la operación con el resto de la berenjena y el aliño. Rocíelo con el aceite restante y déjelo marinar en un lugar frío como mínimo unas 6 horas.

Berenjenas rellenas

Melanzane ripiene

Preparación: 1 h
Cocción: 30 min
Para 4 personas

- 4 berenjenas
- 80 g de mantequilla, y un poco más para engrasar
- aceite de oliva, para freír
- 200 g de carne picada de buey
- 25 g de harina
- 500 ml de leche
- 1 pizca de nuez moscada recién rallada
- 1 huevo
- 50 g de parmesano rallado
- 50 g de pan rallado
- sal y pimienta

Parta las berenjenas por la mitad a lo largo y vacíe y reserve la mayor parte de la pulpa de cada mitad. Sale la piel de las berenjenas y déjelas boca abajo para que se escurran bien. Precaliente el horno a 180 °C y engrase una fuente refractaria con mantequilla. Caliente un poco de aceite en una sartén y rehogue la carne picada a fuego medio-fuerte unos minutos, hasta que se dore. Resérvela.

Para preparar la salsa bechamel, funda 50 g de la mantequilla en una cazuela mediana a fuego lento. Incorpore la harina y tuéstela, removiendo, 1 minuto. Vierta la leche poco a poco y llévelo a ebullición sin dejar de remover. Prosiga con la cocción, removiendo, hasta que la salsa se espese. Aparte la cazuela del fuego, incorpore la nuez moscada, salpimiente y deje que se enfríe un poco. Enjuague las berenjenas y séquelas con papel absorbente.

→

→ Pique la pulpa de berenjena reservada e incorpórela a la bechamel junto con el huevo, la carne picada y el queso, y salpimiente. Rellene las mitades de berenjena, póngalas en la fuente refractaria, cúbralas con la mantequilla restante y esparza el pan rallado por encima. Hornéelas 30 minutos hasta que la cobertura esté crujiente y dorada. Sírvalas enseguida.

Fotografía p.174

Tortilla de pimiento

Frittata ai peperoni

Preparación: 15 min
Cocción: 35 min
Para 4 personas

40 g de mantequilla
4 cucharadas de aceite de oliva
2 pimientos amarillos por la mitad, y en dados
3 tomates pelados, despepitados y en dados
6 huevos un poco batidos
sal y pimienta

Caliente la mitad de la mantequilla y el aceite en una sartén y rehogue el pimiento, removiendo, 2 minutos. Eche el tomate, salpimiente, tape la sartén y cuézalo de 15 a 20 minutos a fuego lento. Agregue el huevo batido. Funda la mantequilla restante en otra sartén y vierta en ella el contenido de la primera. Cueza la tortilla de 5 a 8 minutos por cada lado hasta que se dore y sírvala.

Fotografía p.175

Huevos al plato con tomate

Uova al piatto con pomodori

Preparación: 25 min (reposo incluido)
Cocción: 25 min
Para 4 personas

2 cucharaditas de aceite de oliva, y un poco más para pintar
4 tomates grandes
1 pizca de orégano
4 huevos
1 ramita de perejil picada
sal y pimienta

Precaliente el horno a 180 °C. Unte una fuente refractaria con aceite. Corte la parte superior de los tomates y retire las pepitas y parte de la pulpa. Sálelos por dentro y déjelos boca abajo sobre papel absorbente 10 minutos para que se escurran. Sazónelos con orégano y pimienta y alíñelos con el aceite. Ponga los tomates en la fuente y áselos 20 minutos en el horno.

Saque la fuente del horno, casque un huevo dentro de cada tomate, devuelva la fuente al horno y prosiga con la cocción otros 5 minutos, hasta que los huevos empiecen a cuajar. Adorne los tomates con perejil picado y sírvalos.

Flan de guisantes

Flan di piselli

Preparación: 20 min

Cocción: 1 h

Para 6 personas

65 g de mantequilla, y un poco más para engrasar
½ cebolla picada
50 g de jamón cocido en dados
600 g de guisantes frescos desvainados
2 cucharadas de harina, y un poco más para espolvorear
250 ml de leche
1 pizca de nuez moscada recién rallada
3 huevos, con las yemas y las claras separadas
sal

Funda 20 g de la mantequilla en una cazuela mediana y sofría la cebolla a fuego lento, removiendo de vez en cuando, 5 minutos o hasta que esté tierna. Añada el jamón, los guisantes y 175 ml de agua caliente y cuézalo de 10 a 15 minutos, hasta que los guisantes estén tiernos. Precaliente el horno a 180 °C y engrase un molde con mantequilla y espolvoréelo con un poco de harina.

Para preparar la bechamel, funda 25 g de la mantequilla en una cazuela mediana a fuego lento. Incorpore la harina y tuéstela, removiendo, 1 minuto. Vierta la leche poco a poco y llévelo a ebullición sin dejar de remover. Prosiga con la cocción, removiendo, hasta que la salsa se espese. Aparte la cazuela del fuego, incorpore la nuez moscada, salpimiente y deje que se enfríe un poco.

Ponga dos terceras partes de la mezcla de jamón y guisantes en un robot de cocina. Tritúrelo hasta obtener un puré, añada la mantequilla restante y vuelva a poner el robot en marcha para mezclarlo. Pase el puré a un cuenco, incorpore la bechamel y el jamón y los guisantes restantes y deje que se enfríe. Incorpore las yemas de una en una. Monte las claras a punto de nieve en un bol limpio e incorpórelas también. Eche la mezcla en el molde preparado y alise la superficie.

Cueza el flan al baño María en el horno durante 40 minutos. Desmóldelo y sírvalo enseguida.

Berenjenas rellenas (p.171)

Tortilla de pimiento (p.172)

Tomates con calabacín

Pomodori alle zucchine

Preparación: 20 min

Cocción: 40 min

Para 4 personas

aceite de oliva, para pintar y aliñar
8 tomates
2 calabacines limpios
1 ramita de perejil picada
1 diente de ajo picado
200 g de mozzarella en lonchas
½ cucharadita de orégano
sal y pimienta

Precaliente el horno a 180 °C. Pinte una fuente refractaria con aceite. Corte los tomates en rodajas finas sin llegar a separarlas de modo que queden unidas por la parte inferior. Parta los calabacines por la mitad a lo largo y córtelos en tiras finas. Coloque las tiras de calabacín entre las rodajas de tomate.

Ponga los tomates en la fuente, condiméntelos con el perejil y el ajo, salpimiéntelos y rocíelos con aceite. Áselos 30 minutos en el horno. Saque la fuente del horno pero no lo apague.

Con cuidado, coloque las lonchas de mozzarella entre las rodajas de tomate y el calabacín y esparza el orégano por encima. Devuelva los tomates al horno y áselos 10 minutos más, hasta que la mozzarella empiece a fundirse y a deshilacharse. Páselos a una fuente caliente y sírvalos enseguida.

Tomates rellenos de arroz pilaf al azafrán

Pomodorini ripieni di riso pilaf allo zafferano

Preparación: 45 min
(reposo incluido)
Cocción: 40 min
Para 4 personas

- 25 g de mantequilla
- ½ cebolla picada
- unas hebras de azafrán
- 250 ml de caldo de verduras caliente
- 175 g de arroz largo
- 12 tomates en rama grandes
- 1 cucharada de aceite de oliva, y un poco más para aliñar
- 1 calabacín en dados
- 2 cucharadas de perejil picado
- sal y pimienta

Precaliente el horno a 180 °C. Funda la mantequilla en una cazuela refractaria baja de base gruesa. Eche la cebolla y sofríala a fuego lento, removiendo de vez en cuando, 5 minutos o hasta que esté tierna. Mientras tanto, maje un poco las hebras de azafrán y mézclelas en un bol con 2 cucharadas del caldo.

Eche el arroz en la cazuela, sálelo con moderación y fríalo unos minutos sin dejar de remover, hasta que se empape de mantequilla. Vierta el resto del caldo y llévelo a ebullición. Eche el azafrán con el líquido de remojo, tape la cazuela y métala en el horno. Cueza el arroz de 18 a 20 minutos sin destapar ni remover. Saque la fuente del horno y deje que se enfríe.

Mientras tanto, corte la parte superior de los tomates y vacíelos con una cucharilla. Sálelos por dentro y déjelos boca abajo para que se escurran. Caliente el aceite en una sartén. Eche el calabacín y rehóguelo a fuego medio-lento 10 minutos, o hasta que esté tierno, y sálelo. Mezcle en un cuenco el arroz frío, el calabacín y el perejil, alíñelo con aceite y salpimiéntelo. Remuévalo bien y rellene los tomates con el arroz condimentado. Sírvalo caliente o frío.

Totocalcio

Saquitos del hortelano

Sacchetti dell'ortolano

Preparación: 30 min
Cocción: 30 min
Para 4 personas

- 4 pimientos amarillos
- 2 cucharadas de aceite de oliva, y un poco más para engrasar
- 4 berenjenas en dados
- 1 diente de ajo
- 1 cucharada de concentrado de tomate
- 1 cucharada de alcaparras enjuagadas y escurridas
- 6 hojas de albahaca picadas
- 8 aceitunas negras
- 150 g de mozzarella en dados
- sal y pimienta
- 4 hojas de albahaca, para adornar

Precaliente el gratinador. Ponga los pimientos en la bandeja del horno y áselos, dándoles la vuelta a menudo, hasta que se chamusquen. Métalos en una bolsa de plástico, anúdela y deje que se enfríen. Pele los pimientos, córteles la parte superior y retire las pepitas y la membrana blanca procurando no romper la pulpa.

Precaliente el horno a 180 °C y unte una fuente refractaria con aceite. Caliente el aceite en una sartén. Eche la berenjena y el ajo y rehóguelos a fuego lento 5 minutos o hasta que se doren bien. Disuelva el concentrado de tomate en 1 cucharadita de agua caliente y échelo en la sartén junto con las alcaparras, la albahaca y las aceitunas. Prosiga con la cocción unos minutos. Retire y deseche el ajo y salpimiente.

Aparte la sartén del fuego e incorpore la mozzarella. Rellene los pimientos, póngalos en la fuente y hornéelos 10 minutos. Adorne cada pimiento con 1 hoja de albahaca y sírvalos.

Tomates rellenos

Pomodori alle melanzane

Preparación: 1 h 15 min (reposo incluido)
Cocción: 20 min
Para 4 personas

- 4 tomates
- 2 cucharadas de aceite de oliva
- 1 berenjena pelada y en dados
- 1 diente de ajo picado
- 1 cebolleta bien picada
- 1 cucharada de alcaparras en salmuera enjuagadas, escurridas y picadas
- 1 ramita de albahaca picada
- 3 cucharadas de vinagre de vino blanco
- sal y pimienta

Corte la parte superior de los tomates y resérvela. Retire las pepitas y parte de la pulpa, sálelos por dentro y déjelos boca abajo sobre papel absorbente 1 hora. Caliente el aceite en una cazuela, eche la berenjena y el ajo y rehóguelo a fuego fuerte, removiendo a menudo, hasta que la berenjena se dore uniformemente. Agregue la cebolleta, las alcaparras y la albahaca, y salpimiente. Vierta el vinagre y espere a que se evapore. Aparte la cazuela del fuego y deje que se enfríe. Rellene los tomates, tápelos con la parte reservada y sírvalos.

Fotografía p. 182

Flores de calabacín rellenas

Fiori di zucchine ripieni

Preparación: 15 min
Para 4 personas

- 200 g de queso robiola u otro queso blando troceado
- 200 g de queso gorgonzola desmenuzado
- 3 pepinillos escurridos y picados
- 1 yema de huevo
- 12 flores de calabacín limpias
- sal

Ponga los quesos en un bol y bátalos con una cuchara de madera hasta que adquieran una textura cremosa. Incorpore los pepinillos y la yema, sálelo y mézclelo con suavidad. Rellene las flores de calabacín con la crema de queso, colóquelas en una fuente en forma de estrella y sírvalas.

Fotografía p.183

Capricho de calabacín

Zucchine capricciose

Preparación: 40 min
Cocción: 30 min
Para 4 personas

- 3 cucharadas de aceite de oliva, y un poco más para pintar
- 6 calabacines por la mitad a lo largo
- 4 anchoas en salazón remojadas en agua y escurridas
- 1 diente de ajo picado
- 1 ramita de perejil picada
- 1 ramita de albahaca picada
- 100 g de aceitunas verdes deshuesadas
- 2 tomates pelados, despepitados y picados
- 150 g de mozzarella en dados
- sal y pimienta

Precaliente el horno a 200 °C. Unte una fuente refractaria con aceite. Vacíe los calabacines con un cuchillo pequeño afilado procurando no cortar los lados. Pique la pulpa y resérvela. Ponga las mitades de calabacín boca abajo en la fuente y áselos 10 minutos en el horno. Sáquelos y resérvelos. Baje la temperatura del horno a 180 °C.

Ponga las anchoas en una tabla con la piel hacia arriba, presióneles la espina dorsal con el pulgar, deles la vuelta y retíreles las espinas. Pique las anchoas, póngalas en un bol junto con 2 cucharadas del aceite y bátalo con una cuchara de madera hasta obtener una pasta.

Mezcle en otro bol el ajo, el perejil, la albahaca, la pulpa de calabacín y las aceitunas e incorpore el tomate. Vierta el aceite restante, añada la pasta de anchoas y salpimiente. Remuévalo y rellene las mitades de calabacín. Cubra los calabacines rellenos con la mozzarella y hornéelos 20 minutos, hasta que se doren.

Tomates rellenos (p.180)

Flores de calabacín rellenas (p.181)

Carpaccio de calabacín y remolacha

Carpaccio di zucchine e barbabietole

Preparación: 45 min
(refrigeración incluida)
Cocción: 5 min
Para 4 personas

150 g de piñones
100 ml de aceite de oliva
1 cucharadita de mostaza de Dijon
el zumo de 1 limón colado
4 calabacines tiernos en láminas finas
4 remolachas cocidas en rodajas
200 g de queso scamorza ahumado en tiras finas
sal y pimienta

Ponga los piñones en una sartén antiadherente y tuéstelos a fuego lento unos minutos, sacudiendo la sartén de vez en cuando, hasta que empiecen a dorarse. Retírelos y resérvelos. Bata el aceite, la mostaza y el zumo en un bol, y salpimiente. Disponga las láminas de calabacín por capas en una fuente o platos individuales, esparza los piñones por encima, rocíelo con la mitad del aliño y refrigérelo 30 minutos. Para servir, añada las rodajas de remolacha y las tiras de scamorza y rocíelo con el aliño restante.

Calabacín al limón

Zucchine al limone

Preparación: 1 h
(marinada incluida)
Cocción: 15 min
Para 4 personas

600 g de calabacines en tiras gruesas
1 ramita de estragón picada
1 ramita de perejil picada
4 hojas de albahaca picadas
4 hojas de borraja picadas
aceite de oliva, para aliñar
el zumo de 1 limón colado
sal y pimienta

Cueza el calabacín al vapor unos 15 minutos. Deje que se enfríe un poco, póngalo en una fuente y esparza las hierbas por encima. Rocíelo con aceite, salpimiéntelo y alíñelo con el zumo. Remuévalo, resérvelo en un lugar frío para que los sabores se entremezclen y sírvalo.

Buñuelos de anchoa

Frittelle di mucco

Preparación: 20 min

Cocción: 20 min

Para 6 personas

1,2 kg de crías de boquerón limpias
4 huevos
100 g de harina, y un poco más para espolvorear
50 g de parmesano rallado
1 manojo de perejil bien picado
1 diente de ajo bien picado
50 g de hinojo silvestre bien picado (opcional)
aceite vegetal, para freír
sal y pimienta

Ponga en un cuenco los boquerones, los huevos, la harina, el parmesano, el perejil, el ajo y, si lo desea, el hinojo. Salpimiente y mézclelo con un tenedor hasta obtener una pasta. Moldéela en forma de bolitas con 2 cucharas y rebócelas con harina. Caliente aceite en una freidora a 180 o 190 °C, o hasta que un dado de pan se dore en 30 segundos. Fría los buñuelos, por tandas, hasta que se doren uniformemente. Retírelos con una espumadera y déjelos escurrir sobre papel absorbente. Sírvalos enseguida.

Nota: El origen del término siciliano *mucco*, que se refiere a las crías de boquerón, podría proceder del árabe *sumuk* («pescado»), y se utiliza en las regiones costeras de Sicilia.

Calamares con patatas y acelgas

Calamari all'inzimino

Preparación: 30 min

Cocción: 45 min

Para 4 personas

4-5 cucharadas de aceite de oliva
2 dientes de ajo
4 patatas en gajos
500 g de calamares limpios (véase p. 265) en tiras finas
100 ml de vino blanco seco
200 g de pencas de acelga
1 cucharada de perejil picado
1 cucharada de orégano picado
sal y pimienta

Caliente el aceite en una cazuela de base gruesa. Eche los ajos y sofríalos a fuego lento, removiendo a menudo, hasta que empiece a dorarse. Retírelos y deséchelos. Eche la patata en la cazuela y rehóguela, removiendo, 10 minutos. Incorpore el calamar, sálelo, suba el fuego a medio-fuerte y prosiga con la cocción unos minutos. Vierta el vino y deje que se evapore el alcohol. Baje el fuego, añada 200 ml de agua, tape la cazuela y cuézalo de 20 a 25 minutos.

Mientras tanto, corte las pencas de acelga en tiras. Incorpórelas al guiso, agregue el perejil y el orégano, y salpimiente. Cuézalo 5 minutos más y apártelo del fuego. Sírvalo templado.

Espárragos con gambas

Insalata di asparagi e gamberi

Preparación: 30 min
Cocción: 30 min
Para 6 personas

- 1 limón
- 1 kg de espárragos verdes limpios
- 2 huevos y 3 yemas
- 400 g de gambas
- 200 ml de aceite de girasol o de oliva, o una mezcla de ambos
- 1 cucharada de perejil picado
- sal y pimienta

Parta el limón por la mitad y exprima una de las mitades. Corte una rodaja de la otra mitad, exprímala sobre un bol con agua y échela dentro. Corte las yemas de los espárragos y póngalas en el bol. Trocee la parte tierna de los tallos y cuézalos en agua hirviendo con sal de 5 a 10 minutos, hasta que estén casi hechos. Escurra las yemas, añádalas a los tallos y prosiga con la cocción de 5 a 10 minutos más. Escurra los espárragos, refrésquelos con agua fría, escúrralos de nuevo y páselos a una ensaladera.

Lleve agua a ebullición en un cazo y añada una pizca de sal y 2 huevos. Cuézalos 8 minutos a fuego fuerte, escúrralos y refrésquelos con agua fría. Mientras tanto, en otro cazo, cueza las gambas 10 minutos. Escúrralas, pélelas y póngalas en la ensaladera. Pele los huevos duros, córtelos en rodajas y resérvelos.

Para preparar la mayonesa, ponga las yemas de huevo en un bol. Salpimiéntelas y vaya incorporando el aceite en un hilo sin dejar de batir. En cuanto la salsa empiece a espesarse, eche un chorrito de zumo de limón.

Siga añadiendo aceite en un hilo sin dejar de batir en alternancia con el zumo restante. Eche la mayonesa en la ensaladera y mézclela con los espárragos y las gambas. Adorne la ensalada con las rodajas de huevo duro y el perejil picado.

Ensalada picante de arenques y endibia

Insalata piccante di aringhe e indivia

Preparación: 1 h 15 min
(remojo incluido)
Para 4 personas

- 2 arenques fileteados con las huevas aparte
- 2 cucharadas de aceite de oliva
- 2 cucharadas de vinagre de vino blanco
- ¼ de cucharadita de pasta de anchoas
- ¼ de cucharadita de mostaza picante
- 1 cebolla bien picada
- 1 ramita de albahaca bien picada
- 1 ramita de perejil bien picada
- 1 endibia deshojada
- 4 cucharadas de nata líquida
- 4 cucharadas de yogur natural
- sal

Ponga las huevas de los arenques en un bol de agua fría y déjelas 1 hora en remojo. Escúrralas bien, páselas a otro bol, bátalas con una cuchara de madera hasta que estén cremosas e incorpore el aceite, el vinagre, la pasta de anchoas y la mostaza. Agregue la cebolla, la albahaca y el perejil. Disponga un lecho de hojas de endibia en una ensaladera, ponga los filetes de arenque encima y aderécelos con la crema de huevas. Mezcle la nata, el yogur y una pizca de sal en un bol y échelo sobre los arenques. Sirva la ensalada enseguida.

Merluza con salsa verde

Nasello con salsa verde

Preparación: 10 min
Cocción: 10 min
Para 4 personas

- 2 cucharadas de aceite de oliva, y un poco más para pintar
- 4 filetes de merluza
- 1 cebolla picada
- 1 ramita de perejil picada
- 1 rama de apio picada y unas cuantas hojas
- el zumo de 1 limón colado
- sal y pimienta

Precaliente el horno a 200 °C. Unte una fuente refractaria con aceite, ponga la merluza y ásela unos 10 minutos o hasta que esté en su punto. Mientras tanto, caliente el aceite en una cazuela, eche la cebolla y sofríala a fuego lento, removiendo de vez en cuando, 5 minutos hasta que esté tierna. Salpimiente, aparte la cazuela del fuego y resérvela caliente. Incorpore el perejil, la rama y las hojas de apio y el zumo. Sirva la merluza con la salsa.

Musola con tomate verde

Palombo con pomodori verdi

Preparación: 15 min
Cocción: 30 min
Para 4 personas

- 4 filetes de musola
- 3-4 tomates verdes pelados, despepitados y en dados
- 1 cebolla en rodajas finas
- 1 cucharada de orégano picado
- aceite de oliva, para aliñar
- 50 g de pan rallado
- sal y pimienta

Precaliente el horno a 180 °C. Ponga el pescado en una fuente refractaria, salpimiéntelo, cúbralo con el tomate, la cebolla y el orégano, y alíñelo con aceite. Esparza el pan rallado por encima, tápelo con papel de aluminio y áselo 30 minutos en el horno. Sírvalo caliente.

Carpaccio mixto de pescado

Carpaccio di pesce misto

Preparación: 40 min (refrigeración incluida)
Para 4 personas

- 400 g de filete de pez espada en lonchas bien finas
- 250 g de filete de salmón en lonchas bien finas
- 100 ml de aceite de oliva
- ½ diente de ajo picado
- 1 ramita de perejil picada
- 1 ramita de tomillo picada
- 1 chorrito de brandy
- sal y pimienta

Para la guarnición

- 300 g de brotes de espinacas sin los tallos más gruesos
- 2 cucharaditas de mostaza de Dijon
- 5 cucharadas de aceite de oliva
- sal

Disponga las lonchas de pez espada en alternancia con las de salmón en una fuente, tápelo y refrigérelo 20 minutos.

Mientras tanto, bata el aceite, el ajo, el perejil, el tomillo y el brandy en un bol, y salpimiente. Para preparar la guarnición, ponga las espinacas en un cuenco. Aparte, bata la mostaza, el aceite y una pizca de sal, viértalo sobre las espinacas y mézclelo. Unos minutos antes de servir, rocíe el carpaccio de pescado con la salsa a las hierbas y disponga las espinacas alrededor.

Sardinas a la marinera

Sardine alla marinara

Preparación: 20 min
Cocción: 25 min
Para 4 personas

aceite de oliva, para pintar y aliñar
800 g de sardinas escamadas, limpias y sin las espinas
3 ramitas de romero picadas
1 diente de ajo picado
1 pizca de orégano
1 cucharada de vinagre de vino blanco
sal

Unte una cazuela de base gruesa con un poco de aceite. Disponga una capa de sardinas en la cazuela, esparza la mitad del romero y del ajo por encima, añada una segunda capa de sardinas y condiméntela del mismo modo. Esparza el orégano por encima, salpimiente y alíñelo con abundante aceite. Cueza las sardinas a fuego medio-lento 15 minutos. Vierta el vinagre y prosiga con la cocción hasta que estén cocidas. Aparte la cazuela del fuego y deje que se enfríe. Sirva las sardinas frías.

Tartar de caballa con cebollino y yogur

Tartare di sgombro all'erba cipollina e yogurt

Preparación: 15 min
Para 4 personas

8 filetes de caballa ahumada sin la piel y desmenuzados
450 ml de yogur natural
el zumo de 2 limones colado
1 manojo de cebollino bien picado
8 rebanadas de pan de molde
sal y pimienta
ensalada de lechuga y tomate verde, para acompañar

Ponga la caballa en un bol y cháfela con un tenedor. Aparte, mezcle el yogur, el zumo de limón y el cebollino. Añada la caballa, mézclelo bien y rectifique de sal y pimienta.

Tueste el pan y unte las rebanadas con un poco de crema de caballa. Dispóngalas en una fuente y sírvalas acompañadas de ensalada de lechuga y tomate verde.

Carpaccio de pez espada con salsa de alcaparras

Carpaccio di pesce spada alla salsa di capperi

Preparación: 45 min
(refrigeración incluida)
Cocción: 25-30 min
Para 4 personas

- 4 patatas
- 1 filete de pez espada de 400 g en lonchas bien finas
- 1 manojo de rúcula
- aceite de oliva, para aliñar
- sal y pimienta

Para la salsa

- 3 cucharaditas de alcaparras en salmuera enjuagadas y escurridas
- 250-300 ml de aceite de oliva
- el zumo de 2 limones colado

Cueza las patatas en agua hirviendo con sal de 25 a 30 minutos, hasta que estén tiernas. Escúrralas, pélelas, córtelas en gajos y deje que se enfríen. Para preparar la salsa, ponga las alcaparras en un bol, cúbralas con agua y déjelas 15 minutos en remojo.

Escurra bien las alcaparras y píquelas finas. Póngalas en una salsera y alíñelas con aceite y zumo de limón al gusto. Disponga las lonchas de pescado en forma de círculos concéntricos en una fuente, salpimiéntelas y cúbralas con la salsa de alcaparras. Refrigere el carpaccio 30 minutos. Para servirlo, adórnelo con la rúcula y la patata, y alíñelo con aceite, sal y pimienta.

Sardinas al hinojo

Sardine con finocchietto

Preparación: 20 min
Cocción: 20 min
Para 4 personas

- 2 cucharadas de aceite de oliva
- 1 diente de ajo picado
- 1 kg de sardinas escamadas y limpias
- 2 cucharaditas de semillas de hinojo
- 150 ml de vino blanco
- sal y pimienta

Precaliente el horno a 180 °C. Caliente el aceite en una cazuela de base gruesa refractaria. Eche el ajo y sofríalo a fuego lento, removiendo a menudo, 2 minutos. Añada las sardinas por capas, salpimiéntelas, esparza las semillas de hinojo por encima y rocíelo con el vino. Ponga la cazuela en el horno y ase las sardinas de 15 a 20 minutos, hasta que estén hechas. Sírvalas enseguida.

Carpaccio de pez espada con salsa de alcaparras

Caballa con judías verdes

Sgombri ai fagiolini

Preparación: 20 min

Cocción: 40 min

Para 4 personas

5 cucharadas de aceite de oliva
1 cebolla en rodajas
1 zanahoria picada
1 ramita de perejil picada
1 ramita de tomillo picada
150 g de judías verdes redondas despuntadas
1 tomate pelado, despepitado y picado
2 cucharadas de alcaparras en salmuera enjuagadas y escurridas
4 caballas limpias
harina, para espolvorear
sal y pimienta

Caliente 2 cucharadas del aceite en una cazuela, eche la cebolla, la zanahoria, el perejil y el tomillo, y rehóguelo a fuego lento 5 minutos. Añada las judías verdes troceadas y prosiga con la cocción, removiendo a menudo, 15 minutos. Incorpore el tomate y las alcaparras, salpimiente y rehóguelo 5 minutos más.

Mientras tanto, enharine las caballas y sacúdalas un poco para retirar el exceso de harina. Caliente el aceite restante en una sartén y fría las caballas por ambos lados hasta que se doren bien, de 20 a 25 minutos. Retírelas de la sartén con una espumadera, páselas a la cazuela con las hortalizas y cuézalo todo junto 5 minutos. Rectifique la sazón y sírvalo.

Caballa con grosellas rojas

Sgombri ai ribes

Preparación: 20 min

Cocción: 30 min

Para 4 personas

4 caballas limpias
350 g de grosellas rojas
25 g de mantequilla
1 cebolla picada
1 diente de ajo
200 ml de vino blanco seco
1 cucharadita de azúcar
sal y pimienta

Precaliente el horno a 180 °C. Marque las caballas por ambos lados con un cuchillo afilado y póngalas en una fuente refractaria. Chafe 250 g de las grosellas en un bol y cuele el jugo aparte.

Funda la mantequilla en una cazuela baja. Eche la cebolla y el ajo, y sofríalos a fuego lento, removiendo de vez en cuando, 10 minutos. Vierta el vino y el jugo de grosella, incorpore el azúcar y salpimiente. Lleve la salsa a ebullición y échela sobre el pescado. Hornéelo 10 minutos, agregue las grosellas restantes y prosiga con la cocción 10 minutos más. Lleve la fuente a la mesa y sirva las caballas enseguida.

Trucha ahumada con melón

Trota affumicata al melone

Preparación: 20 min

Para 4 personas

5 cebollas blancas pequeñas
300 ml de yogur natural
2 cucharadas de nata extragrasa
1 cucharada de vinagre de vino blanco
4 filetes de trucha ahumada
1 melón pequeño pelado, despepitado y en lonchas finas
½ pepino en rodajas finas
sal y pimienta

Corte 4 cebollas en rodajas finas y pique la restante. Ponga el yogur en una ensaladera e incorpore la cebolla picada, la nata y el vinagre, sal, pimienta y las rodajas de cebolla. Ponga un filete de trucha en cada plato, añada unas lonchas de melón y cúbralo con 2 o 3 cucharadas de la salsa. Adórnelo con las rodajas de pepino y sírvalo.

Ensalada picante de pollo, trufa y canónigos

Insalata piccante di pollo, tartufo e songino

Preparación: 20 min

Cocción: 15 min

Para 4 personas

4 cucharadas de aceite de oliva, y un poco más para aliñar
3 pechugas de pollo deshuesadas y sin la piel
300 g de canónigos
1 trufa negra pequeña en virutas
sal y pimienta

Para la salsa

1 cucharada de pasta de anchoas
3-4 cucharadas de aceite de oliva
el zumo de ½-1 limón colado

Caliente el aceite en una cazuela baja. Eche las pechugas y fríalas a fuego medio-lento, dándoles la vuelta, 15 minutos o hasta que estén hechas. Retírelas de la cazuela y córtelas en tiras finas. Disponga un lecho de canónigos en una fuente, alíñelos con aceite, salpimiéntelos con moderación y mézclelos con suavidad. Eche las tiras de pollo y esparza las virutas de trufa por encima.

Para preparar la salsa, chafe la pasta de anchoas en un bol con un tenedor. Incorpore el aceite en un hilo, mézclelo bien y añádale zumo de limón al gusto. Eche la salsa sobre la ensalada y sírvala sin mezclar.

Salmonete con tomate

Filetto di triglia e pomodorini

Preparación: 30 min
Cocción: 25 min
Para 4 personas

4 salmonetes fileteados
2 cucharadas de aceite de oliva
350 g de tomates pequeños pelados, despepitados y en cuartos
sal

Para la salsa de tomate

1 cucharada de aceite de oliva
1 diente de ajo
150 g de tomates pequeños troceados
3 hojas de albahaca bien picadas
sal

Para las quenefas

100 g de aceitunas negras deshuesadas
4-6 cucharadas de aceite de oliva

Para preparar la salsa de tomate, caliente el aceite en una cazuela baja. Eche el ajo y sofríalo a fuego lento, removiendo, unos minutos o hasta que empiece a dorarse. Retírelo y deséchelo. Añada el tomate y rehóguelo, removiendo de vez en cuando, de 15 a 20 minutos, hasta que se reduzca a la mitad.

Mientras tanto, prepare las quenefas. Ponga las aceitunas en un robot de cocina pequeño o una batidora y tritúrelas con aceite suficiente para obtener una pasta homogénea. Dele forma de quenefas, u óvalos, con la ayuda de dos cucharas. Triture la salsa de tomate en una batidora hasta que quede homogénea y pásela por un tamiz sobre un bol. Incorpore la albahaca y una pizca de sal.

Retire cuidadosamente las pequeñas espinas de los salmonetes con unas pinzas y sálelos. Caliente el aceite en una sartén y fría el pescado con la piel hacia abajo a fuego medio-fuerte unos 3 minutos, sacudiendo la sartén de vez en cuando. Deles la vuelta a los filetes con una espumadera y fríalos 1 minuto más. Pase la salsa de tomate a una fuente caliente, coloque el pescado encima y adórnelo con los tomates en cuartos y las quenefas de aceitunas. Sírvalo enseguida.

Albóndigas agridulces

Polpettine in agrodolce

Preparación: 25 min
Cocción: 30 min
Para 6 personas

- 5 rebanadas de pan de molde (unos 150 g) sin la corteza
- 6 cucharadas de leche
- 300 g de carne picada de buey
- 300 g de carne picada de ternera
- 100 g de parmesano rallado
- 2 huevos
- 1 cucharada de perejil bien picado
- aceite de oliva, para freír
- 120 g de azúcar
- 150 ml de vinagre de vino blanco fuerte
- sal y pimienta

Trocee el pan y póngalo en un bol. Cúbralo con la leche, déjelo 10 minutos en remojo, y después retírelo y elimine el exceso de líquido. Póngalo en un cuenco con la carne picada, el queso, los huevos y el perejil, y mézclelo bien. Si fuera necesario, añada un chorrito de leche. Forme albóndigas con las manos y aplánelas un poco.

Caliente el aceite en una sartén y fría las albóndigas, por tandas, a fuego medio, dándoles la vuelta de vez en cuando, unos 15 minutos, hasta que se doren uniformemente. Retírelas con una espumadera y déjelas escurrir sobre papel absorbente.

Ponga el azúcar en una cazuela de base gruesa y caliéntelo a fuego lento, removiendo de vez en cuando hasta que se disuelva, y hiérvalo sin remover hasta que se dore bien. Vierta el vinagre con cuidado, eche las albóndigas y cuézalas unos minutos. Aparte la cazuela del fuego. Retire las albóndigas con una espumadera y dispóngalas en forma de pirámide en una fuente caliente. Vierta la salsa agridulce por encima y sírvalo.

Nota: En la cocina siciliana son habituales los platos agridulces como este, que se remonta a la época del Imperio romano y tiene sus raíces en la cocina árabe.

Celebraciones de verano

Feste d'estate

Para muchos italianos, el verano invita a sentarse a la mesa en buena compañía, y muchos de los platos estivales tradicionales de Italia son la elección ideal para una celebración. En verano, los días son más largos y relajados, y la preparación y degustación de la comida se convierte en una actividad más de las vacaciones. Los platos son llamativos, apetitosos y un tanto especiales, a veces preparados con una combinación insólita de ingredientes. La abundancia de flores y frutas de temporada, por ejemplo, no solo permite crear fantásticos postres y helados, sino también recetas sabrosas y aromáticas como las Codornices asadas con uvas o el Risotto a la caléndula.

Los deliciosos canapés y aperitivos como los *crostini* y la *bruschetta* son una maravilla acompañados de bebidas, mientras que entre los entrantes sencillos pero ingeniosos se cuentan *risottos* de hortalizas y frutas y sopas ligeras y sabrosas. El plato principal suele llevarse a la mesa en una gran fuente, convirtiéndose en el protagonista del ágape, como el Cacciucco, el guiso de pescado tradicional de Livorno, o todo un clásico como el Vitello tonnato, un asado de ternera con salsa de atún y alcaparras.

Canapés y aperitivos

Hojaldres de pera

Sfogliatine di pere e fontina

Preparación: 30 min
Cocción: 15 min
Para 4 personas

- 3 peras un poco maduras
- 250 g de masa de hojaldre preparada, descongelada si no es fresca
- harina, para espolvorear
- 150 g de queso fontina en lonchas
- 2 yemas de huevo un poco batidas
- pimienta

Precaliente el horno a 200 °C. Pele y descorazone las peras y córtelas en tiras finas. Extienda la masa sobre la encimera espolvoreada con un poco de harina, córtela en tiras de 8 cm y, después, en cuadrados. En el centro de la mitad de porciones de masa, ponga 2 tiras de pera, sazónela con pimienta y añada 2 lonchas de fontina. Humedezca los bordes con un poco de agua, cubra el relleno con las porciones restantes y selle bien los paquetitos. Píntelos con la yema batida y adórnelos con unos cortes superficiales. Hornee los hojaldres 15 minutos.

Crostini de setas y alcaparras

Crostini con funghi e capperi

Preparación: 15 min
Cocción: 30 min
Para 6 personas

- 3 cucharadas de aceite de oliva
- 300 g de setas calabaza laminadas o picadas
- 1 diente de ajo bien picado
- ½ cucharada de mejorana picada
- 6 cucharadas de caldo vegetal
- 1 cucharada de alcaparras en salmuera enjuagadas, escurridas y picadas
- 1 cucharada de perejil picado
- 1 barra de pan en rebanadas
- sal y pimienta

Caliente el aceite en una sartén pequeña. Eche las setas, el ajo y la mejorana y rehóguelo, removiendo a menudo, 20 minutos, incorporando el caldo a cucharadas. Añada las alcaparras y el perejil, salpimiente y cuézalo hasta que se evapore el líquido.

Mientras tanto, precaliente el gratinador, ponga las rebanadas de pan en la bandeja del horno y tuéstelas por ambos lados. Extienda el revuelto de setas sobre las tostadas y sírvalo enseguida.

Canapés de alcachofa

Canapé di carciofini

Preparación: 10 min
Para 4 personas

50 g de mantequilla
pasta de anchoas, al gusto
4 rebanadas de pan de molde sin corteza partidas por la mitad u 8 rebanadas de pan de barra
4 alcachofas tiernas en aceite escurridas y en cuartos
2 cucharaditas de mayonesa

Bata la mantequilla con un poco de pasta de anchoas en un bol hasta obtener una crema homogénea y unte el pan con ella. Ponga las alcachofas en el centro y adorne los canapés con mayonesa. Dispóngalos en una fuente y sírvalos enseguida.

Fotografía p.202

Canapés de langosta

Canapé di aragosta

Preparación: 10 min
Para 4 personas

5 cucharadas de mayonesa
1 cucharada de brandy
1-2 cucharaditas de kétchup
4 rebanadas de pan de molde integral sin la corteza
1 cola de langosta pequeña cocida, pelada y en 8 rodajas
8 ramitas de tomillo

Mezcle la mayonesa, el brandy y el kétchup en un bol. Corte las rebanadas de pan por la mitad y úntelas con la mayonesa condimentada. Ponga una rodaja de langosta en el centro de cada canapé y adórnelos con una ramita de tomillo cada uno.

Bruschetta con tomate

Bruschetta al pomodoro

Preparación: 10 min
Cocción: 5-8 min
Para 4 personas

8 rebanadas de pan de hogaza
4 dientes de ajo por la mitad
6-8 tomates maduros en dados
aceite de oliva virgen extra, para aliñar
sal y pimienta

Tueste las rebanadas de pan por ambos lados en el gratinador o la barbacoa. Restriégueles el ajo antes de que se enfríen y vuelva a ponerlas bajo el gratinador unos instantes. Reparta el tomate sobre el pan, salpimiente y aliñe con aceite. Sírvalo enseguida.

Fotografía p.203

Canapés de alcachofa (p.201)

Bruschetta con tomate (p.201)

Galletas de queso

Gallettine al formaggio

Preparación: 30 min
Cocción: 45 min
Para 6 personas

- 1 kg de patatas
- 150 g de harina, y un poco más para espolvorear
- 100 g de mantequilla ablandada
- 80 g de gorgonzola
- 6 lonchas de queso semicurado, como provolone
- 1 yema de huevo un poco batida
- sal

Cueza las patatas en agua hirviendo con sal de 20 a 30 minutos, hasta que estén tiernas pero aún enteras. Precaliente el horno a 180 °C. Escurra, pele y chafe las patatas y póngalas sobre la encimera. Agregue la harina y la mitad de la mantequilla y trabaje la masa. Extiéndala sobre la encimera espolvoreada con un poco de harina formando un círculo de 5 mm de grosor.

Bata el gorgonzola con la mantequilla restante hasta obtener una crema homogénea. Corte la masa en triángulos y las lonchas de queso en porciones del mismo tamaño. Ponga una porción de queso sobre la mitad de los triángulos de masa, úntelo con un poco de crema de gorgonzola y cúbralo con la masa restante, presionando los bordes para sellarlos.

Pinte la superficie de las galletas con la yema batida y hornéelas 15 minutos o hasta que se doren bien. Sírvalas calientes o frías.

Crostini de botarga

Crostini di bottarga

Preparación: 15 min
Cocción: 5 min
Para 6 personas

- 1 barra de pan en rebanadas al bies
- mantequilla, para untar
- 1 trozo de unos 100 g de botarga ahumada en lonchas finas al bies
- 1 rama de apio en trozos de 2 cm

Precaliente el horno a 180 °C. Tueste las rebanadas de pan 5 minutos y úntelas con un poco de mantequilla. Ponga una loncha de botarga en cada rebanada, disponga los *crostini* en una fuente, adórnelos con un trozo de apio y sírvalos enseguida.

Nota: La botarga (huevas de mújol o atún prensadas y secadas) rallada y aliñada con un chorrito de aceite también queda deliciosa untada sobre el pan.

Barquetas de sardina

Barchette di sardine

Preparación: 10 min

Para 4 personas

4 rabanitos
4 hojas de lechuga
4 sardinas en conserva escurridas
4 pepinillos escurridos
150 ml de mayonesa
4 rebanadas de pan de molde sin la corteza
mantequilla, para untar

Sujete un rabanito por el tallo, córtele la raíz y practique unas muescas en forma de V del centro hacia fuera alrededor de todo el contorno. Repita la operación con los rabanitos restantes y sumérjalos en un bol de agua con hielo hasta que se abran como flores. Ponga las hojas de lechuga con la parte cóncava hacia arriba en una fuente. Abra las sardinas, retíreles las espinas y corte las colas. Cierre las sardinas y ponga una encima de cada hoja de lechuga.

Empezando a 1 cm de un extremo, corte los pepinillos en láminas finas y ábralos con cuidado como si fueran un abanico. Ponga un pepinillo sobre cada hoja de lechuga. Escurra los rabanitos y colóquelos también.

Introduzca la mayonesa en una manga pastelera equipada con una boquilla en forma de estrella y adorne la lechuga. Unte las rebanadas de pan con un poco de mantequilla, cúbralas con una hoja de lechuga rellena cada una, y sírvalas en una fuente.

Canapés de mousse de jamón

Canapé con mousse di prosciutto

Preparación: 10 min

Para 4 personas

40 g de mantequilla
100 g de jamón cocido picado
8 rebanadas de pan de molde sin la corteza
8 aceitunas verdes deshuesadas y en rodajas

Bata la mantequilla en un bol hasta que esté suave y cremosa e incorpore el jamón. Unte las rebanadas de pan con la crema, córtelas en triángulos y adórnelas con las aceitunas. Dispóngalas en una fuente y sírvalas.

Crostini con salchicha y stracchino

Crostini con salsiccia e stracchino

Preparación: 15 min
Cocción: 15 min
Para 6 personas

3 salchichas
150 g de stracchino u otro queso tierno suave
1 cucharada de semillas de hinojo
6 rebanadas de pan de hogaza
sal

Precaliente el horno a 180 °C. Retire la piel de las salchichas y desmenuce la carne en un bol con un tenedor. Chafe el queso en otro bol para ablandarlo e incorpore la carne y las semillas de hinojo. Salpimiente y bátalo hasta obtener una textura cremosa.

Unte las rebanadas de pan con la crema. Póngalas en la bandeja del horno y hornéelas 15 minutos. Pase los *crostini* a una fuente y sírvalos enseguida.

Crostini toscanos

Crostini toscani

Preparación: 10 min
Cocción: 10-12 min
Para 4 personas

4 rebanadas de pan de hogaza
4 filetes de anchoa en conserva escurridos
2 tomates en rodajas
1 cebollita picada
1 cucharada de albahaca picada
aceite de oliva, para aliñar
sal

Precaliente el horno a 180 °C y también el gratinador. Tueste las rebanadas de pan por ambos lados bajo el gratinador hasta que se doren.

Disponga sobre cada rebanada un filete de anchoa, una rodaja de tomate y un poco de cebollita y albahaca picadas. Alíñelo con aceite y sálelo. Ponga las tostadas en la bandeja del horno, caliéntelas unos minutos y sírvalas.

Fotografía p. 208

Pimientos rellenos

Peperoni ripieni d'estate

Preparación: 50 min
(reposo incluido)
Cocción: 1 h
Para 6 personas

- 1 berenjena en dados
- 2 anchoas en salazón, sin la cabeza, limpias, fileteadas, 10 minutos en remojo en agua fría y escurridas
- 2 cucharadas de aceite de oliva, y un poco más para pintar
- 150 g de gruyer en dados
- 100 g de aceitunas deshuesadas y en rodajas
- 40 g de perejil picado
- 6 hojas de albahaca picadas
- 3 tomates pelados, despepitados y picados
- 2 patatas en dados
- 1 cucharada de alcaparras enjuagadas y escurridas
- 1 pizca de orégano
- 6 pimientos verdes grandes
- sal y pimienta

Ponga la berenjena en un escurridor, sálela y déjela sudar 30 minutos. Mientras tanto, pique los filetes de anchoa.

Precaliente el horno a 180 °C. Unte una fuente refractaria con aceite. Ponga en un cuenco el gruyer, las aceitunas, el perejil, la albahaca, el tomate y la patata. Enjuague la berenjena, séquela con papel absorbente y póngala en el cuenco con las anchoas, las alcaparras y el orégano. Salpimiente y mezcle bien.

Corte y reserve el casquete superior de los pimientos. Despepítelos y retíreles la membrana con un cuchillo pequeño afilado y una cucharilla.

Rellene los pimientos con la mezcla preparada, rocíelos con 1 cucharadita de aceite cada uno, tápelos con los casquetes y, si fuera necesario, fíjelos con un palillo. Ponga los pimientos rellenos en la fuente y áselos 1 hora en el horno. Sírvalos calientes o fríos.

Fotografía p. 209

Crostini de speck y crema de manzana

Crostini montanari con speck e crema di mele

Preparación: 20 min
Para 6 personas

- 1 manzana verde
- 2 cucharadas de rábano picante rallado
- el zumo de 1 limón colado
- 100 ml de yogur desnatado
- 150 ml de nata
- 1 barra de pan en rebanadas
- 200 g de *speck* en lonchas
- sal y pimienta

Pele, descorazone y pique la manzana. Póngala en un bol y añada el rábano picante y zumo de limón al gusto hasta obtener una textura cremosa. Agregue el yogur y la nata y salpimiente. Unte las rebanadas con la crema, cúbralas con una loncha de *speck* cada una y sírvalas.

Crostini toscanos (p.206)

Pimientos rellenos (p.207)

Panzarotti

Panzarotti

Preparación: 3 h 45 min
(leudado incluido)
Cocción: 8-10 min
Para 4 personas

250 g de ricota
150 g de jamón cocido en dados
4-5 tomates *cherry* consistentes pelados y en dados
aceite de oliva, para freír
sal y pimienta

Para la masa

500 g de harina, a poder ser de tipo 00, y un poco más para espolvorear
25 g de levadura fresca
250 ml de agua templada
sal

Para preparar la masa, tamice la harina con una pizca de sal en forma de volcán sobre la encimera. Chafe la levadura fresca con un tenedor en un bol con el agua templada hasta que se disuelva y échela en el volcán. Incorpore la harina poco a poco con los dedos y trabaje bien la masa hasta que esté suave y elástica. Moldéela en forma de bola, póngala en un cuenco, tápela con un paño de cocina limpio y déjela leudar en un lugar cálido de 2 a 3 horas, hasta que casi duplique su volumen.

Mezcle la ricota y el jamón en un cuenco y salpimiente. Divida la masa en 8 porciones y extiéndalas sobre la encimera espolvoreada con un poco de harina en forma de láminas más bien gruesas. Ponga cucharadas del relleno de ricota en el centro de cada lámina y cúbralo con el tomate. Doble la masa sobre el relleno y repliegue los bordes.

Caliente el aceite en una freidora a 180 o 190 °C, o hasta que un dado de pan se dore en 30 segundos. Fría los *panzarotti*, por tandas si fuera necesario, de 8 a 10 minutos, hasta que se doren uniformemente. Retírelos con una espumadera, déjelos escurrir sobre papel absorbente y sírvalos enseguida.

Aguacates sabrosos

Avocado piccanti

Preparación: 10 min
Para 4 personas

2 aguacates maduros
6 aceitunas negras deshuesadas y en rodajas
1 cucharada de alcaparras en salmuera escurridas
2-3 filetes de anchoa en conserva escurridos
6 cucharadas de aceite de oliva
el zumo de 1 limón colado

Parta los aguacates por la mitad, deshuéselos y retire la pulpa procurando no romper la piel. Reserve las mitades de aguacate. Corte la pulpa en dados, póngala en un bol y añada las aceitunas, las alcaparras y las anchoas picadas. Bata el aceite y el zumo en un bol, viértalo sobre el aguacate y mézclelo con suavidad. Rellene las mitades de aguacate y sírvalas.

Aguacates rellenos de queso

Avocado con formaggio

Preparación: 10 min

Para 4 personas

2 aguacates maduros
el zumo de 1 limón colado
100 g de aceitunas negras deshuesadas
50 g de queso cremoso suave, como stracchino o quark
1 buena pizca de pimentón dulce
aceite de oliva, para aliñar
sal y pimienta
unas ramitas de perejil, para adornar

Parta los aguacates por la mitad, deshuéselos y rocíe la pulpa con el zumo de limón. Pique la mitad de las aceitunas y póngalas en un bol con el queso y el pimentón. Alíñelo con aceite, sal y pimienta. Mézclelo bien, repártalo entre las mitades de aguacate y refrigérelo hasta que vaya a servirlo. Disponga los aguacates en una fuente y adórnelos con las aceitunas restantes y unas ramitas de perejil.

Crema de patata y aguacate

Crema di patate e avocado

Preparación: 20 min

Cocción: 1 h

Para 6 personas

6 patatas sin pelar
1 litro de leche
100 g de stracchino u otro queso tierno suave
2 huevos
2 aguacates
sal y pimienta

Cueza las patatas en agua hirviendo con sal de 25 a 30 minutos, hasta que estén tiernas. Escúrralas, pélelas y cháfelas en un bol. Ponga la leche en un cazo y caliéntela a fuego lento sin que rompa el hervor. Aparte el cazo del fuego.

Bata el queso con los huevos en un bol y vierta poco a poco la leche templada. Incorpore el puré de patata de manera gradual y salpimiente. Pase la crema a una cazuela y cuézala a fuego lento, removiendo de vez en cuando, hasta que se espese pero sin que llegue a hervir. Deje que se enfríe.

Mientras tanto, pele, deshuese y corte los aguacates en dados y dispóngalos en una fuente. Eche la crema de patata por encima y sírvalo.

Higos con mascarpone

Fichi caldi al mascarpone

Preparación: 10 min
Cocción: 8 min
Para 6 personas

12 higos por la mitad a lo largo
150 g de queso mascarpone
50 g de parmesano rallado
vinagre balsámico, para rociar

Precaliente el horno a 240 °C y forre la bandeja del horno con papel de aluminio. Ponga los higos, con la parte cortada boca arriba, en la bandeja. Mezcle el mascarpone y el parmesano en un bol, ponga una cucharadita de la mezcla sobre cada medio higo y rocíelos con un poco de vinagre balsámico. Hornéelos 8 minutos. Pase los higos a una fuente y sírvalos calientes.

Bavarois de queso de cabra

Bavarese di caprini

Preparación: 4 h (refrigeración incluida)
Para 4 personas

50 g de hojas de gelatina
100 ml de nata extragrasa
120 g de queso de cabra
aceite de oliva, para aliñar y pintar
1¼ cucharaditas de vinagre de vino blanco
2 claras de huevo
10 rabanitos en rodajas finas
1 manojo de rúcula troceada
2 tomates pelados, despepitados y en rodajas
2 ramas de apio troceadas
sal y pimienta

Deje la gelatina 5 minutos en remojo en agua fría. Escúrrala bien y pásela a un bol refractario junto con la nata. Disuelva la gelatina al baño María y apártela del fuego. Chafe el queso con un tenedor mientras incorpora un poco de aceite. Agregue 1 cucharadita del vinagre y bátalo hasta obtener una crema ligera y espumosa. Póngala en el bol con la gelatina y bátalo de nuevo.

En otro recipiente, monte las claras a punto de nieve, incorpórelas a la crema anterior y salpimiente. Pinte 4 moldes pequeños con aceite y rellénelos con la crema. Tápelos y refrigérelos 3 o 4 horas hasta que se cuajen. A continuación, desmolde las *bavarois* en el centro de una fuente y cúbralas con el rabanito y la rúcula. Adórnelas con el tomate a un lado y el apio en el otro. Alíñelo con aceite y el vinagre restante, salpimiente y sírvalo enseguida.

Sandía rellena de gambas

Cocomero e gamberi

Preparación: 2 h 30 min
(refrigeración incluida)
Para 4 personas

1 sandía pequeña
200 ml de brandy
300 g de gambas cocidas peladas
200 ml de mayonesa
4 hojas de menta picadas
150 g de aceitunas verdes pequeñas deshuesadas y por la mitad
sal y pimienta

Parta la sandía por la mitad, retire y despepite la pulpa y reserve las cáscaras. Con un vaciador de melón, forme bolitas con la pulpa y póngalas en un cuenco. Salpimiente el interior de las cáscaras de sandía, reparta el brandy entre ambas y refrigérelas 2 horas.

Cuando vaya a servirlo, mezcle las gambas con la mayonesa, la menta y las aceitunas en un bol. Llene las mitades de sandía con capas alternas de bolitas de pulpa y gambas hasta terminar los ingredientes.

Brochetas de melón

Spiedini di melone

Preparación: 10 min
Para 6 personas

1 melón pequeño
1 loncha de jamón cocido de 150 g en dados
150 g de tomates *cherry*
12 higos consistentes en dados
4 rebanadas de pan tostado y en dados

Parta el melón por la mitad, retire y despepite la pulpa y reserve las cáscaras. Corte la pulpa en dados. Ensarte 12 brochetas con dados de melón, dados de jamón, tomates enteros, dados de higo y dados de pan tostado en alternancia.

Disponga las cáscaras de melón boca abajo en una fuente, pinche las brochetas y sírvalo.

Berenjenas rellenas de hortalizas

Melanzane ripiene alle verdure

Preparación: 25 min
(refrigeración incluida)
Cocción: 35 min
Para 4 personas

- 6 berenjenas
- 3 cucharadas de aceite de oliva, y un poco más para pintar
- 1 cebolla picada
- 3 pimientos rojos despepitados y picados
- 1 rama de apio picada
- 4 tomates maduros en dados
- 3 huevos un poco batidos
- 50 g de parmesano rallado
- sal y pimienta

Parta las berenjenas por la mitad a lo largo y retire la pulpa con una cucharilla. Reserve las cáscaras y pique la pulpa. Precaliente el horno a 180 °C. Caliente el aceite en una cazuela baja, y sofría la cebolla a fuego lento, removiendo, 5 minutos o hasta que esté tierna. Añada la berenjena picada, el pimiento, el apio y el tomate, salpimiente y rehóguelo, removiendo de vez en cuando, 15 minutos.

Mientras tanto, unte una fuente refractaria con aceite. Aparte la cazuela del fuego e incorpore el huevo batido a las hortalizas, removiendo hasta obtener una textura cremosa. Rellene las mitades de berenjena con el revuelto, póngalas en la fuente, esparza el queso por encima y hornéelas 15 minutos. Déjelas enfriar antes de servir.

Ensalada caprese con mozzarella de búfala

Caprese di mozzarella di bufala

Preparación: 5 min
Para 4 personas

- 300 g de mozzarella de búfala
- 3-4 tomates pelados, despepitados y en rodajas
- 8 hojas de albahaca
- aceite de oliva, para aliñar
- sal

Escurra la mozzarella y córtela en rodajas de 3 mm de grosor. En una fuente, disponga las rodajas de mozzarella y de tomate en alternancia en forma de círculos concéntricos. Condimente la ensalada con la albahaca, alíñela con aceite y sálela. Resérvela en un lugar frío hasta que vaya a servirla.

Rodajas de berenjena y mozzarella

Dischetti di melanzane e mozzarella

Preparación: 45 min
(reposo incluido)
Cocción: 55 min
Para 4 personas

- 3 berenjenas en rodajas de 1 cm de grosor
- 5 cucharadas de aceite de oliva
- 1 mozzarella de 125 g en rodajas
- sal

Para la salsa de tomate

- 250 g de tomate troceado en conserva
- 1 pizca de azúcar
- 2 dientes de ajo
- 2 cucharadas de aceite de oliva
- sal

En primer lugar, prepare la salsa de tomate. Ponga el tomate, el azúcar y los ajos en una cazuela, añada una pizca de sal, tápelo y sofríalo 20 minutos a fuego mínimo. Deseche los ajos, chafe el tomate con una cuchara de madera y prosiga con la cocción otros 15 minutos.

Mientras tanto, ponga la berenjena en un escurridor, sálela, déjela sudar 30 minutos, enjuáguela y séquela con papel absorbente. Aparte la salsa de tomate del fuego, deje que se enfríe e incorpórele el aceite.

Precaliente el horno a 180 °C. Forre la bandeja del horno con papel vegetal. Caliente el aceite en una sartén y fría la berenjena, por tandas si fuera necesario, 10 minutos o hasta que empiece a dorarse. Retírela con una espumadera y déjela escurrir sobre papel absorbente. Ponga una rodaja de mozzarella sobre cada rodaja de berenjena y cúbrala con una cucharadita de salsa de tomate.

Ponga los montoncitos en la bandeja del horno y hornéelos de 5 a 10 minutos, hasta que el queso se funda. Sírvalo caliente, aunque también queda delicioso frío. Si lo desea, congele la salsa de tomate sobrante para utilizarla en otra receta.

Pimientos asados

Peperoni arrosto

Preparación: 1 h 15 min
(reposo incluido)
Cocción: 1 h
Para 4 personas

4 pimientos
3 dientes de ajo por la mitad
12 hojas de albahaca
aceite de oliva, para aliñar
sal y pimienta

Precaliente el horno a 180 °C. Forre la bandeja del horno con papel de aluminio. Pinche los pimientos con un tenedor y áselos 1 hora. Sáquelos, envuélvalos en papel de aluminio y deje que se enfríen. Pélelos, pártalos por la mitad y déjelos escurrir boca abajo sobre papel absorbente.

Retire las pepitas y la membrana de los pimientos, córtelos en tiras y dispóngalas por capas en una fuente más bien honda, condimentando cada capa con ajo, albahaca, sal y pimienta. Aliñe el pimiento con aceite y déjelo reposar 1 hora en un lugar frío antes de servirlo.

Sorbete de tomate

Sorbetto al pomodoro

Preparación: 45 min
(congelación incluida)
Para 16 personas

900 ml de zumo de tomate
600 ml de vodka
5 cucharadas de zumo de limón recién exprimido
6 gotas de tabasco, o al gusto
6 gotas de salsa Worcestershire, o al gusto
1 clara de huevo un poco batida
hojas de albahaca, para adornar
sal

Mezcle el zumo de tomate con el vodka, el zumo de limón, el tabasco y la salsa Worcestershire, añadiendo más de esta última si lo desea. Incorpore la clara de huevo y sálelo.

Páselo a una heladera y congélelo 30 minutos, o el tiempo indicado en las instrucciones del aparato. Para servirlo, reparta el sorbete en boles individuales y adórnelo con hojas de albahaca.

Mousse de tomate

Mousse di pomodoro

Preparación: 2 h 40 min
(refrigeración incluida)
Para 6 personas

- 8 tomates maduros pelados, por la mitad y despepitados
- 1 cucharada de cebollino troceado
- 1 diente de ajo bien picado
- 200 ml de mayonesa
- 150 ml de yogur natural desnatado
- 200 ml de nata extragrasa
- sal y pimienta
- hojas de albahaca, para adornar

Sale los tomates por dentro y déjelos escurrir boca abajo sobre papel absorbente. Póngalos en el robot de cocina o la batidora, tritúrelos y páselos a un cuenco.

Añada el cebollino y el ajo y mézclelo. Incorpore con suavidad la mayonesa, seguida del yogur y la nata, y salpimiente. Reparta la mousse en 6 boles individuales y refrigérela 2 horas como mínimo. Sírvala adornada con hojas de albahaca.

Fotografía p. 222

Tomates rellenos de robiola

Pomodori con robiola

Preparación: 1 h 15 min
(reposo incluido)
Para 4 personas

- 4 tomates bien redondos por la mitad
- 100 g de queso robiola en dados
- 50 g de gorgonzola suave desmenuzado
- 25 g de mantequilla ablandada
- 4 tomates pera pelados y troceados
- 1 pizca de pimentón dulce
- 4 tallos de cebollino troceados
- 2 cucharadas de vodka
- sal y pimienta

Retire las pepitas y parte de la pulpa de los tomates, sálelos y déjelos escurrir 1 hora, boca abajo, sobre papel absorbente.

Ponga los quesos y la mantequilla en un bol, salpimiente y bátalo hasta obtener una crema homogénea. Añada el tomate pera, el pimentón y el cebollino, mézclelo bien y rocíelo con el vodka. Rellene las mitades de tomate con la crema, póngalas en una fuente y resérvelas en un lugar frío hasta que vaya a servirlas.

Fotografía p. 223

Mousse de tomate (p.221)

Tomates rellenos de robiola (p.221)

Ricota al horno con pesto de tomates secados al sol

Ricotta del pastore infornata con pesto di pomodori secchi

Preparación: 20 min

Cocción: 10 min

Para 6 personas

mantequilla, para engrasar
harina, para espolvorear
600 g de ricota de oveja bien fresca
2 cucharadas colmadas de una mezcla de perejil, albahaca, mejorana y tomillo
300 g de tomates secados al sol en aceite
120 g de aceitunas negras deshuesadas
120 g de pistachos sin cáscara y pelados
300 g de tomates pera maduros pelados, despepitados y picados
aceite de oliva, para aliñar
4 hojas de albahaca desmenuzadas
6 rebanadas de pan de hogaza un poco tostadas
sal y pimienta

Precaliente el horno a 200 °C. Engrase con mantequilla y espolvoree con harina 6 flaneras individuales u otro tipo de moldes refractarios pequeños. Mezcle la ricota y las hierbas y salpimiente. Reparta la ricota condimentada en los moldes, póngalos en la bandeja del horno y cuézalo 10 minutos.

Mientras tanto, pique los tomates secados al sol, las aceitunas y los pistachos. Ponga el tomate fresco en un bol, sálelo, alíñelo con aceite y condiméntelo con la albahaca.

Ponga las rebanadas de pan en platos individuales, desmolde un flan de ricota en cada uno y adórnelo con los tomates secados al sol a un lado y el tomate fresco al otro. Rocíelo con aceite y sírvalo.

Corona fría de hortalizas

Anello freddo di verdure miste

Preparación: 1 h
(reposo incluido)
Cocción: 1 h
Para 4 personas

- 2 pimientos amarillos
- 4 berenjenas en láminas finas
- 4 calabacines en láminas finas
- 2 cebollas en rodajas finas
- aceite de oliva, para aliñar
- mantequilla, para engrasar
- 2 huevos
- 3 ramitas de albahaca picadas
- sal y pimienta
- tomates *cherry* por la mitad y hojas de albahaca, para adornar (opcional)

Precaliente el horno a 220 °C. Ase los pimientos en la bandeja del horno, dándoles la vuelta de vez en cuando, de 25 a 30 minutos, hasta que se chamusquen. Sáquelos del horno, póngalos en una bolsa de plástico y anúdela.

Precaliente el gratinador. Cuando los pimientos se hayan enfriado y pueda manipularlos, pélelos, retire y deseche las pepitas y córtelos en dados. Mientras tanto, extienda la berenjena, el calabacín y la cebolla en la bandeja del horno. Aliñe las hortalizas con aceite, salpimiéntelas y áselas unos minutos bajo el gratinador.

Engrase un molde de corona con abundante mantequilla y fórrelo con capas alternas de berenjena y calabacín de modo que las láminas sobresalgan por el borde. Corte las láminas restantes en dados y repártalos junto con la cebolla y el pimiento en el molde.

Bata los huevos junto con la albahaca en un bol, salpimiéntelos y échelos en el molde. Doble las láminas de hortalizas que sobresalgan por el borde para taparlo, ponga el molde en la bandeja del horno y cuézalo 35 minutos.

Sáquelo del horno y déjelo reposar 5 minutos. Desmolde la corona en una fuente y deje que se enfríe por completo antes de servirla. Si lo desea, adórnela con tomates *cherry* y hojas de albahaca.

Flores de calabacín fritas

Fiori di zucchine fritti

Preparación: 1 h 15 min
(reposo incluido)
Cocción: 15 min
Para 4 personas

- 100 g de harina
- 2 cucharadas de aceite de oliva
- 5 cucharadas de vino blanco seco
- 1 huevo, con la yema y la clara separadas
- aceite vegetal, para freír
- 12 flores de calabacín limpias
- sal y pimienta

Mezcle en un bol la harina, el aceite, el vino y la yema de huevo, y salpimiente. Añada de 150 a 200 ml de agua templada hasta obtener una pasta más bien líquida. Déjela reposar 1 hora.

Monte la clara a punto de nieve en un bol limpio e incorpórela con suavidad a la pasta. Caliente aceite en una freidora o una cazuela de base gruesa a 180 o 190 °C, o hasta que un dado de pan se dore en 30 segundos.

Reboce las flores de calabacín en la pasta, sacúdalas para retirar el exceso y fríalas por tandas hasta que se doren. Retírelas con una espumadera y déjelas escurrir sobre papel absorbente. Sálelas y sírvalas.

Carpaccio de scamorza

Carpaccio di scamorza

Preparación: 15 min
Para 4 personas

- 3 cucharadas de aceite de oliva
- el zumo de ½ limón
- 1 ramita de menta picada
- 400 g de queso scamorza en lonchas
- 1 pepino en rodajas finas
- sal y pimienta
- ensalada de judías verdes, para acompañar (opcional)

En primer lugar, prepare el aliño. Bata en un bol el aceite, el zumo de limón y la menta, y salpimiéntelo. Extienda las lonchas de queso en una fuente, añada las rodajas de pepino y vierta el aliño por encima. Sírvalo enseguida, acompañado de ensalada de judías verdes, si lo desea.

Tartar de calabacín y mozzarella al estragón

Tartare di zucchine e mozzarella al dragoncello

Preparación: 45 min
(refrigeración incluida)
Para 4 personas

400 g de mozzarella en dados
200 g de jamón cocido, en una loncha gruesa, en dados
6 calabacines pequeños en dados
4 palmitos en dados
½ manojo de estragón picado
aceite de oliva, para aliñar
sal

Ponga la mozzarella, el jamón, el calabacín y los palmitos en una ensaladera y alíñelo con aceite abundante. Sálelo y condiméntelo con el estragón. Mezcle un poco la ensalada y repártala en 4 moldes de cerámica, presionándola bien. Tape los moldes y refrigérelos 30 minutos. Desmóldelos en platos individuales y sírvalos enseguida.

Higos a la rusa

Fichi alla russa

Preparación: 15 min
Para 4 personas

12 higos negros maduros
50 g de mantequilla ablandada
20 g de caviar rosa *malossol* o huevas de salmón *keta*
el zumo de 1 limón colado

Parta los higos por la mitad y retire la pulpa con una cucharilla de manera que quede un poco en la base. Bata la mantequilla con el caviar hasta que quede homogéneo e incorpore la pulpa. Ponga las mitades de higo sobre un lecho de hielo picado y rellénelas con la crema con una manga pastelera pequeña. Rocíelo con el zumo de limón y sírvalo enseguida.

Nota: Este sofisticado aperitivo se prepara justo antes de servirlo y no debe refrigerarse.

Boquerones marinados con cítricos

Alici crude agli agrumi

Preparación: 1 h 15 min
(marinada incluida)
Para 6 personas

4 limones
4 naranjas
600 g de boquerones pequeños fileteados
150 ml de aceite de oliva
1 guindilla roja despepitada y bien picada
2 cucharadas de perejil picado
sal y pimienta

Exprima 3 limones y 3 naranjas por separado. Enjuague los filetes de boquerón, séquelos con papel absorbente y póngalos en una fuente de loza o cristal en una sola capa. Cuele el zumo de limón sobre el pescado y déjelo marinar 1 hora.

Escurra bien los boquerones, eliminando todo el líquido que hayan soltado, y dispóngalos en forma de rayos de sol en una fuente. Bata el aceite, el zumo de naranja y la guindilla en un bol y salpimiente. Vierta el aliño sobre los boquerones.

Corte 3 rodajas del limón y la naranja restantes pero no las pele. Parta cada rodaja en pequeños triángulos y póngalos sobre los boquerones. Esparza el perejil por encima y sírvalo.

Boquerones con hinojo silvestre

Alici al finocchietto

Preparación: 3 h 30 min
(marinada incluida)
Para 4 personas

600 g de boquerones frescos
el zumo de 5 limones colado
1½ cucharadas de hinojo silvestre picado
300 g de ensalada verde variada
1 pepino despepitado y en rodajas finas
4 tomates pelados, despepitados y picados gruesos
2 cucharadas de aceite de oliva
sal

Para filetear los boquerones, córteles la cabeza y la cola. Ábralos sobre una tabla de cortar con la parte de la piel hacia arriba. Presione toda la espina dorsal con el pulgar, deles la vuelta y retire las espinas, cortando con unas tijeras la cola. Enjuague los boquerones, séquelos y póngalos en una fuente de loza o cristal en una sola capa. Rocíelos con 250 ml del zumo de limón y condiméntelos con 1 cucharada del hinojo. Déjelos refrigerar durante 3 horas.

→

Disponga un lecho de ensalada verde en una fuente. Escurra los boquerones y póngalos en la fuente junto con el pepino. Triture el tomate en el robot de cocina o la batidora, páselo a un bol, añádale el aceite y el zumo y el hinojo restantes, y sálelo. Vierta el aliño sobre los boquerones y sírvalos.

Nota: El hinojo silvestre es una planta aromática muy habitual en la cocina mediterránea. La variedad siciliana en concreto es un ingrediente imprescindible de la pasta con sardinas. Si no encuentra hinojo silvestre, sustitúyalo por hojas de hinojo cultivado.

Carpaccio de bacalao

Carpaccio di baccalà

Preparación: 26-32 h (remojo y marinada incluidas)
Para 4 personas

- 700 g de lomo de bacalao salado
- el zumo de 2 limones colado
- 175 ml de aceite de oliva
- 3 dientes de ajo pequeños en láminas finas
- 6 granos de pimienta negra un poco majados
- 2 cucharadas de borraja picada
- 2 cucharadas de cebollino troceado
- 200 g de canónigos
- vinagre balsámico, para aliñar
- sal

Ponga el bacalao en un escurridor encajado en un cuenco, cúbralo con agua y déjelo en remojo, cambiando varias veces el agua, de 18 a 24 horas. Escúrralo bien, córtelo a lo ancho en filetes lo más finos posible y páselos a un cuenco.

Bata en otro bol el zumo, el aceite, el ajo, la pimienta y una pizca de sal, y rocíe el bacalao con el aliño. Tápelo con film transparente y déjelo marinar toda la noche en el frigorífico.

Para servir, escurra bien el bacalao y reserve la marinada. Disponga las lonchas en platos individuales, esparza la borraja y el cebollino por encima, rodéelo con los canónigos y alíñelo con unas gotas de vinagre balsámico. Cuele la marinada, échela sobre el bacalao y sírvalo bien frío.

Boquerones marinados

Acciughe marinate

Preparación: 3 h 30 min
(marinada incluida)
Para 4 personas

500 g de boquerones pequeños limpios y sin la cabeza
1 ramita de perejil
1 diente de ajo
el zumo de 2 limones colado
aceite de oliva, para aliñar
sal y pimienta

Abra los boquerones sobre una tabla de cortar con la piel hacia arriba. Presione toda la espina dorsal con el pulgar, deles la vuelta y retire las espinas, cortando con unas tijeras la cola. Enjuáguelos, séquelos y dispóngalos en una fuente llana en forma de rayos de sol.

Pique el perejil y el ajo y páselos a un bol. Añada el zumo de limón, salpimiente y mézclelo bien. Vierta la marinada sobre los boquerones, tápelos con film transparente y déjelos marinar 3 horas en el frigorífico. Cuando vaya a servirlos, alíñelos con aceite.

Fotografía p.237

Endibia con cangrejo

Indivia belga con polpa di granchio

Preparación: 15 min
Para 4 personas

1-2 endibias
120 g de carne de cangrejo en conserva escurrida
250 ml de mayonesa
2 cucharadas de nata extragrasa
2 cucharadas de kétchup
½ cucharadita de salsa Worcestershire
1 cucharadita de brandy

Disponga las hojas de endibia en círculos concéntricos en una fuente, reservando las más pequeñas para el centro. Separe la carne de cangrejo con las manos y retire los restos de caparazón y cartílago.

Mezcle la mayonesa y la carne de cangrejo en un bol, añada la nata, el kétchup y la salsa Worcestershire, rocíelo con el brandy y remuévalo con suavidad. Ponga una cucharada de la salsa sobre la parte cóncava de cada hoja de endibia y sírvalo. Este plato es un aperitivo exquisito.

Cidra con mejillones

Cedri ai peoci

Preparación: 30 min

Cocción: 5 min

Para 4 personas

- 100 g de atún en aceite escurrido y desmenuzado
- 50 g de alcaparras enjuagadas, escurridas y picadas
- 4 filetes de anchoa en conserva escurridos y picados
- 1 yema de huevo cocida
- 250 ml de aceite de oliva
- el zumo de ½ limón colado
- 2 cidras grandes
- 500 g de mejillones vivos
- 16 aceitunas rellenas de pimiento
- sal y pimienta

Ponga el atún, las alcaparras y las anchoas en el robot de cocina, añada la yema de huevo desmenuzada y salpimiente. Agregue 2 o 3 cucharadas de aceite y tritúrelo unos segundos. Reserve 2 o 3 cucharadas de aceite, añada el restante al robot y póngalo en marcha de nuevo.

Pase la salsa a un cuenco, incorpore el zumo de limón y enjuague el recipiente del robot. Parta las cidras por la mitad, retire la pulpa, deseche las pepitas y reserve las cáscaras. Trocee la pulpa y tritúrela en el robot junto con el aceite reservado hasta obtener una crema espesa y espumosa. Incorpórela a la salsa de atún.

Raspe los mejillones bajo el grifo y retíreles las barbas. Deseche los que tengan las valvas rotas o que no se cierren enseguida al golpearlas un poco. Póngalos en una sartén grande y cuézalos a fuego lento de 3 a 5 minutos, hasta que se abran. Aparte la sartén del fuego y deseche los mejillones que estén cerrados.

Separe los mejillones de las valvas y ensártelos en 8 brochetas en alternancia con las aceitunas. Ponga las cáscaras de cidra en una fuente, salpimiéntelas y rellénelas con la espuma de atún y cidra. Pinche 2 brochetas en cada cáscara para que queden derechas.

Sírvalo enseguida con la espuma de atún y cidra que haya sobrado y los mejillones restantes a un lado.

Nota: Los mejillones (llamados *peoci* en esta receta pero también conocidos como *cozze, muscoli* o *mitili* en italiano) se abren en unos minutos en una cazuela a fuego fuerte. Una vez abiertos, están listos para su consumo. Deseche los que no se abran.

Pez espada marinado

Pesce spada marinato

Preparación: 2 h 15 min
(marinada incluida)
Para 4 personas

- 300 g de pez espada en filetes bien finos
- aceite de oliva, para aliñar
- el zumo de 2 limones colado
- 100 g de rúcula picada
- 100 g de escarola picada
- 2 ramitas de perifollo deshojadas
- sal y pimienta
- 1 limón en rodajas, para adornar

Ponga los filetes de pescado en una fuente, rocíelos con aceite y el zumo, y salpimiéntelos. Tape la fuente y refrigérela unas 2 horas.

Mezcle la rúcula, la escarola y el perifollo en un bol. Escurra el pescado y reserve la marinada. Disponga los filetes de forma circular en una fuente y coloque las hojas de ensalada en el centro. Vierta la marinada y adorne el plato con las rodajas de limón.

Corona de arroz y salmón

Anello di riso e salmone

Preparación: 45 min
(remojo incluido)
Cocción: 8 min
Para 6 personas

- 200 g de arroz basmati enjuagado y remojado 30 minutos en agua fría
- 15 aceitunas negras deshuesadas
- 200 g de salmón en conserva escurrido y desmenuzado
- 400 g de guisantes en conserva escurridos y enjuagados
- 200 g de tomates *cherry* en gajos
- 2 cucharadas de alcaparras en salmuera enjuagadas y escurridas
- el zumo de 1 limón colado
- 1 ramita de perejil picada
- 1 ramita de albahaca picada
- 5 cucharadas de aceite de oliva
- 100 g de canónigos
- 1 tomate en tiras
- sal y pimienta

Escurra el arroz y cuézalo en abundante agua hirviendo con sal 8 minutos. Mientras tanto, pique 10 aceitunas. Escurra bien el arroz, enjuáguelo con agua fría, escúrralo de nuevo y páselo a un cuenco.

Añada el salmón, los guisantes, los tomates, las aceitunas picadas, las alcaparras, el zumo de limón, el perejil y la albahaca. Alíñelo con el aceite, salpimiente y remuévalo.

Ponga la ensalada de arroz en un molde de corona, presionándolo bien con el dorso de una cuchara. Disponga un lecho de canónigos en una fuente y desmolde el arroz encima. Adorne la corona con las tiras de tomate y las aceitunas restantes y sírvala.

Cigalas marinadas

Marinata di scampi

Preparación: 1 h 30 min
(marinada incluida)
Cocción: 5 min
Para 4 personas

½ pimiento rojo despepitado y en dados
4 cucharadas de aceite de oliva
el zumo de 1 limón colado
16 cigalas
1 ramita de albahaca picada
1 ramita de tomillo picada
100 g de lechuga troceada
150 g de calabacines tiernos en tiras finas
sal y pimienta

Mezcle el pimiento, el aceite y el zumo de limón en un cuenco y salpimiente. Pele las cigalas, póngalas en un cuenco, condiméntelas con la albahaca y el tomillo, y déjelas marinar 1 hora en el frigorífico. A continuación, enjuague las cigalas, cuézalas al vapor 5 minutos y resérvelas.

Disponga un lecho de lechuga en una fuente y coloque las cigalas encima. Cúbralo con el calabacín, rocíelo con la salsa de pimiento, déjelo reposar 5 minutos para que se entremezclen los sabores y sírvalo.

Tartar de salmón

Tartare di salmone

Preparación: 50 min
(refrigeración y reposo incluidos)
Para 4 personas

1 filete de salmón de 500 g sin la piel
1 cucharada de vinagre de vino blanco
2 cucharadas de cebollino cortado
el zumo de ½ limón colado
2-3 cucharadas de aceite de oliva
sal y pimienta
tallos de cebollino, para adornar

Ponga el salmón en el congelador 30 minutos y después sáquelo y córtelo en daditos. Bata el vinagre, el cebollino, el zumo de limón y el aceite en un cuenco, y salpimiente. Añada el salmón y déjelo 10 minutos en reposo para que se entremezclen los sabores. Reparta el salmón marinado en 4 moldes de cerámica, presionándolo bien, y desmóldelos en 4 platos. Adórnelo con tallos de cebollino y sírvalo.

Boquerones marinados (p.232)

Tartar de esturión

Tartare di storione

Preparación: 50 min
(refrigeración incluida)
Para 4 personas

- 1 filete de esturión de 250 g sin la piel y bien picado
- 1 chalote bien picado
- 1 cucharada de cebollino bien picado
- 2 cucharadas de alcaparras enjuagadas, escurridas y bien picadas
- aceite de oliva, para aliñar
- el zumo de 1 limón colado
- 2 tomates rojos consistentes pelados y en dados
- sal y pimienta
- triángulos de pan tostado, para acompañar

Mezcle el pescado, el chalote, el cebollino y las alcaparras en un bol. Rocíelo con aceite, el zumo de limón y salpimiente.

Páselo a una fuente de servir transparente y adórnelo con el tomate. Tápelo y refrigérelo 30 minutos. Sírvalo con triángulos de pan tostado calientes, para acompañar.

Cóctel de cigalas

Cocktail di scampi

Preparación: 20 min
Cocción: 5 min
Para 4 personas

- 1 cebolla en cuartos
- 1 zanahoria troceada
- 1 kg de cigalas
- 250 ml de mayonesa
- 200 ml de nata líquida
- 2 cucharaditas de salsa Worcestershire
- 1 cucharadita de kétchup
- 1 chorrito de ginebra
- 1 chorrito de whisky
- 1 lechuga tierna deshojada
- sal

Lleve media olla de agua a ebullición con la cebolla, la zanahoria y una pizca de sal. En cuanto rompa el hervor, eche las cigalas y cuézalas 5 minutos. Escúrralo, deseche las hortalizas, pele las cigalas y resérvelas. Bata la mayonesa, la nata, la salsa Worcestershire y el kétchup en un bol, rocíelo con la ginebra y el whisky, salpimiente y remuévalo. Forre 4 boles individuales con hojas de lechuga, reparta las cigalas por encima y cúbralas con abundante salsa. Refrigérelo hasta que vaya a servirlo.

Nota: El tiempo de cocción de las cigalas dependerá del momento en que se echen en el agua. Calcule 5 minutos tras romper el hervor si el agua está hirviendo y 3 minutos tras romper el hervor si se echan en agua fría.

Sardinas a la albahaca

Sardine al basilico

Preparación: 24 h 30 min
(marinada incluida)
Para 4 personas

24 sardinas escamadas y limpias
120 ml de aceite de oliva
el zumo de 1 limón colado
2 pimientos rojos despepitados y en dados
10 aceitunas negras deshuesadas y troceadas
8 hojas de albahaca
sal y pimienta

Para la salsa

1 yema de huevo
1 cucharada de vinagre de vino blanco
3 filetes de anchoa en conserva escurridos
5 hojas de albahaca

Corte las cabezas de las sardinas. Ábralas sobre una tabla de cortar con la parte de la piel hacia arriba. Presione toda la espina dorsal con el pulgar, deles la vuelta y retire las espinas, cortando con unas tijeras la cola. Enjuáguelas, séquelas y páselas a una fuente llana. Mezcle el aceite y el zumo de limón en un bol, salpimiéntelo y échelo sobre las sardinas. Tápelo con film transparente y déjelo marinar 24 horas en el frigorífico.

Escurra las sardinas, reservando la marinada, y póngalas en una fuente. Para preparar la salsa, ponga la yema de huevo, el vinagre, las anchoas, la albahaca y la marinada reservada en una batidora y bátalo a velocidad baja. Adorne las sardinas con el pimiento, las aceitunas y la albahaca, cúbralas con la salsa y sírvalas.

Aperitivo de verano

Antipasto estivo

Preparación: 25 min
Cocción: 10 min
Para 4 personas

2 tomates pelados y en rodajas
150 g de mozzarella en lonchas
aceite de oliva, para aliñar
2 ramitas de albahaca
2 pimientos rojos
200 g de atún en conserva escurrido
sal y pimienta

Precaliente el gratinador. Disponga las rodajas de tomate en forma de círculo en una fuente y cubra, parcialmente, cada una de ellas con una loncha de mozzarella. Alíñelo con aceite, salpimiente y esparza parte de la albahaca por encima. Resérvelo en un lugar frío. Ase los pimientos, dándoles la vuelta a menudo, unos 10 minutos, hasta que se chamusquen. Sáquelos con unas tenazas y, cuando se hayan enfriado y pueda manipularlos, pélelos, pártalos por la mitad y despepítelos. Trocéelos en forma de rombos y póngalos sobre las lonchas de mozzarella. Coloque el atún en el centro del círculo, adórnelo con la albahaca restante y sírvalo enseguida.

Ensalada de canónigos y esturión

Insalata di songino a storione

Preparación: 6 h 15 min
(marinada incluida)
Para 4 personas

- 200 ml de aceite de oliva, y un poco más para aliñar
- 3-4 cucharadas de vinagre de manzana, y un poco más para aliñar
- 6 granos de pimienta verde
- 1 cucharada de cebollino troceado
- 1 filete de esturión de 250 g en lonchas finas
- 2 manojos de canónigos
- sal
- tostadas calientes, para acompañar

Vierta el aceite en un bol, añada el vinagre, la pimienta, el cebollino y una buena pizca de sal y mézclelo bien. Ponga el pescado en el bol y déjelo marinar 6 horas como mínimo. Para servir, disponga un lecho de canónigos en una fuente y alíñelos con un poco de aceite, vinagre y sal. Escurra el pescado y colóquelo encima. Sírvalo enseguida con tostadas calientes.

Rollitos de pimiento

Peperoni arrotolati con il tonno

Preparación: 40 min
Cocción: 10-15 min
Para 4 personas

- 4 pimientos rojos grandes
- 300 g de atún en aceite de oliva escurrido
- 10 aceitunas negras deshuesadas y picadas gruesas
- 1 tomate pelado, despepitado y picado grueso
- ½ guindilla roja fresca despepitada y picada gruesa
- 4 hojas de albahaca
- el zumo de 1 limón colado
- aceite de oliva, para aliñar
- sal

Con unas tenazas, acerque los pimientos a la llama viva hasta que se chamusquen. Si lo prefiere, pártalos por la mitad y áselos bajo el gratinador 10 minutos, hasta que se chamusquen.

En cuanto se enfríen, pele los pimientos, despepítelos y corte cada uno de ellos en 2 o 3 tiras grandes. Ponga el atún, las aceitunas, el tomate, la guindilla y la albahaca en el robot de cocina o la batidora y tritúrelo.

Pase la salsa a un bol, añada zumo de limón suficiente para aclararlo un poco, alíñelo con un chorrito de aceite y sálelo. Unte las tiras de pimiento con la salsa de atún, enróllelas y fije los rollitos con un palillo. Refrigérelos hasta que vaya a servirlos.

Falsos huevos

Uova finte

Preparación: 4 h
(refrigeración incluida)
Cocción: 20 min
Para 16 unidades

- 350 g de gambas peladas
- 15 almejas limpias
- 1 diente de ajo
- 1 guindilla fresca por la mitad y despepitada
- 175 ml de caldo de pescado
- 175 ml de vino blanco seco
- 3 cucharadas de guisantes
- 3 cucharadas de bolitas de zanahoria
- 2 huevos duros
- 1 cucharadita de perejil picado
- 1 litro de gelatina disuelta
- el zumo de 1 limón colado

Para adornar

- ensalada verde variada
- tomates *cherry*

Deje las gambas y las almejas 8 minutos en remojo por separado y después escúrralas. Ponga en una cazuela el ajo, la guindilla, el caldo y el vino y llévelo a ebullición. Hiérvalo hasta que se reduzca en una tercera parte. Eche las gambas, cuézalas 2 minutos, agregue las almejas y cuézalas el mismo tiempo. Escurra el marisco, separe las almejas de las valvas y deseche las que no se hayan abierto, así como la guindilla y el ajo.

Cueza los guisantes y la zanahoria en agua hirviendo con un poco de sal de 10 a 15 minutos, hasta que estén tiernos, y escúrralos. Deje que se enfríen todos los ingredientes. Pele los huevos, pártalos por la mitad, separe las yemas y corte las claras en dados. Pase las yemas por el pasapurés y mézclelas con el perejil. Prepare la gelatina para obtener 1 litro según las instrucciones del envase e incorpórele el zumo. Ponga 16 cáscaras de huevo vacías en unas hueveras y rellénelas con una cucharilla, alternando gambas, almejas, guisantes, zanahoria, clara y yema de huevo, sin presionar los ingredientes. Vierta la gelatina hasta cubrir las cáscaras del todo y refrigérelas 3 horas como mínimo, hasta que el relleno se cuaje.

Para servir, pele los falsos huevos con cuidado y póngalos derechos en el centro de una fuente. Adórnelos con ensalada verde y tomates *cherry* partidos por la mitad o en forma de flor.

Nota: Para preparar esta receta necesitará 16 cáscaras de huevo. En establecimientos especializados encontrará un utensilio de cocina para separar la parte superior de las cáscaras sin que se rompan. Como alternativa, córtelas con un cuchillo de punta afilado o un cúter. Eche las yemas y las claras en un bol y resérvelas para otra receta, y enjuague las cáscaras con cuidado. Séquelas por fuera y déjelas escurrir bien.
Este aperitivo también puede prepararse con melón, aguacates o piña en lugar de cáscaras de huevo.

Rollitos de bresaola y pimiento

Involtini di bresaola ai peperoni

Preparación: 15 min
Para 4 personas

- 2 pimientos rojos en aceite de oliva escurridos y en tiras finas
- 2 cucharadas de alcaparras enjuagadas y escurridas
- 200 g de *bresaola*
- el zumo de 1 limón colado
- pimienta

Ponga 2 tiras de pimiento y unas alcaparras sobre cada loncha de *bresaola*, enróllelas y dispóngalas en una fuente. Rocíe los rollitos con el zumo, sazónelos con un poco de pimienta y sírvalos.

Nota: Las alcaparras son los botones de esta planta mediterránea homónima. Las mejores son las más pequeñas, puesto que concentran más sabor. La *bresaola* es un embutido de carne de buey curada y secada al aire que se vende en lonchas finas. Si lo desea, sustitúyala por jamón serrano.

Carpaccio cipriani

Carpaccio cipriani

Preparación: 20 min
Para 6 personas

- 650 g de solomillo de buey en filetes bien finos
- 2 yemas de huevo
- 200 ml de aceite de oliva
- 1½ cucharaditas de zumo de limón colado
- 1-2 cucharaditas de salsa Worcestershire
- 3 cucharadas de leche
- sal y pimienta blanca recién molida

Disponga los filetes de buey en una fuente, tápelos con film transparente y refrigérelos hasta que los necesite.

Para preparar la salsa, bata las yemas con una pizca de sal y otra de pimienta en un bol. Incorpore el aceite en un hilo sin dejar de remover con un batidor de varillas. En cuanto la salsa empiece a espesarse, agregue ½ cucharadita del zumo de limón. Siga incorporando el aceite en un hilo hasta que se termine.

Incorpore la salsa Worcestershire, el zumo de limón restante y la leche, rectifique la sazón y refrigere la salsa hasta que vaya a servirla.

Para servir, moje una cuchara varias veces en la salsa y pásela sobre la carne en forma de espiral.

Tartar de buey

Tartare

Preparación: 20 min

Para 4 personas

500 g de carne magra de buey picada
4 yemas de huevo
2 filetes de anchoa en conserva escurridos y picados
1 cebolla en rodajas finas
1 cucharada de alcaparras enjuagadas y escurridas
1 cucharada de perejil picado

Para servir

aceite de oliva
zumo de limón recién exprimido colado
mostaza de Dijon (opcional)
sal y pimienta

Reparta la carne picada en 4 platos individuales en forma de montoncitos. Haga un pequeño hueco en la parte superior de cada uno y rellénelos con una yema de huevo cruda.

Adorne el *tartar* con las anchoas, la cebolla, las alcaparras y el perejil. Sírvalo acompañado de aceite, zumo de limón, sal y pimienta para que cada comensal pueda aderezar la carne a su gusto y, después, mezclar los ingredientes restantes con un tenedor. Si lo desea, añada unas gotas de mostaza de Dijon.

Fotografía p.246

Carpaccio con rabanitos

Carpaccio con ravanelli

Preparación: 15 min

Para 4 personas

350 g de carne magra de buey, como solomillo, en filetes bien finos
4 rabanitos en láminas finas
el zumo de 1 limón colado
aceite de oliva virgen extra
4-5 granos de pimienta blanca
100 g de queso Grana Padano en virutas
sal

Extienda los filetes en una fuente de modo que queden algo superpuestos y reparta los rabanitos por encima. Emulsione el zumo, un chorrito de aceite, la pimienta y una pizca de sal en la batidora. Vierta el aliño sobre la carne y los rabanitos, esparza el queso y sírvalo.

Fotografía p.247

Tartar de buey (p.245)

Carpaccio con rabanitos (p.245)

Melón con jamón

Prosciutto e melone

Preparación: 10 min

Para 4 personas

1 melón
8 lonchas de jamón serrano
8 rizos de mantequilla
sal

Si es posible, reserve el melón en un lugar fresco, que no sea el frigorífico, unas horas antes de prepararlo.

Corte el melón en 8 tajadas, despepítelas y separe la pulpa de la corteza. Sálelas y envuélvalas en una loncha de jamón cada una.

Dispóngalas en una fuente redonda, adórnelas con los rizos de mantequilla y sírvalas enseguida.

Paté de ricota y jamón

Pâté di ricotta e prosciutto cotto

Preparación: 4 h 15 min (refrigeración incluida)

Para 6 personas

250 g de jamón cocido bien picado
250 g de ricota
2 cucharadas de piñones
100 ml de nata extragrasa
120 ml de brandy
sal y pimienta
tostadas de pan integral calientes, para acompañar

Mezcle el jamón, la ricota, los piñones, la nata y el brandy en un cuenco hasta obtener una textura suave y cremosa, y salpimiente.

Forre un molde rectangular con film transparente, eche la crema y alise la superficie con una espátula. Refrigérelo 4 horas.

Desmolde el paté en una fuente y sírvalo con unas tostadas de pan integral calientes.

Nota: El término ricota (*ricotta* en italiano) deriva del latín *recoctus*, que significa «cocido dos veces». Lo que se cuece dos veces es el suero con el que se elabora el queso.

Filete de ternera a las hierbas

Filetto in conza

Preparación: 24 h 15 min
(marinada incluida)
Para 6 personas

1 filete de buey de 500 g
1 ramita de romero
8 hojas de salvia picadas
8 hojas de albahaca picadas
1 cebolla en rodajas finas
la piel de 1 limón, cortada fina, en tiras
120-150 ml de aceite de oliva
el zumo de 2 limones colado
sal y pimienta

Corte el filete en lonchas lo más finas posible, disponga una capa en una fuente y reserve las lonchas restantes. Cúbrala con una capa de hojas de romero, una de salvia, una de albahaca, una de cebolla y una de piel de limón. Alíñelo con aceite de oliva y el zumo de limón, y salpimiente. Siga formando capas hasta terminar todos los ingredientes, acabando con una de hierbas, cebolla y piel de limón. Alíñelo con un chorrito de aceite, tape la fuente con film transparente y refrigérelo 24 horas.

Tartar de ternera con salsa de mostaza y brandy

Tartare di vitello alla salsa di senape e cognac

Preparación: 50 min
(reposo incluido)
Para 4 personas

500 g de filete de ternera en daditos
2 cucharaditas de mostaza de Dijon
1 pizca de cayena
el zumo de ½ limón colado
2 cucharadas de brandy
2 cucharadas de aceite de oliva
4 cucharadas de perejil bien picado
2 cucharadas de cebollino cortado
sal y pimienta
ramitas de perejil y tallos de cebollino, para adornar

Ponga la carne en una fuente, tápela y resérvela en el frigorífico hasta que la necesite. Mezcle la mostaza, la cayena, el zumo, el brandy y el aceite en un bol y salpimiéntelo.

Incorpore el perejil y el cebollino. Eche la salsa sobre la carne, remuévalo y déjelo reposar 30 minutos para que los sabores se entremezclen.

Para servir, reparta el *tartar* en forma de montoncitos en 4 platos individuales y adórnelo con perejil y cebollino.

Entrantes

Crema fría de pepino y patata

Crema fredda di cetrioli e patate

Preparación: 4 h (reposo y refrigeración incluidos)
Cocción: 30 min
Para 4 personas

3 cucharadas de aceite de oliva
1 cebolla picada
250 g de pepinos troceados
250 g de patatas troceadas
25 g de lechuga troceada
3-4 hojas de poleo o menta, y un poco más para adornar
500 ml de caldo de verduras caliente
50 ml de nata extragrasa
sal y pimienta

Caliente el aceite en una cazuela. Eche la cebolla y sofríala a fuego lento, removiendo de vez en cuando, 5 minutos o hasta que se ablande. Añada el pepino, la patata, la lechuga y las hojas de poleo o menta y rehóguelo 5 minutos.

Salpimiente, vierta el caldo caliente y cuézalo 15 minutos. Aparte la cazuela del fuego y pase la sopa por el robot de cocina o la batidora. Tritúrela hasta que quede homogénea, pásela a una cazuela limpia, incorpore la nata y cuézala 5 minutos a fuego lento sin dejar de remover.

Apague el fuego y, en cuanto la crema se enfríe, refrigérela 3 horas. Pásela a una sopera, adórnela con hojas de poleo o menta y sírvala.

Minestrone al pesto

Minestrone con il pesto

Preparación: 40 min
(remojo incluido)
Cocción: 1 h 10 min
Para 4-6 personas

- 15 g de setas secas
- 100 g de alubias pintas
- 200 g de judías verdes despuntadas y por la mitad
- 3 tomates pelados, despepitados y picados
- 3 calabacines en dados
- ½ col troceada
- 1 berenjena en dados
- 3 cucharadas de aceite de oliva
- 80 g de pasta corta
- sal
- parmesano rallado, para acompañar

Para el pesto

- 25 hojas de albahaca
- 100 ml de aceite de oliva
- 40 g de piñones
- 25 g de parmesano rallado
- 25 g de pecorino rallado
- sal

Ponga las setas en un bol, cúbralas con agua templada, déjelas 20 minutos en remojo y después escúrralas, retirando el máximo líquido posible. Mientras tanto, prepare el pesto. Ponga la albahaca, el aceite, los piñones y una pizca de sal en la batidora y tritúrelo un poco a velocidad media. Añada los quesos rallados y tritúrelo de nuevo. Ponga el pesto en un bol, tápelo y resérvelo.

Vierta 2 litros de agua en una cazuela y añada una pizca de sal. Eche las alubias, las judías verdes, el tomate, el calabacín, la col y la berenjena. Pique las setas y añádalas junto con el aceite. Llévelo a ebullición, baje el fuego, tápelo y cuézalo 1 hora. A continuación, agregue la pasta y prosiga con la cocción de 8 a 10 minutos más, hasta que esté cocida. Aparte la cazuela del fuego.

Incorpore el pesto a la sopa y sírvala templada o fría en boles individuales con el queso aparte. Si la prefiere fría, incorpore el aceite justo antes de servirla y no antes de la cocción.

Minestrone a la milanesa

Minestrone alla milanese

Preparación: 1 h 45 min
(reposo incluido)
Cocción: 1 h 30 min
Para 4-6 personas

40 g de tocino curado o panceta entreverada
½ diente de ajo
4 rodajas de cebolla
1 ramita de perejil bien picada
1 rama de apio bien picada
100 g de alubias pintas
3 tomates pelados, despepitados y en dados
3 zanahorias en dados
3 patatas en dados
2 calabacines en dados
1 ramita de salvia picada
1 ramita de albahaca picada
200 g de guisantes desvainados
½ col rizada troceada
100 g de arroz largo
2 cucharadas de aceite de oliva
sal
parmesano rallado, para acompañar

Pique el tocino o la panceta junto con el ajo y la cebolla y póngalo en un cuenco. Añada el perejil y el apio, mézclelo bien y páselo a una cazuela. Agregue las alubias, el tomate, la zanahoria, la patata, el calabacín, la salvia y la albahaca. Vierta 2 litros de agua, sálelo y llévelo a ebullición a fuego medio-fuerte.

Baje el fuego y cuézalo tapado 1 hora a fuego lento. Incorpore los guisantes y la col, tápelo de nuevo y prosiga con la cocción 15 minutos más. Eche el arroz y cuézalo, removiendo de vez en cuando, de 15 a 18 minutos, hasta que esté cocido. El *minestrone* debe quedar más bien espeso. Aparte la cazuela del fuego, vierta el aceite y deje que la sopa se enfríe. Sírvala fría acompañada de abundante queso rallado.

Nota: En verano, el *minestrone* a la milanesa se sirve frío. Para que alcance la temperatura deseada se reserva a temperatura ambiente –nunca en el frigorífico– en boles individuales cubiertos con lonchas de panceta y tapados con una servilleta.

Minestrone a la milanesa

Crema de guisantes

Crema di piselli

Preparación: 25 min
Cocción: 35 min
Para 4 personas

600 g de guisantes desvainados
2 patatas en dados
1 cebolla blanca en rodajas
3 cucharadas de aceite de oliva, y un poco más para aliñar
4 rebanadas de pan de molde sin la corteza
sal

Ponga los guisantes, la patata y la cebolla en una cazuela. Cúbralo con 1 litro de agua, añada una pizca de sal y llévelo a ebullición. Baje el fuego, tápelo y cueza las hortalizas de 20 a 25 minutos, hasta que estén tiernas. Aparte la cazuela del fuego, reserve un cucharón de guisantes y triture las hortalizas restantes en el robot de cocina o la batidora hasta obtener una mezcla homogénea. Devuelva la crema a la cazuela y llévela de nuevo a ebullición. Incorpore los guisantes reservados y sálelo.

Mientras tanto, caliente el aceite en una sartén. Corte las rebanadas de pan por la mitad y fríalas unos minutos por cada lado, hasta que se doren. Reparta el pan en 4 platos hondos y eche la crema encima. Alíñela con un chorrito de aceite y sírvala.

Sopa de pan con tomate

Pappa al pomodoro

Preparación: 30 min
Cocción: 1 h
Para 4 personas

1 cucharada de aceite de oliva
300 g de tomates maduros pelados, despepitados y en trozos grandes
1 diente de ajo picado
1 rama de apio picada
2 rebanadas de pan del día anterior en dados
6 hojas de albahaca picadas
25 g de parmesano recién rallado
sal y pimienta

Ponga en una cazuela el aceite, el tomate, el ajo, el apio y una pizca de sal y otra de pimienta. Cúbralo con 1,2 litros de agua y llévelo a ebullición. Baje el fuego y cuézalo durante 1 hora aproximadamente.

Transcurridos unos 30 minutos, incorpore el pan y prosiga con la cocción a fuego lento. Aparte la cazuela del fuego y deje reposar la sopa.

Pásela a una sopera, esparza la albahaca y el parmesano por encima y sírvala.

Sopa con flores de calabacín

Minestra ai fiori di zucchine

Preparación: 20 min
Cocción: 20 min
Para 4 personas

- 1 litro de caldo de carne
- 25 g de mantequilla
- 1 cucharada de aceite de oliva
- 1 cebolla picada
- 1 zanahoria picada
- 1 rama de apio picada
- 4 calabacines en dados pequeños
- 300 g de flores de calabacín en tiras
- 120 g de pasta muy pequeña, como *ditalini*
- sal y pimienta
- parmesano recién rallado, para acompañar

Lleve el caldo a ebullición en un cazo. Caliente la mantequilla con el aceite en una cazuela, eche la cebolla, la zanahoria y el apio y sofríalo a fuego lento, removiendo de vez en cuando, 10 minutos. Añada el calabacín y las flores, rehóguelo 2 minutos y cúbralo con el caldo caliente. Llévelo a ebullición, eche la pasta y cuézala 5 o 6 minutos, hasta que esté al dente.

Salpimiente la sopa, pásela a una sopera y sírvala acompañada de parmesano rallado.

Sopa escondida

Suppa quatta

Preparación: 15 min
Cocción: 40 min
Para 6 personas

- 500 g de pan de hogaza seco en rebanadas de 2 cm de grosor
- 300 g de caciotta fresca o pecorino en lonchas
- 1,5 litros de caldo de carne bien condimentado
- 1-2 cucharadas de hierbas aromáticas variadas picadas, como perejil, mejorana y tomillo

Precaliente el horno a 160 °C. Disponga el pan y el queso por capas alternas en una fuente refractaria llana, terminando con una de queso. Atraviese varias veces las capas de arriba abajo con el mango de una cuchara de madera o una brocheta para que los ingredientes absorban mejor el caldo.

Vierta el caldo y esparza las hierbas aromáticas. Cuézalo unos 40 minutos en el horno, hasta que el queso empiece a fundirse y la superficie se dore bien. Sírvalo enseguida.

Nota: *Quatta* significa «escondida», ya que la sopa queda oculta bajo la capa de queso. Esta sopa templada es un entrante excelente para una cena de verano.

Risotto de espárragos

Risotto con punte di asparagi

Preparación: 10 min
Cocción: 35 min
Para 4 personas

500 g de yemas de espárragos limpias
unos 1,5 litros de caldo de verduras
65 g de mantequilla
3 cucharadas de aceite de oliva
½ cebolla picada
350 g de arroz para *risotto*
sal
parmesano recién rallado, para acompañar

Cueza los espárragos en agua hirviendo con sal de 5 a 8 minutos o hasta que estén tiernos, escúrralos y corte y reserve las yemas. Pique los tallos y resérvelos. Lleve el caldo a ebullición. Mientras tanto, funda 15 g de mantequilla en una sartén, eche las yemas, rehóguelas 5 minutos a fuego lento y resérvelas. En otra sartén, funda 25 g de mantequilla con el aceite y sofría la cebolla a fuego lento, removiendo de vez en cuando, 5 minutos. Eche el arroz, remuévalo hasta que se empape bien en la mantequilla y, a continuación, añada los tallos picados. Cúbralo con un cucharón de caldo caliente y remuévalo sin parar hasta que se absorba. Siga añadiendo caldo a cucharones y removiendo hasta que se absorba. Este proceso le llevará de 18 a 20 minutos. Cuando el arroz esté tierno, incorpore la mantequilla restante y las yemas de espárrago. Sírvalo acompañado de parmesano rallado.

Risotto a la caléndula

Risotto alla calendula

Preparación: 15 min
Cocción: 25 min
Para 4 personas

unos 1,5 litros de caldo de verduras
80 g de mantequilla
1 cebolla bien picada
400 g de arroz para *risotto*
25 g de pétalos de caléndula de cultivo biológico desmenuzados
150 g de champiñones botón blancos en láminas finas
50 g de parmesano rallado
sal y pimienta

Vierta el caldo en un cazo, llévelo a ebullición y baje el fuego. Mientras tanto, funda la mitad de la mantequilla en una cazuela. Eche la cebolla y sofríala a fuego lento, removiendo de vez en cuando, 5 minutos o hasta que esté tierna. Añada el arroz y remuévalo hasta que se empape bien en la mantequilla. Cúbralo con un cucharón de caldo caliente e incorpore la caléndula y los champiñones. Remuévalo sin parar hasta que se absorba todo el líquido. Siga añadiendo caldo a cucharones y removiendo hasta que se absorba. Este proceso le llevará de 18 a 20 minutos. Cuando el arroz esté tierno, incorpore la mantequilla restante y el parmesano y sírvalo enseguida.

Fotografía p.262

Risotto de fresas

Risotto alle fragole

Preparación: 10 min
Cocción: 35 min
Para 4 personas

1 litro de caldo de verduras
80 g de mantequilla
1 cebolla bien picada
320 g de arroz para *risotto*
400 ml de vino blanco seco
300 g de fresas limpias
250 ml de nata extragrasa
sal y pimienta blanca recién molida

Vierta el caldo en un cazo, llévelo a ebullición y baje el fuego.

Mientras tanto, funda la mitad de la mantequilla en una cazuela. Eche la cebolla y sofríala a fuego lento, removiendo de vez en cuando, 5 minutos o hasta que esté tierna. Añada el arroz y remuévalo hasta que se empape bien en la mantequilla.

Cúbralo con el vino y cuézalo 5 minutos, o hasta que se evapore el alcohol. Vierta un cucharón de caldo caliente y remuévalo sin parar hasta que se absorba. Siga añadiendo caldo a cucharones y removiendo hasta que se absorba. Este proceso le llevará de 18 a 20 minutos.

Mientras tanto, reserve unas cuantas fresas para adornar el plato y chafe las restantes en un bol. Unos diez minutos antes de finalizar la cocción, agregue las fresas trituradas al *risotto*. Cuando el arroz esté casi a punto, incorpore la nata con suavidad y salpimiente. Sírvalo adornado con las fresas reservadas.

Fotografía p.263

Risotto a la caléndula (p.260)

Risotto de fresas (p.261)

Risotto con arándanos

Risotto ai mirtilli

Preparación: 10 min
Cocción: 30 min
Para 4 personas

1,2 litros de caldo de verduras
40 g de mantequilla
1 cebolla bien picada
320 g de arroz para *risotto*
200 ml de vino blanco
200 g de arándanos
100 ml de nata extragrasa
parmesano rallado, para acompañar

Vierta el caldo en un cazo, llévelo a ebullición y baje el fuego. Mientras tanto, funda la mantequilla en una cazuela. Eche la cebolla y sofríala a fuego lento, removiendo de vez en cuando, 5 minutos o hasta que esté tierna. Añada el arroz y remuévalo hasta que se empape bien en la mantequilla.

Cúbralo con el vino y cuézalo 5 minutos, o hasta que se evapore el alcohol. Reserve 2 cucharadas de los arándanos y añada el resto al arroz. Vierta un cucharón de caldo caliente y remuévalo sin parar hasta que se absorba. Siga añadiendo caldo a cucharones y removiendo hasta que se absorba. Este proceso le llevará de 18 a 20 minutos. Incorpore la nata, pase el *risotto* a una fuente y adórnelo con los arándanos reservados. Sírvalo acompañado del parmesano.

Risotto frío con melón y speck

Risotto freddo al melone e speck

Preparación: 45 min (reposo incluido)
Cocción: 25 min
Para 16 personas

2 litros de caldo de pollo
2 melones pequeños fríos
40 g de mantequilla
1 cebolla grande bien picada
1 kg de *carnaroli* u otro arroz para *risotto*
400 g de *speck* en dados

Para terminar el plato

100 ml de nata extragrasa o 40 g de mantequilla

Vierta el caldo en un cazo, llévelo a ebullición y baje el fuego. Mientras tanto, parta los melones por la mitad y despepítelos. Forme bolitas con la pulpa con un vaciador de melón. Funda la mantequilla en una cazuela. Añada la cebolla y sofríala a fuego lento, removiendo de vez en cuando, 5 minutos o hasta que esté tierna. Eche el arroz y remuévalo hasta que se empape bien en la mantequilla. Cúbralo con un cucharón de caldo caliente y remuévalo sin parar hasta que se absorba. Siga añadiendo caldo a cucharones y removiendo hasta que se absorba. Este proceso le llevará de 18 a 20 minutos. Aparte la cazuela del fuego, incorpore la nata o la mantequilla y deje que se enfríe un poco. Incorpore el *speck* y las bolitas de melón y sírvalo cuando esté frío.

Risotto a la marinera

Risotto alla marinara

Preparación: 1 h 15 min

Cocción: 1 h 5 min

Para 6 personas

- 2 cebollas
- 1 zanahoria en trozos grandes
- 2 ramitas de perejil
- 500 g de gambas
- 500 g de mejillones limpios y sin las barbas
- 175 ml de aceite de oliva
- 500 g de almejas limpias
- 1 calamar de 250 g
- 1 sepia de 250 g
- 2 dientes de ajo
- 200 ml de vino blanco seco
- 1 guindilla roja fresca despepitada y bien picada
- 500 g de *carnaroli* u otra variedad de arroz para *risotto*
- la ralladura fina de 1 limón
- sal y pimienta

Lleve agua con una pizca de sal a ebullición en una olla. Corte 1 cebolla en cuartos y échela en la olla junto con la zanahoria, el perejil y las gambas y cuézalo 2 o 3 minutos. Retire las gambas con una espumadera, pélelas y resérvelas. Cuele el líquido de cocción por un colador de muselina sobre un bol. Deseche los mejillones con las valvas rotas o que no se cierren al darles un golpecito.

Ponga los mejillones en una cazuela junto con 1 cucharada de aceite, tápelos y cuézalos a fuego fuerte, sacudiéndolos de vez en cuando, 4 o 5 minutos o hasta que se abran. Deseche los que no se hayan abierto y separe los restantes de las valvas y póngalos en un bol. Ponga las almejas en una cazuela con 1 cucharada de aceite, tápelas y cuézalas a fuego fuerte, sacudiéndolas de vez en cuando, de 3 a 5 minutos o hasta que se abran. Deseche las que no se hayan abierto y separe las restantes de las valvas y póngalas en un bol.

Lave el calamar y separe la cabeza del cuerpo de manera que las vísceras salgan junto con la cabeza. Corte los tentáculos y deseche la boca. Retire la pluma transparente y las membranas. Enjuague el tubo de calamar con agua fría y frótele la piel. Trocéelo junto con los tentáculos y resérvelo. Para limpiar la sepia, corte los tentáculos a la altura de los ojos y retire y deseche la boca de la parte central. Separe los tentáculos y retire la piel. Pele el cuerpo de la sepia, haga un corte en el centro y saque la jibia. Retire y deseche las vísceras y la cabeza. Enjuague el cuerpo y los tentáculos con agua fría y trocéelos.

→

→ Caliente 100 ml de aceite en una sartén. Eche el ajo y sofríalo a fuego lento, removiendo a menudo, unos minutos, hasta que empiece a dorarse. Retírelo y deséchelo. Añada el calamar y la sepia troceados y rehóguelos, sin dejar de remover, unos minutos. Vierta la mitad del vino y cuézalo 5 minutos, o hasta que se evapore el alcohol. Salpimiente, incorpore la guindilla y prosiga con la cocción otros 10 minutos. Agregue las gambas, los mejillones y las almejas y aparte la sartén del fuego. Vierta el líquido reservado en una cazuela, llévelo a ebullición y baje el fuego.

Mientras tanto, pique bien la cebolla restante. Caliente el resto del aceite en una cazuela baja. Eche la cebolla y sofríala a fuego lento, removiendo de vez en cuando, 5 minutos o hasta que esté tierna. Eche el arroz y remuévalo 1 minuto hasta que se empape bien en el aceite. Vierta el vino restante y prosiga con la cocción 5 minutos más o hasta que se evapore el alcohol.

Cúbralo con un cucharón de caldo caliente y remuévalo sin parar hasta que se absorba. Siga añadiendo caldo a cucharones y removiendo hasta que se absorba. Este proceso le llevará de 18 a 20 minutos. Cuando el arroz esté cocido, incorpore el marisco y la ralladura de limón con suavidad. Sírvalo enseguida.

Timbal de judías verdes

Timballo di fagiolini

Preparación: 30 min
Cocción: 1 h 15 min
Para 4 personas

- 500 g de judías verdes redondas despuntadas
- 25 g de mantequilla, y un poco más para engrasar
- 1 cucharada de aceite de oliva
- 1 cebollita picada
- 1 rama de apio picada
- 1 zanahoria picada
- 40 g de miga de pan recién rallada
- 2 huevos, con las yemas y las claras separadas
- 40 g de parmesano rallado
- 500 ml de salsa bechamel (véase p.171)
- sal y pimienta

Cueza las judías verdes en agua hirviendo con sal de 8 a 10 minutos, hasta que estén tiernas, y escúrralas. Funda la mantequilla con el aceite en una cazuela. Eche la cebolla, el apio y la zanahoria y rehóguelo, removiendo a menudo, 5 minutos o hasta que las hortalizas estén tiernas. Añada las judías verdes y 150 ml de agua caliente, salpimiente y cuézalo hasta que se absorba el líquido. Aparte la cazuela del fuego.

Precaliente el horno a 200 °C. Unte con mantequilla un molde alto refractario y esparza la miga de pan por encima. Monte las claras a punto de nieve en un bol.

Incorpore las yemas y el queso a la bechamel y, a continuación, las claras montadas. Extienda una capa de salsa en el molde, añada las judías verdes y cúbralas con la salsa restante.

Ponga el molde en la bandeja del horno y cueza el timbal 45 minutos. A continuación, pase un cuchillo de hoja redonda alrededor del timbal para separarlo del molde, desmóldelo sobre una fuente caliente y sírvalo enseguida.

Cacciucco

Cacciucco

Preparación: 40 min
Cocción: 50 min
Para 4 personas

1,2 kg de pescado y marisco variado limpio, como rape, pez de san Pedro, salmonete, calamar, sepia, mero, escorpina y caballa
3 cucharadas de aceite de oliva
1 cebolla picada
1 diente de ajo bien picado
300 g de tomates picados
1 pizca de cayena
400 ml de vino blanco seco
caldo de pescado, al gusto
300 g de mejillones sin las valvas
3 cucharadas de perejil picado
sal

Para servir

4 rebanadas de pan de hogaza tostado
1 diente de ajo
cayena, para espolvorear

Corte el pescado más grande en trozos uniformes y deje entero el más pequeño. Trocee el calamar y la sepia. Caliente el aceite en una cazuela. Eche la cebolla y el ajo y sofríalos a fuego lento, removiendo de vez en cuando, 5 minutos o hasta que estén tiernos. Incorpore el tomate, sálelo, sofríalo 2 minutos, sazónelo con una pizca de cayena y añada el pescado más grande.

Vierta el vino y 100 ml de agua caliente, tápelo y cuézalo 30 minutos, añadiendo el pescado más pequeño por tandas. Destape la cazuela, añada agua o caldo de pescado suficiente para que el guiso adquiera una consistencia un tanto caldosa y agregue los mejillones.

Prosiga con la cocción unos minutos y reparta el perejil por encima. Rectifique de sal. Para servir, restriegue el ajo por el pan y sazónelo con cayena. Reparta las rebanadas en 4 boles y cúbralas con el guiso de pescado.

Nota: El *cacciucco*, uno de los numerosos guisos de pescado típicos de Italia, es una especialidad de Livorno. En la Toscana significa «revoltijo» o «mezcla». En Grosseto y Arezzo, el *cacciucco* también se prepara con garbanzos o carne.

Fritura mixta a la salvia

Fritto misto di pesce alla salvia

Preparación: 1 h 30 min
Cocción: 30-40 min
Para 16 personas

- 1 kg de berenjenas en rodajas finas
- 2,5 kg de mejillones limpios y sin las barbas
- 6 cucharadas de aceite de oliva, y un poco más para freír
- 2 dientes de ajo
- 2,5 kg de almejas raspadas y limpias
- 1 kg de gambas
- 1 kg de calamares
- 1 pimiento amarillo despepitado y en dados de 3 cm
- 1 pimiento rojo despepitado y en dados de 3 cm
- 1 pimiento verde despepitado y en dados de 3 cm
- 1 kg de calabacines laminados
- harina, para rebozar
- sal

Para la masa para rebozar

- 500 g de harina
- 4 huevos, con las yemas y las claras separadas
- 175 ml de vino blanco seco
- 1 cucharada de salvia bien picada
- sal

Ponga la berenjena en un escurridor, sálela y déjela sudar. Deseche los mejillones que tengan las valvas rotas o que no se cierren enseguida al darles un golpecito. Caliente la mitad del aceite junto con 1 diente de ajo en una cazuela.
Eche los mejillones, tápelos y cuézalos a fuego fuerte, sacudiendo la cazuela de vez en cuando, 4 o 5 minutos, hasta que se abran. Retírelos con una espumadera, sepárelos de las valvas y deseche los que no se hayan abierto.

Deseche las almejas que tengan las valvas rotas o que no se cierren al golpearlas un poco. En otra cazuela, caliente el resto del aceite junto con el diente de ajo restante. Añada las almejas, tápelas y cuézalas a fuego fuerte, sacudiendo la cazuela de vez en cuando, 3 o 5 minutos, hasta que se abran. Retírelas con una espumadera, sepárelas de las valvas y deseche las que no se hayan abierto.

Cueza las gambas en abundante agua con sal durante 2 minutos, escúrralas y pélelas antes de que se enfríen. Enjuague los calamares y sepáreles la cabeza del cuerpo de manera que las vísceras salgan junto con la cabeza. Córteles los tentáculos y deseche las bocas. Retire las plumas transparentes y las membranas. Lave los tubos de calamar con agua fría, fróteles la piel y córtelos en anillas.

Para preparar la masa para rebozar, tamice la harina con una pizca de sal en un bol e incorpore las yemas y el vino. En otro bol, monte las claras a punto de nieve e incorpórelas a la masa junto con la salvia.

→

→ Ensarte las almejas y los mejillones en unas brochetas, 4 o 5 unidades en cada una, en alternancia con trozos de pimiento de distintos colores. Enjuague la berenjena y séquela bien. Caliente aceite en una freidora a 180 o 190 °C, o hasta que un dado de pan se dore en 30 segundos. Reboce el calamar en harina y échelo en el aceite.

Fríalo 1 o 2 minutos, hasta que esté dorado y crujiente. Reboce las brochetas en la masa, escúrralas y fríalas unos minutos, hasta que estén doradas y crujientes. Por tandas, reboce las gambas, el calabacín y la berenjena, escúrralos un poco y fríalos en el aceite caliente hasta que queden dorados y crujientes.

A medida que vaya friendo los ingredientes, retírelos del aceite con una espumadera y déjelos escurrir sobre papel absorbente. Sálelos y páselos a una fuente caliente. Reserve la fritura caliente y sírvala.

Calamares rellenos de gambas

Calamari ripieni di gamberetti

Preparación: 50 min (reposo incluido)
Cocción: 20 min
Para 4 personas

8 calamares
500 ml de vino blanco seco
2 hojas de laurel
300 g de gambas peladas
1 diente de ajo bien picado
2 cucharadas de perejil picado
el zumo de 2 limones colado
100 ml de aceite de oliva, y un poco más para rociar
sal y pimienta
endibia, para adornar

Enjuague los calamares y sepáreles la cabeza del cuerpo de manera que las vísceras salgan junto con la cabeza. Córteles los tentáculos y deseche las bocas. Retire las plumas transparentes y las membranas. Enjuague los calamares con agua fría y quíteles la piel. Lleve 1 litro de agua a ebullición y eche una pizca de sal, el vino y el laurel. En cuanto rompa de nuevo el hervor, eche los calamares y cuézalos 20 minutos. Escúrralos y deje que se enfríen.

→

Mientras tanto, cueza las gambas en agua hirviendo con sal 4 o 5 minutos, apague el fuego y déjelas enfriar en el líquido de cocción.

Cuando se hayan enfriado, escúrralas y póngalas en un bol. Añada el ajo, la mitad del perejil y 2 cucharadas del zumo de limón. Rocíe el relleno con un buen chorro de aceite, sazónelo con pimienta y remuévalo bien.

Rellene los calamares y fíjelos con palillos. Dispóngalos en una fuente y adórnelos con unas hojas de endibia. Bata el aceite con el zumo y el perejil restantes y salpimiente. Vierta el aliño sobre los calamares rellenos y sírvalos.

Nota: Elija calamares pequeños, que serán más tiernos y sabrosos.

Sepia con guisantes

Seppie ai piselli

Preparación: 20 min

Cocción: 1 h 20 min

Para 4 personas

4 cucharadas de aceite de oliva
1 diente de ajo
800 g de sepias limpias y en tiras
175 ml de vino blanco seco
675 g de guisantes desvainados o en conserva escurridos y enjuagados
sal y pimienta

Caliente el aceite con el ajo en una cazuela y, en cuanto se dore, retírelo y deséchelo. Añada la sepia, salpimiéntela, remuévala y rehóguela unos minutos.

Vierta el vino y hiérvalo 5 minutos, hasta que se evapore el alcohol. Añada agua casi hasta cubrir la sepia y llévelo a ebullición. Baje el fuego y cuézalo tapado aproximadamente 1 hora. Eche los guisantes y prosiga con la cocción de 5 a 10 minutos, o hasta que estén tiernos. Sírvalo caliente.

Pulpo a la marinera

Polpi del marinaio

Preparación: 20 min
Cocción: 2 h
Para 6 personas

1 pulpo de 1 kg limpio
1 diente de ajo aplastado
1 cebolla en rodajas finas
aceite de oliva, para aliñar
1 tomate pelado, despepitado y picado
5 cucharadas de vino blanco
sal y pimienta

Ponga el pulpo en una cazuela refractaria, a poder ser de barro. Añada el ajo y la cebolla, salpimiente y rocíelo con aceite.

Tape la cazuela y cuézalo 1 hora a fuego lento. Incorpore el tomate y el vino y prosiga con la cocción 1 hora más, hasta que el pulpo esté tierno.

Retire el pulpo de la cazuela y trocéelo. Sírvalo con el jugo de cocción, que debe quedar más bien espeso; para aclararlo ligeramente, añada un poco de agua templada.

Rodaballo a la naranja

Rombo all'arancia

Preparación: 10 min
Cocción: 25 min
Para 4 personas

2 naranjas
1 cucharada de aceite de oliva
4 filetes de rodaballo
2 cucharadas de azúcar
sal
gajos de naranja, para adornar

Pele 1 naranja de manera que la membrana blanca quede adherida a la fruta. Pique la piel y exprima la naranja. Caliente el aceite en una cazuela baja. Eche el pescado, sálelo y cuele el zumo por encima. Cuézalo 15 minutos a fuego medio, dándole la vuelta de vez en cuando.

Mientras tanto, exprima la otra naranja, cuele el zumo en un bol y resérvelo. Ponga 2 cucharadas de agua en un cazo, añada el azúcar y la piel e naranja picada, caliéntelo unos minutos a fuego lento e incorpore el zumo reservado.

Cubra el pescado con la salsa y cuézalo unos 10 minutos más. Páselo a una fuente, adórnelo con gajos de naranja y sírvalo enseguida.

Cuscús de pescado

Cuscus di pesce

Preparación: 3 h 30 min
(secado incluido)
Cocción: 1 h 30 min
Para 4 personas

- 500 g de cuscús (véase nota)
- 2 cucharadas de aceite de oliva, y un poco más para rociar
- 1 cebolla roja picada
- 1 diente de ajo grande bien picado
- 1 rama de apio picada
- 2 cucharadas de perejil picado
- 3 tomates pelados y picados
- 1 kg de pescado y marisco variado, como caballa, escorpina, rubio, congrio, mero, sepia o calamar, limpio y troceado
- sal y pimienta

Ponga el cuscús en una fuente grande, añada unas gotas de agua con sal y trabájelo con los dedos humedecidos hasta obtener granos pequeños y uniformes. Rocíe el cuscús con un poco de aceite, extiéndalo sobre un paño limpio y déjelo secar 3 horas como mínimo.

Caliente el aceite en una cazuela. Eche la cebolla, el ajo, el apio y el perejil y sofríalo 5 minutos a fuego lento, removiendo de vez en cuando, hasta que la cebolla esté tierna. Incorpore el tomate y, a continuación, el pescado. Cúbralo con 1,5 litros de agua hirviendo y salpimiente. Tápelo, cuézalo 30 minutos y aparte la cazuela del fuego. Retire el pescado y el marisco del caldo, tápelo y resérvelo.

Pase una tercera parte del líquido de cocción a una cazuela limpia o un alcuzcucero e incorpore 1 litro de agua hirviendo. Doble el paño con el cuscús dentro, póngalo en una cesta para cocer al vapor o en la parte superior del alcuzcucero y cuézalo al menos 1 hora a fuego lento, hasta que el cuscús esté tierno. Póngalo en el centro de una fuente y cúbralo con el pescado y la salsa.

Nota: El cuscús es originario del norte de África, donde suele prepararse con carne, aunque en Sicilia se sirve con pescado. En esta receta se utiliza cuscús elaborado con harina de trigo duro y no las variedades instantáneas o parcialmente cocidas.

Carpaccio de pez espada con caviar de berenjena

Carpaccio di spada con caviale di melanzane

Preparación: 4 h 15 min
(marinada incluida)
Cocción: 4 min
Para 4 personas

- el zumo de 2 limones, colado
- 150 ml de aceite de oliva
- 1 pizca de orégano
- 500 g de filete de pez espada en lonchas bien finas
- sal y pimienta

Para el caviar de berenjena

- 3 berenjenas en rodajas
- el zumo de 1 limón colado
- 1 diente de ajo
- 1 cucharada de perejil picado
- 2 tomates pelados, despepitados y picados
- 2 cucharadas de aceite de oliva
- sal

En una fuente de loza o cristal, mezcle el zumo de limón con el aceite y el orégano; salpimiente. Ponga el pescado, úntelo bien, tápelo con film transparente y déjelo marinar 3 o 4 horas.

Para preparar el caviar de berenjena, escalde la berenjena 4 minutos en agua hirviendo. Saque las rodajas con una espumadera, extiéndalas sobre un paño de cocina limpio y deje que se enfríen.

Triture la berenjena en el robot de cocina hasta obtener un puré. Incorpore el zumo de limón, el ajo, el perejil, el tomate y el aceite, tritúrelo unos segundos y sálelo.

Para servir, escurra los filetes de pez espada y póngalos en una fuente grande de manera que la parte central quede libre. Cuele la marinada y échela sobre el pescado. Ponga el caviar de berenjena en el centro de la fuente y sírvalo.

Pez espada a la papillote

Ruota di pesce spada al cartoccio

Preparación: 25 min

Cocción: 40 min

Para 6 personas

1 filete de pez espada de 1,5 kg de 6 cm de grosor como máximo
175 ml de aceite de oliva
el zumo de 1 limón colado
1 guindilla roja fresca despepitada y picada
1 diente de ajo laminado
1 manojo de perejil picado
sal
espirales de piel de limón, para adornar

Precaliente el horno a 160 °C y ponga un plato refractario lleno de agua dentro. Forre una fuente grande con papel de aluminio de manera que sobresalga por los bordes. Vierta la mitad del aceite y del zumo por encima, añada la mitad de la guindilla, del ajo y del perejil y sálelo.

Ponga el filete de pez espada encima, rocíelo con el aceite y el zumo restantes, añada el resto de guindilla, ajo y perejil y sálelo. Tape el pescado con el papel de aluminio y áselo 40 minutos en el horno (el plato con agua evitará que se reseque durante la cocción).

Saque la fuente del horno, desenvuelva el pescado y córtelo en lonchas. Póngalo en una fuente, adórnelo con la piel de limón y sírvalo.

Dorada con hinojo

Orata ai finocchi

Preparación: 10 min
Cocción: 40 min
Para 4 personas

- 4 bulbos de hinojo limpios y por la mitad
- 1 dorada de 1 kg escamada y limpia
- 1 ramita de tomillo
- 1 diente de ajo
- aceite de oliva, para rociar
- el zumo de 2 limones colado
- sal y pimienta

Precaliente el horno a 180 °C. Cueza el hinojo en agua hirviendo con sal 10 minutos y escúrralo. Salpimiente la dorada por dentro e introduzca la ramita de tomillo en su interior.

Póngala en una fuente refractaria, añada el ajo, rocíela con aceite y salpimiéntela. Disponga el hinojo alrededor de la dorada y cuézala en el horno, dándole la vuelta durante la cocción, unos 30 minutos. Rocíela con el zumo y sírvala.

Dorada a las hierbas

Orata piccante

Preparación: 20 min
Cocción: 30 min
Para 4 personas

- 1 dorada de 1 kg escamada, sin las aletas y limpia
- 2 ramitas de salvia picada
- 1 ramita de romero picada
- 2 ramitas de albahaca picadas
- 1 diente de ajo picado
- 2 tomates en rodajas
- 5 cucharadas de vino blanco seco
- aceite de oliva, para rociar
- sal y pimienta

Precaliente el horno a 200 °C. Salpimiente la dorada por dentro y márquela. Póngala sobre un buen trozo de papel vegetal y cúbrala con las hierbas, el ajo y el tomate.

Rocíe la dorada con el vino y aceite y salpimiéntela. Tápela con el papel, póngala en la bandeja del horno y ásela 30 minutos a la papillote.

Trucha asalmonada con limón y ginebra

Filetti di trota salmonata al limone e gin

Preparación: 2 h 30 min (marinada incluida)
Cocción: 10 min
Para 4 personas

800 g de filetes de trucha asalmonada
6 cucharadas de aceite de oliva
el zumo de 3 limones colado
1 cucharada de perejil picado
25 g de mantequilla
120 ml de ginebra
sal y pimienta

Ponga los filetes de pescado en una fuente de loza o cristal en una sola capa. Bata el aceite, el zumo de limón y el perejil en un bol, y sálelo. Vierta la marinada sobre el pescado, tápelo con film transparente y déjelo marinar 2 horas en el frigorífico. Funda la mantequilla en una sartén grande. Añada los filetes junto con la marinada y cuézalos a fuego medio-fuerte 3 minutos por cada lado, o hasta que se evapore el líquido. Baje el fuego, riegue el pescado con la ginebra y flaméelo manteniéndose a una distancia prudencial. En cuanto las llamas se apaguen, salpimiéntelo y sírvalo enseguida.

Trucha asalmonada rellena de almendra y yogur

Trota salmonata ripiena di mandorle e yogurt

Preparación: 20 min
Cocción: 30 min
Para 4 personas

aceite de oliva, para untar
100 g de almendras escaldadas picadas
150 ml de yogur
el zumo de 2 limones colado
1 pizca de comino molido
2 truchas asalmonadas limpias
sal y pimienta

Para la salsa

100 g de almendras escaldadas picadas
200 ml de vino blanco
150 ml de yogur
½ pimiento verde despepitado y en tiras
sal y pimienta

Precaliente el horno a 200 °C y unte una fuente refractaria con aceite. Mezcle en un bol las almendras, el yogur, el zumo y el comino, salpimiéntelo y rellene las truchas con esta pasta. Unte las truchas con aceite, póngalas en la fuente y áselas 30 minutos, o hasta que estén hechas.

Mientras tanto, prepare la salsa. Mezcle las almendras, el vino y el yogur en un cazo, salpimiéntelo y cuézalo, removiendo de vez en cuando, 10 minutos. Incorpore el pimiento y caliéntelo. Pase las truchas a una fuente, nápelas con la salsa y sírvalas enseguida.

Filetes de atún con patatas y salsa de miel

Tagliata di tonno con patatine e salsa al miele

Preparación: 1 h
(reposo y marinada incluidos)
Cocción: 1 h
Para 6 personas

- 6 filetes de atún de 200 g cada uno
- 3-4 hojas de limón mirto
- 1 diente de ajo laminado
- 6 cucharadas de aceite de oliva, y un poco más para rociar
- 24 patatas nuevas
- sal y pimienta

Para la salsa

- 200 ml de vinagre de vino blanco
- 4-5 cucharadas de miel mil flores
- 4 tomates pelados, despepitados y en dados
- 1 cucharada de perejil picado
- 1 cucharada de cebollino picado
- aceite de oliva, para rociar
- 2 cucharadas de piñones tostados
- sal y pimienta

En primer lugar, prepare la salsa. Lleve el vinagre a ebullición en un cazo y déjelo reducir en una cuarta parte. Incorpore 4 cucharadas de la miel, pruébelo y, si fuera necesario, añada un poco más. Aparte el cazo del fuego y deje enfriar la reducción. Ponga el tomate en un bol, sazónelo con una pizca de sal y otra de pimienta y añada el perejil y el cebollino. Riéguelo con la reducción fría e incorpore el aceite y los piñones. Rectifique la sazón y deje reposar la salsa.

Precaliente el horno a 200°C. Salpimiente los filetes de atún y póngalos en una fuente llana. Añada las hojas de limón mirto y el ajo, rocíelos con aceite y déjelos marinar 10 minutos.

Caliente 3 cucharadas del aceite en una cazuela baja y fría el atún 2 minutos por cada lado, o hasta que quede sellado. Páselo a una fuente refractaria y áselo 10 minutos en el horno. Sáquelo y déjelo reposar unos 10 minutos en un lugar cálido.

Mientras tanto, sancoche las patatas en agua hirviendo con sal 10 minutos y escúrralas. Caliente el aceite restante en una sartén, eche las patatas y rehóguelas a fuego lento, sacudiéndolas, de 10 a 15 minutos, hasta que estén tiernas. Pase los filetes de atún a una fuente, rodéelos con las patatas y cúbralo todo con la salsa de miel.

Nota: Como su propio nombre indica, la miel mil flores se obtiene de distintas variedades de flores en función de la época del año y la zona geográfica, de ahí que presente sabores y aromas distintos según su procedencia.

Asado a las hierbas

Arrosto alle erbe

Preparación: 30 min
Cocción: 1 h 15 min
Para 6 personas

- 1 kg de lomo o pierna de ternera deshuesada y enrollada
- 50 g de mantequilla en dados
- 2 cucharadas de aceite de oliva, y para rociar
- 100 ml de vino blanco seco
- 300-325 ml de caldo de carne caliente
- 25 g de hierbas aromáticas picadas, como tomillo, salvia, romero, perejil y menta
- 1 lámina de ajo picada
- 1 cucharada de mostaza de Dijon
- 1 chorrito de brandy
- sal y pimienta
- unas ramitas de hierbas, para adornar

Restriegue la carne con sal y pimienta y póngala en una cazuela baja. Añada la mantequilla, rocíe la carne con aceite y rehóguela a fuego medio, dándole la vuelta a menudo, 10 minutos o hasta que se dore de manera uniforme. Vierta el vino y cuézalo 5 minutos o hasta que se evapore el alcohol. Prosiga con la cocción 1 hora, añadiendo caldo a medida que se evapore el líquido. Precaliente el horno a 200 °C. Mezcle las hierbas, el ajo, la mostaza, el brandy y el aceite en un bol. Retire la carne de la cazuela, póngala sobre un buen trozo de papel de aluminio, cúbrala con la pasta de hierbas y envuélvala bien. Ponga el envoltorio en una fuente refractaria y ase la carne 10 minutos. Sáquela del horno, desenvuélvala y trínchela en rodajas finas. Páselas a una fuente y adórnelas con unas ramitas de hierbas. Cuele el jugo de cocción en una salsera y sírvalo enseguida con la carne.

Pato con melocotones

Filetti d'anatra alle pesche

Preparación: 40 min
Cocción: 1 h 45 min
Para 4 personas

- 1 pato de 1,4 kg
- 3 hojas de salvia
- 1 hoja de laurel
- 25 g de mantequilla
- 500 g de melocotones blancos pelados, deshuesados y en cuartos
- 1 pizca de canela
- sal y pimienta

Ponga el pato en una cazuela, eche la salvia y el laurel, salpimiéntelo y cúbralo con agua. Llévelo a ebullición, baje el fuego, tápelo y cuézalo 1½ horas. Saque el pato de la cazuela, retire y deseche la piel, deshuéselo y córtelo en trozos grandes. Devuélvalo a la cazuela y cuézalo a fuego lento unos 15 minutos, hasta que el líquido se evapore por completo. Mientras tanto, funda la mantequilla en una cazuela baja. Añada el melocotón y rehóguelo a fuego lento, removiendo, de 5 a 10 minutos. Espolvoréelo con la canela y añádalo al guiso. Rectifique la sazón y aparte la cazuela del fuego. Disponga la carne de pato en el centro de una fuente, rodéela con los trozos de melocotón y sírvala enseguida. Este plato también queda delicioso frío.

Pato con higos

Filetti d'anatra selvatica con i fichi

Preparación: 30 min

Cocción: 1 h 20 min

Para 4 personas

- 1 pato de corral limpio con el higadillo aparte
- 2 cucharadas de aceite de oliva
- 1 botella de vino tinto
- 50 ml de brandy
- el zumo de 1 limón colado
- 400 g de higos
- 25 g de mantequilla
- sal y pimienta

Precaliente el horno a 200 °C. Salpimiente el pato por dentro y meta el higadillo en el interior. Caliente el aceite en una fuente refractaria, ponga el pato y cúbralo con el vino. Meta la fuente en el horno y ase el pato durante 1 hora, o hasta que esté tierno. A continuación, sáquelo, trínchelo, deshuéselo y córtelo en filetes gruesos. Resérvelo caliente.

Corte el higadillo en lonchas finas y baje la temperatura del horno a 180 °C. Eche el brandy y el zumo en el jugo de cocción de la fuente y añada el higadillo. Parta los higos en cuartos dejándolos unidos por el tallo. Páselos a una fuente refractaria, salpimiéntelos, añada la mantequilla y áselos unos 10 minutos en el horno.

Mientras tanto, caliente la salsa en la fuente a fuego lento. Saque los higos del horno.
Pase la carne a una fuente caliente, cúbrala con la salsa y adórnela con los higos calientes. Sírvalo enseguida.

Galantina de capón

Galantina semplice di cappone

Preparación: 12 h
(reposo incluido)
Cocción: 1 h
Para 8 personas

15 g de gelatina en polvo o 3 hojas de gelatina
600 ml de caldo de verduras claro o de pollo
1 capón o 1 pollo grande para asar
2 zanahorias
300 g de carne magra de ternera picada
100 g de jamón cocido picado
sal

Prepare la gelatina según las instrucciones del envase, échela en un molde llano rectangular y refrigérela hasta que se cuaje. Ponga el capón, las zanahorias y una pizca de sal en una cazuela, cúbralo con agua y llévelo a ebullición. Baje el fuego y cuézalo 15 minutos. Aparte la cazuela del fuego y deje enfriar el capón en el caldo. A continuación, retírelo, reservando el caldo, quítele la piel, procurando que quede en un trozo, y resérvela.

Deshuese el capón y córtelo en trozos pequeños. Mézclelo con la carne picada y el jamón en un bol y sálelo. Moldee el picadillo en forma de pastel de carne, envuélvalo primero con la piel reservada y después con un trozo de muselina y, finalmente, átelo con bramante. Retire y deseche las zanahorias del caldo reservado, ponga la galantina en la cazuela y llévela a ebullición. Baje el fuego y cuézala 45 minutos. Sáquela, escúrrala bien y póngala en una fuente. Cúbrala con una tabla de cortar con 2 o 3 latas de conserva encima para repartir el peso de manera uniforme. Refrigere la galantina toda la noche para que se enfríe y quede plana.

Corte la gelatina en dados pequeños. Desenvuelva la galantina, córtela en lonchas, póngalas en una fuente y adórnelas con la gelatina.

Nota: El término «galantina» podría tener su origen en el francés antiguo *galatine* («gelatina») o *galine* («gallina»). Si se prepara con pato, este plato recibe el nombre de *ballottine*, se le da forma redondeada y tiene un sabor más intenso, ya que el capón es más suave.

Conejo agridulce

Coniglio in agrodolce

Preparación: 12 h (marinada incluida)
Cocción: 35 min
Para 6 personas

1 conejo de 1,5 kg troceado
harina, para rebozar

Para la marinada

1 rama de apio en trozos grandes
1 zanahoria en trozos grandes
1 cebolla en trozos grandes
1 chalote en trozos grandes
1 diente de ajo en trozos grandes
1 ramita de romero picada
1 ramita de salvia picada
150 ml de vinagre de vino blanco
6 granos de pimienta negra

Para la salsa agridulce

3 cucharadas de aceite de oliva
2 chalotes bien troceados
1 cebolla bien troceada
1 cogollo de apio troceado
150 g de aceitunas verdes deshuesadas y troceadas
50 g de alcaparras de Pantelleria
2 cucharadas de piñones
2 cucharadas colmadas de azúcar
200 ml de vinagre de vino blanco
sal

Ponga el conejo en una fuente grande en una sola capa. Mezcle todos los ingredientes de la marinada en un bol, échela sobre los trozos de conejo y deles la vuelta para que se empapen bien. Tápelo con film transparente y déjelo marinar toda la noche.

Al día siguiente, retire el conejo de la marinada, escúrralo bien y séquelo. Páselo por harina y sacúdalo para retirar el exceso. Caliente el aceite en una cazuela. Eche el chalote y la cebolla y sofríalos a fuego lento, removiendo de vez en cuando, 5 minutos o hasta que estén tiernos.

Añada los trozos de conejo, suba el fuego a medio y fríalos, dándoles la vuelta, de 8 a 10 minutos, hasta que se doren de manera uniforme. Incorpore el apio, sálelo, baje el fuego y rehóguelo unos 15 minutos.

Si el guiso queda demasiado seco, riéguelo con 5 cucharadas de agua. Agregue las aceitunas, las alcaparras y los piñones, y prosiga con la cocción unos minutos más, hasta que el conejo esté tierno.

Incorpore el azúcar y el vinagre, cuézalo unos minutos y, después, apague el fuego y déjelo enfriar en la cazuela. Para servir, pase el conejo a una fuente y eche la salsa por encima.

Nota: Tierna y digestiva, la carne de conejo tiene un sabor delicado que se realza cuando se condimenta con las hierbas de las que se alimenta el animal. Las alcaparras que se piden en la receta se cultivan en la tierra volcánica de la isla de Pantelleria, a la altura de la costa de Sicilia, y se consideran las mejores del mundo.

Conejo con pimiento

Coniglio ai peperoni

Preparación: 25 min
Cocción: 1 h 5 min
Para 4 personas

1 conejo troceado
harina, para rebozar
4 cucharadas de aceite de oliva
1 ramita de romero picada, y un poco más para adornar
2 ramitas de salvia picadas, y un poco más para adornar
175 ml de vino blanco
1 cebolla picada
1 diente de ajo picado
150 ml de caldo de pollo
3 pimientos amarillos despepitados y en cuartos
sal y pimienta

Reboce el conejo con harina y sacúdalo para retirar el exceso. Caliente el aceite en una cazuela, eche el conejo y las hierbas y rehóguelo a fuego medio, dándole la vuelta, unos 10 minutos o hasta que se dore bien. Vierta el vino y cuézalo 5 minutos, o hasta que se evapore el alcohol. Añada la cebolla y el ajo, salpimiente e incorpore el caldo.

Llévelo a ebullición, baje el fuego, tápelo y cuézalo, removiendo de vez en cuando, 30 minutos. Agregue el pimiento, tápelo de nuevo y prosiga con la cocción 30 minutos más o hasta que el conejo esté tierno. Antes de servirlo, adórnelo con romero y salvia.

Fotografía p.296

Conejo relleno

Coniglio ripieno

Preparación: 20 min
Cocción: 1 h 15 min
Para 4-6 personas

150 g de carne picada de ternera
150 g de carne picada de cerdo
200 g de champiñones botón en trozos grandes
80 g de parmesano rallado
2 huevos un poco batidos
1 pizca de nuez moscada recién rallada
1 ramita de tomillo picada
1 ramita de mejorana picada
1 conejo, limpio y deshuesado
3 cucharadas de aceite de oliva
200 ml de vino blanco seco
sal y pimienta

Precaliente el horno a 200 °C. Mezcle en un cuenco la carne picada, los champiñones, el queso y el huevo. Incorpore la nuez moscada, el tomillo y la mejorana y salpimiente. Rellene el conejo con el picadillo, átelo con bramante y póngalo en una fuente refractaria con el aceite.

Caliéntelo a fuego medio-fuerte, rehóguelo unos minutos por ambos lados, rocíelo con el vino y cuézalo 5 minutos o hasta que se evapore el alcohol. Meta la fuente en el horno y ase el conejo 1 hora. Sáquelo, deje que se enfríe, trínchelo y sírvalo.

Codornices con uvas

Quaglie all'uva bianca

Preparación: 25 min
Cocción: 20 min
Para 4 personas

- 8 codornices
- 1 racimo de uvas blancas sin semillas peladas
- 8 lonchas de panceta
- 2 cucharadas de aceite de oliva
- 25 g de mantequilla
- 50 ml de brandy
- sal y pimienta

Precaliente el horno a 220 °C. Salpimiente las codornices e introduzca 2 uvas dentro de cada una. Enalbarde las aves con una loncha de panceta cada una y átelas con bramante. Póngalas en una fuente refractaria grande, eche el aceite y la mantequilla y áselas 10 minutos.

Saque la fuente del horno pero no lo apague. Riegue las codornices con el brandy y flaméelas con precaución. Cuando las llamas se apaguen, añada las uvas restantes, devuelva la fuente al horno y prosiga con la cocción 10 minutos más. Disponga las codornices en forma de círculo en una fuente, coloque las uvas y la salsa en el centro y sírvalo enseguida.

Fotografía p. 297

Faisán con fruta

Fagiano alla frutta

Preparación: 20 min
Cocción: 1 h 15 min
Para 4 personas

- 750 g de uvas blancas y negras mezcladas
- 50 g de mantequilla
- 1 faisán limpio y bridado
- el zumo de 3 naranjas colado
- 200 ml de vino blanco seco
- 120 ml de brandy
- 20 nueces picadas
- 1 cucharada de harina
- la ralladura de ½ naranja
- sal y pimienta

Para adornar

- 1 naranja en rodajas
- 1 racimo pequeño de uvas

Chafe 50 g de las uvas y cuele el mosto en un bol. En una cazuela refractaria, funda la mitad de la mantequilla a fuego medio. Rehogue el faisán, dándole la vuelta de vez en cuando, 15 minutos o hasta que se dore bien. Incorpore el mosto, el zumo, el vino y el brandy, salpimiéntelo, baje el fuego, tápelo y cuézalo 30 minutos. Escalde las uvas restantes en un bol refractario, déjelas 1 minuto en remojo, escúrralas y pélelas. Échelas junto con las nueces a la cazuela, tápelo de nuevo y prosiga con la cocción 10 minutos más. Retire el faisán y cúbralo con papel de aluminio de manera que quede holgado. Agregue la mantequilla restante al jugo de cocción, incorpore la harina y llévelo a ebullición sin dejar de remover. Eche la ralladura de naranja y aparte la cazuela del fuego. Adorne el faisán con rodajas de naranja y uvas y sírvalo enseguida con la salsa aparte.

Conejo con pimiento (p.294)

Codornices con uvas (p.295)

Faisán con uvas

Fagiano all'uva

Preparación: 15 min

Cocción: 45 min

Para 4 personas

1 faisana
50 g de tocino entreverado en lonchas
25 g de mantequilla
1 cucharada de aceite de oliva
1 kg de uvas negras
150 ml de nata extragrasa
1 cucharada de brandy
sal y pimienta

Salpimiente la faisana por dentro, átele las patas, enalbárdela con las lonchas de tocino y brídela con bramante. Funda la mantequilla con el aceite en una cazuela. Eche la faisana y rehóguela a fuego lento, dándole la vuelta de vez en cuando, 10 minutos o hasta que se dore bien.

Mientras tanto, exprima el mosto de 750 g de uvas en un bol y mézclelo con la nata y el brandy. Cubra la faisana con esta salsa, salpimiente y cuézalo tapado 15 minutos a fuego lento. Añada las uvas restantes, tape de nuevo la cazuela y prosiga con la cocción de 15 a 20 minutos, hasta que la carne esté tierna.

Ponga la faisana en una tabla de cortar y cúbrala con papel de aluminio de manera que quede holgado. Si la salsa queda demasiado líquida, devuelva la cazuela al fuego y déjela reducir un poco. Trinche la faisana, póngala en una fuente caliente, nápela con la salsa y rodéela con las uvas. Sírvalo enseguida.

Rollitos de pollo, anchoas y alcaparras

Involtini di pollo alle acciughe e capperi

Preparación: 15 min

Cocción: 35-40 min

Para 4 personas

4 anchoas en salazón
remojadas y escurridas
4 pechugas de pollo
deshuesadas y sin la piel
25 g de alcaparras enjuagadas
y escurridas
25 g de mantequilla
1 cucharada de aceite
de oliva
1 cebolla en rodajas finas
50 ml de vino blanco seco
sal y pimienta

Ponga las anchoas en una tabla de cortar con la piel hacia arriba. Presione toda la espina dorsal con el pulgar, deles la vuelta y retire las espinas.

Aplane un poco las pechugas con una maza para carne. Ponga una anchoa y unas alcaparras sobre cada pechuga, enróllelas y fíjelas con palillos. Caliente la mantequilla y el aceite en una sartén, eche la cebolla y sofríala a fuego lento, removiendo a menudo, 5 minutos.

Ponga los rollitos en la sartén y rehóguelos dándoles la vuelta hasta que se doren. Salpimiéntelos, suba el fuego, vierta el vino y cuézalo hasta que se reduzca un poco. Baje el fuego, tape la sartén y prosiga con la cocción 20 minutos. Pase los rollitos a una fuente caliente y sírvalos.

Fotografía p.306

Pollo con uvas

Pollo all'uva

Preparación: 15 min

Cocción: 1 h 25 min

Para 16 personas

el zumo de 6 limones colado
5 kg de pollo troceado
100 g de mantequilla
4 cucharadas de aceite de oliva
3-4 chalotes picados
500 g de uvas blancas por la mitad y despepitadas
sal

Para adornar

uvas blancas y negras
hojas de parra

Precaliente el horno a 180°C. Vierta el zumo en una fuente, añada los trozos de pollo por tandas, deles la vuelta para que se empapen bien y escúrralos. Reserve el zumo.

Funda la mitad de la mantequilla con el aceite en una fuente o cazuela refractaria grande. Añada el pollo y rehóguelo a fuego medio-bajo, dándole la vuelta a menudo, de 8 a 10 minutos, hasta que empiece a dorarse. Sálelo, tápelo y póngalo en el horno. Áselo 1 hora, hasta que al pinchar la parte más gruesa con la punta de un cuchillo salga el jugo transparente. Si durante la cocción el pollo se reseca demasiado, rocíelo con el zumo reservado.

Funda la mantequilla restante en una cazuela baja. Eche el chalote y sofríalo a fuego bajo, removiendo de vez en cuando, 5 minutos o hasta que se ablande. Incorpore las uvas y cuézalo a fuego lento, removiendo, 5 minutos más. Para servir, disponga el pollo en una fuente grande, cúbralo con las uvas y rocíelo con el jugo de cocción. Adórnelo con unas uvas blancas y negras y unas hojas de parra.

Pulpetón de cerdo con hortalizas

Polpettone di maiale alle verdure

Preparación: 30 min
Cocción: 55 min
Para 4 personas

2 panecillos
300 g de col rizada sin el troncho
500 g de espinacas sin los tallos más gruesos
400 g de acelgas sin las pencas
400 g de carne picada de cerdo
2 yemas de huevo
harina, para rebozar
1 litro de caldo de pollo
aceite de oliva, para rociar
el zumo de 1 limón colado
sal y pimienta

Desmenuce los panecillos, déjelos 10 minutos en remojo con 6 cucharadas de agua, escúrralos y estrújelos bien.

Mientras tanto, reserve 5 hojas de col. Lleve 2 litros de agua a ebullición y escalde la col restante, las espinacas y las acelgas unos minutos hasta que empiecen a estar tiernas. Escurra y pique las verduras y reserve el líquido de cocción.

Lleve de nuevo el líquido a ebullición. Escalde las hojas de col reservadas hasta que empiecen a estar tiernas, cuélelas y déjelas enfriar. Ponga la carne picada, el pan remojado, las verduras picadas, las yemas y una pizca de sal y pimienta en un cuenco, y mézclelo bien.

Extienda las hojas de col enteras sobre un paño de cocina limpio de manera que queden algo solapadas. Cúbralas con el relleno, enróllelas con cuidado y ate los extremos con bramante. Reboce el pulpetón en harina, póngalo en una cazuela refractaria, cúbralo con el caldo y llévelo a ebullición. Baje el fuego, tápelo y cuézalo 45 minutos. Retire el pulpetón de la cazuela y deje que se enfríe.

Cuando esté frío, córtelo en lonchas y póngalas en una fuente. Rocíelas con aceite y zumo de limón al gusto y sírvalo.

Solomillo de buey con habas

Filetto con le fave

Preparación: 20 min
Cocción: 25-30 min
Para 4 personas

100 g de habas desvainadas
8 rodajas gruesas de solomillo de buey
harina, para rebozar
3 cucharadas de aceite de oliva
el zumo de ½ limón
100 ml de vino blanco seco
40 g de *speck* o jamón serrano en tiras
sal

Cueza las habas en agua hirviendo con sal de 5 a 10 minutos, hasta que estén tiernas, y escúrralas. Para pelarlas, presiónelas entre el pulgar y el índice. Reboce la carne en harina y sacúdala para retirar el exceso. Caliente el aceite en una sartén y fría la carne a fuego medio-fuerte, dándole la vuelta, hasta que empiece a dorarse y alcance el punto de cocción deseado. Rocíela con el zumo y el vino y cuézala unos minutos hasta que se evapore. Añada las habas y el *speck*, mézclelo con suavidad y prosiga con la cocción 5 minutos más. Sírvalo.

Fotografía p.307

Chuletas de ternera asadas al pomelo

Costolette grigliate al pompelmo

Preparación: 50 min (adobo incluido)
Cocción: 10 min
Para 4 personas

4 chuletas de ternera sin grasa
el zumo de 2 pomelos colado
3 cucharadas de granos de pimienta rosa majados
2 cucharadas de aceite de oliva, y un poco más para rociar
1 ramita de menta picada
100 g de lechuga troceada
sal

Ponga las chuletas en una fuente de loza o cristal y rocíelas con la mitad del zumo de pomelo. Añada 2 cucharadas de pimienta y deje la carne 30 minutos en adobo. Precaliente el gratinador. Escurra las chuletas, póngalas en la rejilla del gratinador y rocíelas con un poco de aceite.

Áselas unos 5 minutos por cada lado, hasta que se doren bien. Sáquelas y sálelas. Bata el zumo restante con el aceite y el resto de la pimienta, añada una pizca de sal e incorpore la menta. Disponga un lecho de lechuga en una fuente y coloque las chuletas encima. Sírvalo enseguida con la salsa aparte.

Redondo de ternera frío

Carne estiva

Preparación: 1 h
(reposo y adobo incluidos)
Cocción: 2 h
Para 6 personas

1 rama de apio
1 zanahoria
1 cebolla
1 kg de redondo de ternera
100 g de alcaparras enjuagadas y escurridas
100 ml de aceite de oliva
el zumo de 4 limones colado
sal

Lleve agua a ebullición en una olla junto con el apio, la zanahoria y la cebolla. Ate el redondo de ternera con bramante, póngalo en el agua y cuézalo durante 2 horas.

Aparte la olla del fuego y deje enfriar la carne en el caldo. Escúrrala, desátela y córtela en lonchas bien finas. Dispóngalas en una fuente y esparza las alcaparras por encima.

Bata el aceite y el zumo en un bol, sálelo y aliñe la carne. Déjela 30 minutos en adobo antes de servirla.

Pulpetón de ternera

Polpettone di vitello

Preparación: 25 min
Cocción: 1 h 20 min
Para 4 personas

500 g de solomillo de ternera picado
100 g de jamón cocido picado
2 huevos un poco batidos
1 pizca de nuez moscada recién rallada
harina, para rebozar
50 g de mantequilla
2 cucharadas de aceite de oliva
1 cebolla picada
1 zanahoria picada
1 rama de apio picada
1 cucharadita de concentrado de tomate
sal y pimienta

Mezcle la carne picada, el jamón, el huevo y la nuez moscada en un bol y salpimiente. Forme una bola con el picadillo, rebócelo con harina y, después, dele forma de óvalo alargado. Funda la mantequilla con el aceite en una cazuela baja. Eche la cebolla, la zanahoria y el apio y sofríalo a fuego lento, removiendo de vez en cuando, 5 minutos o hasta que las hortalizas estén tiernas. Ponga el pulpetón en la cazuela, suba el fuego a media potencia y rehóguelo, dándole la vuelta a menudo, de 10 a 15 minutos, hasta que se dore uniformemente.

Disuelva el concentrado de tomate en 50 ml de agua templada en un bol y échelo en la cazuela sin dejar de remover. Baje el fuego y cuézalo tapado 1 hora a fuego lento. Retire el pulpetón de la cazuela y déjelo reposar 10 minutos. Córtelo en lonchas más bien gruesas, páselas a una fuente y eche la salsa por encima. Sírvalo.

Rollitos de pollo, anchoas y alcaparras (p.299)

Solomillo de buey con habas (p.304)

Áspic de rollitos de carne

Involtini di vitello in gelatina

Preparación: 4 h
(reposo incluido)
Cocción: 35 min
Para 6 personas

- 1 rebanada de pan sin la corteza
- 150 g de carne picada de buey
- 50 g de jamón serrano picado
- 50 g de parmesano recién rallado
- 1 huevo, y 1 yema más
- 500 g de filetes de buey
- 25 g de mantequilla
- 4 cucharadas de aceite de oliva
- 4-5 hojas de salvia
- 200 ml de vino blanco seco
- 150 ml de caldo de buey o agua
- 20 g de gelatina en polvo o 4 hojas de gelatina
- sal y pimienta

Desmenuce el pan, déjelo 10 minutos en remojo, escúrralo y estrújelo bien. Mezcle la carne picada con el pan, el jamón y el parmesano en un bol. Incorpore el huevo y la yema y salpimiente. Aplane los filetes de buey con una maza para carne hasta que estén finos y uniformes y cúbralos con el relleno. Enróllelos y átelos con bramante.

Funda la mantequilla con el aceite en una cazuela, rehogue la salvia unos minutos, retírela y deséchela. Ponga los rollitos de ternera en la cazuela y deles la vuelta a menudo hasta que se doren. Reserve 1 cucharada del vino, vierta el restante en la cazuela y cuézalo 5 minutos, o hasta que se evapore el alcohol. Incorpore el caldo o el agua y prosiga con la cocción 15 minutos más. Añada 2 o 3 cucharadas de agua para diluir el jugo de cocción, suba el fuego y cuézalo 1 minuto más. Aparte la cazuela del fuego y pase los rollitos a una fuente.

Prepare la gelatina según las instrucciones del envase con agua y el vino reservado hasta obtener 1 litro. Viértala sobre los rollitos de ternera de manera que queden bien cubiertos. Déjelo enfriar y refrigérelo unas horas hasta que la gelatina se cuaje.

Fotografía p. 310

Vitello tonnato

Vitello tonnato

Preparación: 3 h 15 min
(reposo incluido)
Cocción: 2 h
Para 6 personas

1 redondo de ternera de 800 g
1 zanahoria
1 cebolla
1 rama de apio
1 cucharada de vinagre de vino blanco
1 cucharada de aceite de oliva
sal

Para la salsa

200 g de atún en aceite escurrido
3 filetes de anchoa en aceite escurridos
2 cucharadas de alcaparras enjuagadas y escurridas
2 yemas de huevo cocidas
3 cucharadas de aceite de oliva
el zumo de 1 limón colado

Ate el redondo de ternera con bramante. Lleve agua con sal a ebullición y eche la carne, la zanahoria, la cebolla, el apio, el vinagre y el aceite. Tápelo y cuézalo 2 horas a fuego lento, hasta que la carne esté tierna. Apártelo del fuego y deje enfriar el redondo en el caldo.

Para preparar la salsa, triture el atún, las anchoas, las alcaparras y las yemas en una picadora o el robot de cocina. Incorpore el aceite, 2 o 3 cucharadas del caldo de cocción de la carne y el zumo de limón.

Desate el redondo de carne, córtelo en rodajas y páselas a una fuente. Cúbralas con la salsa y déjelo reposar unas horas para que los sabores se entremezclen antes de servirlo.

Nota: El *vitello tonnato*, o *vitel tonné*, es un plato de origen francés que se remonta al siglo XVIII. Desde entonces se ha convertido, sin apenas ningún cambio, en un plato típico de la cocina piamontesa.

Fotografía p.311

Áspic de rollitos de carne (p.308)

Vitello tonnato (p.309)

Postres

Dolci

En Italia, la abundancia de frutas y flores de temporada –de las primeras cerezas de mayo a las embriagadoras rosas y las ciruelas, los albaricoques y otras jugosas frutas de hueso de finales de agosto y septiembre– ofrece un sinfín de posibilidades para degustar exquisitos postres estivales. Cuando el calor aprieta, nada apetece más que una macedonia de frutas bien fría, sobre todo si se aromatiza con un chorrito de moscatel y tal vez unas hojas de menta.

Sin embargo, la lista no acaba ahí, ya que mousses, áspics, pasteles, tartas y charlotas también ponen la guinda a una inolvidable comida de verano. Además, no solo se sirven como postre sino también para la merienda o el *brunch*.

Para obtener los mejores resultados, escoja siempre las frutas con sumo cuidado. Para saber si están maduras, presiónelas un poco y compruebe que desprenden un aroma intenso y agradable. Se recomienda consumir la mayoría de las frutas a temperatura ambiente en su punto óptimo de maduración.

Áspic de melón y sandía

Aspic di anguria e melone

Preparación: 11 h
(reposo incluido)
Cocción: 25 min
Para 8 personas

2 sandías pequeñas
4 melones *cantaloupe*

Para el almíbar

65 g de hojas de gelatina
400 g de azúcar

Para la salsa

½ melón *cantaloupe* despepitado
200 g de azúcar
150 ml de vino de aguja

Parta las sandías y los melones por la mitad y despepítelos. Reserve parte de la pulpa de ambos para formar bolitas con las que adornará el áspic. Triture la pulpa de sandía restante en el robot de cocina o la batidora y póngala en un bol.

Triture la pulpa de melón restante en el robot de cocina o la batidora y póngala en un bol.

Para preparar el almíbar, deje la gelatina 5 minutos en remojo para que se ablande. Vierta 800 ml de agua en una cazuela, incorpore el azúcar y llévelo a ebullición sin dejar de remover hasta que se disuelva. Hiérvalo, sin remover, 5 minutos y, después, estruje la gelatina para eliminar toda el agua e incorpórela al almíbar.

Reparta el almíbar entre los boles de sandía y de melón. Vierta la mitad del puré de melón en un molde para pudin grande y refrigérelo 1 hora aproximadamente, hasta que empiece a cuajar.

Vierta el puré de sandía y vuelva a dejarlo en el frigorífico, 1 hora aproximadamente o hasta que empiece a cuajar. Añada el puré de melón restante y refrigérelo toda la noche, para que cuaje por completo.

Para preparar la salsa, vacíe el melón y triture la pulpa en el robot de cocina. Pase el puré por un colador sobre un bol. Ponga 200 ml de agua en una cazuela, añada el azúcar y llévelo a ebullición sin dejar de remover hasta que se disuelva. Hiérvalo, sin remover, hasta que empiece a tomar un color dorado.

→

→

Aparte la cazuela del fuego e incorpore el vino y el puré de melón. Con un vaciador, extraiga la pulpa de sandía y de melón reservada en forma de bolitas.

Sumerja unos instantes la base del molde en agua caliente y desmolde el áspic sobre una fuente. Adórnelo con las bolitas de pulpa y sírvalo con la salsa.

Tarta de albaricoque

Torta di albicocche

Preparación: 35 min

Cocción: 1 h

Para 4 personas

- 800 g de albaricoques
- 250 g de mantequilla, y un poco más para engrasar
- 250 g de azúcar
- 4 huevos un poco batidos
- 420 g de harina, y un poco más para espolvorear
- 15 g de levadura en polvo
- 40 g de pistachos picados

Precaliente el horno a 190 °C. Engrase y espolvoree con harina un molde de 23 cm de diámetro. Ponga los albaricoques en un cuenco, escáldelos 15 segundos con agua hirviendo y escúrralos. Pélelos, pártalos por la mitad, deshuéselos y corte cada mitad en dos.

Bata la mantequilla y el azúcar en un bol hasta que adquieran una consistencia cremosa. A continuación, incorpore los huevos de uno en uno.

Tamice la harina sobre la masa, mézclelo e incorpore los albaricoques. Disuelva la levadura en un poco de agua templada y añádala a la masa.

Vierta la masa en el molde, reparta los pistachos por encima y hornee la tarta durante 1 hora aproximadamente, hasta que suba y se dore. Déjela reposar 5 minutos en el molde, desmóldela y déjela enfriar en una rejilla metálica.

Fotografía p.322

Albaricoques al gratén

Albicocche al gratin

Preparación: 15 min

Cocción: 15 min

Para 4-6 personas

80 g de mantequilla
6 cucharadas de azúcar
12 albaricoques por la mitad y deshuesados
130 ml de licor de albaricoque

Precaliente el gratinador. Funda la mantequilla y el azúcar en una fuente refractaria sin dejar de remover. Eche los albaricoques y rehóguelos 10 minutos sin que pierdan consistencia. Vierta 100 ml del licor y, en cuanto se evapore el alcohol, ponga la fuente bajo el gratinador hasta que los albaricoques se doren bien. Saque la fuente del gratinador. Caliente el licor restante en un cazo metálico, viértalo sobre los albaricoques, flaméelos con precaución y espere a que las llamas se apaguen. Sirva el gratén caliente.

Nota: Esta receta también puede prepararse con 6 melocotones de piel fina.

Crema de ricota y albaricoque

Crema di ricotta e albicocche

Preparación: 10 min

Para 4 personas

200 g de ricota
4 cucharadas de azúcar avainillado
100 g de mermelada de albaricoque
100 ml de nata extragrasa

Bata la ricota con el azúcar y la mermelada en un bol. Monte la nata aparte e incorpore la mezcla de ricota. Reparta la crema en 4 platos individuales y refrigérela hasta que vaya a servirla.

Hatillos de albaricoque

Fagottini di albicocche

Preparación: 50 min
Cocción: 30 min
Para 6 personas

- 1 kg de patatas
- 200 g de harina tamizada
- 2 huevos un poco batidos
- 500 g de albaricoques
- unos 12 terrones de azúcar
- 50 g de mantequilla
- 50 g de pan recién rallado
- 1 cucharada de azúcar
- 1 cucharadita de canela molida
- azúcar glas, para espolvorear
- sal

Cueza las patatas en agua hirviendo con sal de 25 a 30 minutos, hasta que estén tiernas. Escúrralas, pélelas y páselas por un tamiz sobre un cuenco. Añada la harina, los huevos y una pizca de sal y trabaje bien la masa. Deshuese los albaricoques sin separar del todo las dos mitades y ponga 1 terrón de azúcar en medio de cada uno. Extienda la masa sobre la encimera espolvoreada con un poco de harina y córtela en círculos dos veces más grandes que los albaricoques. Envuelva cada albaricoque en una porción de masa en forma de hatillo y retuérzalos para sellarlos.

Lleve agua a ebullición con un poco de sal. Eche los hatillos de albaricoque y cuézalos 3 minutos. Retírelos con una espumadera y escúrralos. Funda la mantequilla en una sartén pequeña. Eche el pan rallado y rehóguelo unos minutos sin dejar de remover, hasta que se dore. Incorpore el azúcar y la canela, aparte la cazuela del fuego, deje que se enfríe un poco y reboce los hatillos en la mezcla. Espolvoréelos con azúcar glas y sírvalos.

Crema de albaricoque

Crema di albicocche

Preparación: 1 h 30 min (reposo incluido)
Cocción: 15 min
Para 6 personas

- 600 g de albaricoques pelados, deshuesados y troceados
- 185 g de azúcar
- 2 hojas de gelatina
- 300 ml de nata líquida
- 1-2 cubitos picados
- 1 clara de huevo

Rehogue los albaricoques con 130 g del azúcar en una cazuela a fuego lento, removiendo a menudo, hasta que estén tiernos. Mientras tanto, deje la gelatina en remojo en un bol. Triture los albaricoques en el robot de cocina y pase el puré a un bol. Escurra y estruje la gelatina para eliminar toda el agua, incorpórela al puré mientras aún esté caliente y refrigérelo.

Mezcle la nata con los cubitos y bátalo bien. Monte la clara de huevo con el azúcar restante al baño María hasta obtener una textura consistente y espumosa y déjela enfriar. Mezcle las tres preparaciones y repártalas en boles individuales.

Naranjas rellenas de crema

Cestini di arance con crema

Preparación: 4 h (reposo y refrigeración incluidos)
Cocción: 25 min
Para 4 personas

- 4 naranjas
- 150-200 ml de leche
- 3 yemas de huevo
- 120 g de azúcar
- 40 g de harina
- 2 cucharadas de licor de naranja

Corte la parte superior de las naranjas y retire y reserve la pulpa y el zumo con una cucharilla. Reserve las cáscaras. Pase la pulpa y el zumo por un tamiz colocado sobre una jarra medidora y extraiga todo el jugo posible presionando con el dorso de una cuchara. Añada leche hasta obtener 500 ml de líquido.

Bata las yemas con el azúcar en un bol hasta que adquieran un color claro y una consistencia espumosa y, después, tamice la harina encima y mézclela bien. Incorpore poco a poco el jugo de naranja mezclado con leche. Páselo a una cazuela y cuézalo a fuego lento, sin dejar de remover con una cuchara de madera, de 20 a 25 minutos, hasta que la crema se espese lo suficiente para cubrir el dorso de la cuchara.

Aparte la cazuela del fuego y deje que se enfríe. Incorpore el licor y reparta la crema entre las cáscaras de naranja. Tápelo con film transparente y refrigérelo unas 3 horas, hasta que cuaje.

Flores de borraja rebozadas

Frittelle ai fiori di borragine

Preparación: 20 min
Cocción: 10 min
Para 4 personas

- 200 g de flores de borraja
- 3 cucharadas de harina
- 1 yema de huevo
- 150 ml de leche
- aceite de oliva virgen extra, para freír
- sal

Enjuague las flores y déjelas secar sobre un paño de cocina limpio. Tamice la harina con una pizca de sal en un cuenco e incorpore la yema y leche suficiente hasta obtener una consistencia similar a la nata espesa. Ponga aceite en una sartén honda y caliéntelo a 180 o 190°C, o hasta que al echar un dado de pan se dore en 30 segundos. Reboce las flores en la masa, escúrralas para retirar el exceso, échelas con cuidado en el aceite por tandas y fríalas unos 2 minutos o hasta que se doren. Retírelas con una espumadera y déjelas escurrir sobre papel absorbente. Sírvalas enseguida.

Fotografía p.323

Buñuelos de fruta al champán

Frittelle di frutta allo Champagne

Preparación: 1 h 30 min (reposo incluido)
Cocción: 40 min
Para 8 personas

1 piña
4 manzanas
2 plátanos
aceite, para freír
50 g de azúcar glas

Para la masa

140 g de harina
1 huevo
100 ml de champán dulce
2 claras de huevo

Para la salsa

500 g de frambuesas
2 cucharadas de azúcar glas
2 cucharadas de kirsch

Para preparar la masa, tamice la harina en un bol, casque el huevo en el centro y vierta la mitad del champán. Bátala bien hasta que esté homogénea e incorpore el champán restante. Tape la masa y déjela reposar 1 hora en un lugar frío.

Para preparar la salsa, chafe las frambuesas en un cuenco e incorpore el azúcar y el kirsch. Pásela por el chino sobre otro cuenco y resérvela fría. Pele y descorazone la piña y córtela en rodajas de 1 cm de grosor. Pele y descorazone las manzanas y córtelas en rodajas de 1 cm. Pele los plátanos y córtelos en rodajas de 2 cm.

Monte las claras a punto de nieve e incorpórelas a la masa. Caliente aceite en una cazuela honda a 180 o 190 °C, o hasta que al echar un dado de pan se dore en 30 segundos. Por tandas, reboce la fruta en la masa, escúrrala y fríala, por tandas, hasta que se dore bien. Retírela con una espumadera y déjela escurrir sobre papel absorbente.

Cuando haya frito toda la fruta, póngala en una fuente y espolvoréela con el azúcar glas. Sírvala enseguida con la salsa aparte.

Tarta de albaricoque (p.315)

Flores de borraja rebozadas (p.320)

Pudin de sémola con cerezas

Semolino alle ciliegie

Preparación: 20 min
Cocción: 1 h
Para 6 personas

- 250 ml de vino blanco dulce
- 120 g de sémola
- mantequilla, para engrasar
- 2 huevos, y 1 clara más
- 120 g de azúcar
- 500 g de cerezas deshuesadas
- 50 g de almendras escaldadas picadas

Lleve a ebullición el vino con 500 ml de agua. Eche la sémola y cuézala, sin dejar de remover, 15 minutos. Apártelo del fuego y déjela enfriar.

Precaliente el horno a 200 °C y engrase un molde con mantequilla. Cuando la sémola se haya enfriado, incorpore los huevos de uno en uno y, después, el azúcar, las cerezas y la almendra. En un bol aparte, monte la clara a punto de nieve e incorpórela a la sémola.

Eche la masa en el molde y cueza el pudin unos 45 minutos al baño María. A continuación, sáquelo del horno y déjelo enfriar a temperatura ambiente antes de desmoldarlo en una fuente.

Nota: Italia es uno de los principales productores de cerezas. Las infinitas variedades de esta exquisita fruta se cultivan en los países mediterráneos desde hace 3000 años. Los antiguos egipcios fueron los primeros que plantaron cerezos en sus tierras.

Sopa de cerezas

Zuppa di ciliegie

Preparación: 30 min
Cocción: 30 min
Para 4 personas

- 50 g de mantequilla
- 750 g de cerezas deshuesadas
- 100 g de azúcar
- ½ botella de vino tinto
- 1 cucharadita de canela molida
- 1 cucharada de maicena
- 1 cucharada de kirsch

Funda la mantequilla en una cazuela a fuego medio. Eche las cerezas y rehóguelas 3 o 4 minutos. Incorpore el azúcar, remuévalo hasta que se disuelva y aparte la cazuela del fuego.

Vierta el vino en otra cazuela, añada la canela y llévelo a ebullición a fuego lento. Incorpore las cerezas con su jugo y prosiga con la cocción 5 o 6 minutos más sin dejar de remover. Retire las cerezas con una espumadera y repártala en boles individuales.

Disuelva la maicena en el kirsch en un bol e incorpórela a la salsa. Cuézala a fuego lento, sin dejar de remover, hasta que se espese. Cubra las cerezas con la salsa y sírvalo caliente o frío.

Fotografía p.326

Higos con nata

Fichi alla crema

Preparación: 2 h 30 min
(refrigeración incluida)
Para 4 personas

- 8 higos blancos
- 40 g de azúcar
- ron, para rociar
- 200 ml de nata extragrasa

Pele los higos con cuidado procurando que queden enteros. Haga unos cortes en forma de cruz para que queden abiertos como una estrella unidos por la base y póngalos en una fuente. Espolvoréelos con el azúcar, rocíelos con un poco de ron y refrigérelos durante 2 horas.

Monte la nata. Con una espumadera, pase los higos a una fuente redonda. Ponga varias cucharadas de nata montada en el centro de cada uno y rocíelos con su jugo.

Fotografía p.327

Sopa de cerezas (p.325)

Higos con nata (p.325)

Tarta de cerezas

Torta di ciliege

Preparación: 1 h
(reposo incluido)
Cocción: 1 h
Para 6-8 personas

150 g de azúcar
1 huevo
2 yemas de huevo
la ralladura de ½ limón
150 g de mantequilla ablandada y en dados, y un poco más para engrasar
200 g de harina tamizada, y un poco más para espolvorear
sal

Para el relleno

250 ml de leche
½ vaina de vainilla abierta
2 yemas de huevo
100 g de azúcar
25 g de harina tamizada
20 g de mantequilla
250 g de picotas deshuesadas
2 cucharadas de brandy

Para preparar la masa, bata el azúcar con el huevo, 1 yema, la ralladura de limón y una pizca de sal en un bol hasta que adquiera un color claro y una consistencia espumosa. Incorpore la mantequilla por tandas y, después, la harina. Vuelque la masa sobre la encimera, trabájela con cuidado, dele forma de bola y déjela reposar 30 minutos en un lugar frío. Bata la yema restante en un bol.

Para preparar el relleno, caliente la leche con la vainilla en un cazo y, en cuanto rompa el hervor, apártelo del fuego. Bata las yemas con 50 g del azúcar e incorpore la harina. Deseche la vainilla y vierta la leche sobre la crema en un hilo, removiendo. Páselo a una cazuela y llévelo a ebullición a fuego lento sin dejar de remover.

Aparte la cazuela del fuego, ponga la mantequilla sobre la crema y extiéndala con cuidado con la hoja de un cuchillo para evitar que se forme una capa. Deje que se enfríe. Ponga las picotas en un cazo, eche el brandy, llévelo a ebullición a fuego lento y cuézalo 10 minutos.

Mientras tanto, precaliente el horno a 200 °C. Engrase un molde con mantequilla. Extienda dos terceras partes de la masa sobre la encimera espolvoreada con un poco de harina y póngala en el molde. Cúbrala con la crema fría y reparta las picotas por encima. Extienda la masa restante en forma de círculo del mismo tamaño que el molde y colóquela sobre el relleno.

Repliegue bien los bordes, pinte la masa con la yema batida, márquela con un tenedor y pínchela con la punta de un cuchillo. Hornee la tarta 45 minutos y déjela enfriar en el molde antes de servirla.

Tarta de arroz y cerezas

Torta di riso e ciliegie

Preparación: 25 min
Cocción: 1 h
Para 8 personas

700 g de cerezas deshuesadas
150 g de azúcar
100 ml de vino tinto
½ rama de canela
1 litro de leche
la piel de ½ limón cortada fina
300 g de arroz arborio u otra variedad de grano corto
mantequilla, para engrasar
pan recién rallado, para esparcir
½ cucharadita de clavo molido
2 cucharadas de brandy
30 g de piel de cidra confitada bien picada
2 huevos un poco batidos
7 g de gelatina en polvo con sabor a melocotón
sal

Ponga las cerezas, 100 g del azúcar, el vino y la canela en una olla, cuézalo hasta que la salsa se espese y apártelo del fuego. Precaliente el horno a 160 °C. En una cazuela, lleve la leche a ebullición con la piel de limón y una pizca de sal, eche el arroz y cuézalo 15 minutos.

Engrase un molde rectangular con mantequilla y esparza el pan rallado y el azúcar restante. Aparte la cazuela con el arroz del fuego. Retire y deseche la piel de limón e incorpore el clavo, el brandy, la cidra, los huevos y las cerezas con su almíbar. Páselo al molde y cuézalo 35 minutos en el horno, hasta que al pinchar el centro de la tarta con una brocheta de madera esta salga limpia.

Mientras tanto, prepare la gelatina según las instrucciones del envase y deje que se enfríe. Saque la tarta del horno y déjela enfriar en el molde. Desmóldela en una fuente, glaséela con la gelatina, córtela en porciones y sírvala.

Higos al ron

Fichi al rum

Preparación: 10 min
Cocción: 3-4 min
Para 4 personas

350 ml de ron
2-3 cucharadas de nata extragrasa
12 higos maduros por la mitad
3 cucharadas de azúcar moreno o blanquilla
hojas de higuera, para adornar

Ponga el ron en un bol y mézclelo bien con la nata. Ponga los higos, con la parte cortada hacia arriba, en la parte más caliente de la barbacoa o bajo el gratinador, espolvoréelos con el azúcar y rocíelos con un chorrito del ron con nata. Áselos 3 o 4 minutos, rociándolos a menudo con el ron y subiendo la parrilla un par de veces para alejarlos del calor. Disponga los higos en una fuente, adórnelos con las hojas de higuera y sírvalos calientes o fríos.

Coronas de sandía

Corone di anguria

Preparación: 1 h
(congelación incluida)
Para 10 personas

- 1 sandía de unos 2 kg
- 400 g de azúcar
- el zumo de 1 limón colado
- 1 clara de huevo
- 80 g de chocolate negro en trozos grandes
- 1 melón pequeño, *charentais* u *ogen*, pelado, despepitado y en rajas finas

Parta la sandía por la mitad a lo ancho y corte 3 rodajas de 2 cm de grosor de una de las mitades. Retire 2 cm de corteza en intervalos de 4 cm de cada rodaja para crear un borde dentado y refrigérelas. Pele y despepite la pulpa de sandía restante, póngala en el robot de cocina o la batidora, añada 350 g del azúcar y el zumo y tritúrelo hasta obtener un puré. Páselo a una heladora y congélelo 20 minutos, o el tiempo indicado por el fabricante.

Mientras tanto, monte la clara a punto de nieve en un bol e incorpore el chocolate. Cuando el helado empiece a tomar cuerpo, incorpore la clara con el chocolate. Para servir, ponga una rodaja de sandía en una fuente y cúbrala unas bolas de de helado. Ponga otra rodaja encima y repita la operación. Por último, añada la tercera rodaja de sandía, cúbrala con el helado restante y disponga las rajas de melón entre las bolas de helado.

Higos asados con salsa de fresas silvestres

Fichi al forno con salsa di fragoline di bosco

Preparación: 15 min
Cocción: 6-8 min
Para 4 personas

- 8 higos
- 25 g de mantequilla en dados
- 25 g de azúcar
- 150 ml de ron
- 200 g de fresas silvestres limpias
- 200 ml de nata extragrasa

Precaliente el horno a 180 °C. Parta los higos por la mitad a lo ancho y póngalos sobre un trozo de papel vegetal. Cúbralos con la mantequilla, el azúcar y el ron. Envuélvalos bien con el papel, repliegue los bordes y áselos en la bandeja de horno de 6 a 8 minutos. Reserve un puñado de fresas para adornar el plato y triture las restantes en el robot de cocina o la batidora. Añada la nata y ponga el robot de nuevo en marcha para incorporarla. Saque el envoltorio del horno, reparta los higos en boles individuales, cúbralos con el puré de fresas con nata, adórnelo con las fresas reservadas y sírvalo.

Higos con especias

Fichi alle spezie

Preparación: 2 h
(reposo incluido)
Cocción: 20 min
Para 6 personas

- 1 cucharadita de canela molida
- 1 cucharadita de cilantro molido
- 1 cucharadita de jengibre molido
- 2 clavos
- 100 g de azúcar
- la piel de 1 naranja cortada fina y en tiras
- 12 higos maduros

Ponga las especias y el azúcar en una cazuela y mézclelo bien. Vierta 500 ml de agua y llévelo a ebullición removiendo hasta que el azúcar se disuelva. Hiérvalo, sin remover, 10 minutos. Eche los higos en la cazuela y cuézalos 3 o 4 minutos procurando que no llegue a hervir. Aparte la cazuela del fuego y deje enfriar los higos en el almíbar. Cuando se hayan enfriado, escúrralos, reservando el almíbar, y páselos a un cuenco de cristal. Caliente de nuevo el almíbar a fuego medio y deje que se reduzca a la mitad. Retire y deseche los clavos y cubra los higos con el almíbar. Déjelos enfriar antes de servirlos.

Nota: El cilantro pertenece a la misma familia que el anís y el comino. En cocina se utilizan tanto las hojas como las semillas molidas de esta planta, de sabor acre.

Flores de saúco fritas

Frittelle di fiori di sambuco

Preparación: 20 min
Cocción: 10-15 min
Para 4 personas

- 130 g de harina
- 3 huevos, con las yemas y las claras separadas
- 1 cucharada de leche
- 25 g de mantequilla fundida
- 3 cucharadas de vino blanco
- 1 cucharada de miel fluida
- aceite de oliva, para freír
- 12-16 cabezuelas de flores de saúco
- azúcar, para espolvorear
- canela molida, para espolvorear

Tamice la harina en un bol, eche las yemas y la leche y bátalo bien. Incorpore la mantequilla, el vino y la miel. Monte las claras en un bol aparte e incorpórelas a la masa. Caliente aceite en una freidora a 180 o 190 °C, o hasta que un dado de pan se dore en 30 segundos.

Sujetando las cabezuelas de flores por el tallo, sumérjalas por tandas en la masa, escúrralas un poco y échelas en el aceite caliente. Fríalas unos minutos, hasta que se doren, retírelas y déjelas escurrir sobre papel absorbente. Páselas a una fuente, espolvoréelas con un poco de azúcar y de canela, y sírvalas enseguida.

Sabayón al azahar

Zabaglione di fiori d'arancio

Preparación: 1 h 15 min
(reposo incluido)
Cocción: 6-8 min
Para 4 personas

200 ml de vino blanco dulce
el zumo de ½ limón colado
12 flores de azahar
3 yemas de huevo
130 g de azúcar

Mezcle el vino y el zumo en un bol, añada las flores de azahar y déjelo 1 hora en infusión. Cuele el líquido en otro bol y resérvelo.

En un bol refractario, bata las yemas con el azúcar hasta que espumen y añada el líquido reservado. Sin dejar de batir, caliente la crema al baño María de 6 a 8 minutos, hasta que se espese. Vierta el sabayón en platos individuales y sírvalo enseguida.

Corazón de queso

Cuori di formaggio

Preparación: 8 h 15 min
(refrigeración incluida)
Para 4 personas

200 g de mascarpone
200 g de ricota desmenuzada
100 g de queso robiola desmenuzado
100 ml de nata extragrasa
500 g de fresas limpias
azúcar glas, para espolvorear

Ponga el mascarpone en un cuenco, remuévalo bien con una cuchara de madera y, después, añada la ricota, la robiola y la nata. Remuévalo bien hasta que adquiera una consistencia ligera y esponjosa. Forre un molde en forma de corazón con un buen trozo de muselina, eche la masa y refrigere la tarta 8 horas como mínimo, hasta que cuaje. Refrigere también las fresas.

Para servir, desmolde la tarta en una fuente, adórnela con las fresas y espolvoréela con azúcar glas.

Ensalada de fresas a la menta

Insalata di fragole alla menta

Preparación: 5 h
(reposo incluido)
Para 4-6 personas

500 ml de asti spumante u otro vino blanco espumoso
20 hojas de menta
2 cucharadas de vinagre de vino blanco
1 kg de fresas
150 g de azúcar

Vierta el vino en un cuenco, eche 12 hojas de menta y déjelo 3 o 4 horas en infusión en un lugar fresco. Ponga el vinagre en un cuenco lleno de agua fría, añada las fresas con los pedúnculos y enjuáguelas bien. Déjelas escurrir sobre papel absorbente, límpielas y parta las más grandes por la mitad. Pase las fresas a una ensaladera, eche el azúcar y mézclelo un poco. Retire las hojas de menta del vino y deséchelas.

Riegue las fresas con el vino, tápelas y déjelas reposar en un lugar fresco 1 hora. Antes de servir, pique bien la menta restante y espárzala sobre la ensalada de fresas.

Fresas a la crema rosa

Fragole alla crema rosa

Preparación: 3 h
(refrigeración incluida)
Para 6 personas

1 kg de fresas limpias
250 ml de nata extragrasa
150 g de azúcar glas

Triture la mitad de las fresas en la batidora. Pase el puré a un bol e incorpore la nata y el azúcar. Ponga las fresas restantes en una fuente o boles individuales y cúbralas con la crema rosa. Refrigérelo 2 o 3 horas antes de servirlo.

Delicia de fresa

Dolce di fragola

Preparación: 30 min
Cocción: 40 min
Para 6 personas

200 g de jalea de frambuesa
400 g de fresas limpias
50 g de azúcar
la ralladura de 1 limón

Para la base de bizcocho

mantequilla, para engrasar
80 g de harina tamizada, y un poco más para espolvorear
6 huevos, con las yemas y las claras separadas
150 g de azúcar
80 g de fécula de patata tamizada

En primer lugar, prepare la base de bizcocho. Precaliente el horno a 180 °C. Engrase un molde con mantequilla y espolvoréelo con un poco de harina. Bata las yemas con el azúcar hasta que tomen un color claro y una consistencia espumosa. Monte las claras a punto de nieve y mézclelas con suavidad con las yemas batidas. Incorpore gradualmente la harina y la fécula tamizadas. Eche la masa en el molde y alise la superficie. Hornee el bizcocho unos 40 minutos y, después, sáquelo del horno, déjelo enfriar y desmóldelo. Para preparar la cobertura, caliente la jalea en un cazo con 3 cucharadas de agua, removiendo, hasta que adquiera consistencia almibarada. Aparte el cazo del fuego. Ponga las fresas en un cuenco, añada el azúcar y la ralladura, y repártalas sobre el bizcocho. Riéguelas con el almíbar de frambuesa y deje que se enfríe antes de servirlo.

Fotografía p.338

Tarta de fresas

Crostata di fragole

Preparación: 1 h (reposo incluido)
Cocción: 20 min
Para 6 personas

mantequilla, para engrasar
250 g de masa de hojaldre preparada
harina, para espolvorear
200 g de jalea de fresa
250 ml de nata extragrasa
1 kg de fresas limpias

Precaliente el horno a 200 °C y engrase un molde con mantequilla. Extienda la masa de hojaldre sobre la encimera espolvoreada con un poco de harina y póngala en el molde de modo que sobresalga por los bordes. Pinche la base con un tenedor, cúbrala con papel vegetal, llene la mitad del molde con arroz o legumbres secas para que la masa no suba y hornéela 20 minutos. Saque el molde del horno, retire las legumbres y el papel y, en cuanto el hojaldre se enfríe, desmóldelo y páselo a una fuente. Reserve una cuarta parte de la jalea y distribuya la restante sobre el hojaldre. Monte la nata en un bol y extiéndala sobre la jalea. Disponga las fresas encima. Diluya la jalea reservada con un poco de agua templada en un bol, déjela enfriar y échela sobre las fresas.

Tarta de frutas del bosque

Crostata ai frutti di bosco

Preparación: 2 h
(reposo incluido)
Cocción: 1 h 10 min
Para 16 personas

Para la crema pastelera

- 500 ml de leche
- 100 g de azúcar
- 3 yemas de huevo
- la ralladura de 1 limón
- 80 g de maicena
- 2 cucharadas de ron

Para la masa

- 600 g de harina, y un poco más para espolvorear
- 300 g de mantequilla, y un poco más para engrasar
- 240 g de azúcar
- la ralladura de 2 limones
- 6 yemas de huevo

Para adornar

- 225 g de moras
- 225 g de fresas silvestres
- 225 g de frambuesas
- 225 g de arándanos
- 225 g de grosellas rojas, o una mezcla de grosellas rojas y blancas a partes iguales
- azúcar glas (opcional)

Para preparar la crema pastelera, ponga la leche en una cazuela e incorpore el azúcar, las yemas, la ralladura de limón y la maicena. Cuézalo a fuego medio sin dejar de remover con una espátula de madera. En cuanto rompa el hervor, bata bien la crema, deje que hierva unos segundos, pásela a un bol y añada el ron. Siga removiendo hasta que se enfríe por completo.

Precaliente el horno a 160 °C. Para preparar la masa, tamice la harina en un cuenco e incorpore la mantequilla con los dedos hasta que adquiera una consistencia similar a la del pan rallado. Incorpore el azúcar, la ralladura y las yemas, y trabaje la masa hasta que esté suave. También puede amasar todos los ingredientes en el robot de cocina.

Separe una cuarta parte de la masa, envuélvala en film transparente y resérvela. Engrase con mantequilla un molde para tarta de 40 cm de diámetro. Extienda la masa restante sobre la encimera espolvoreada con un poco de harina y póngala en el molde. Pinche la base, cúbrala con papel vegetal y disponga legumbres secas encima para que no suba. Hornee la tarta 30 minutos y, 10 minutos antes de finalizar el tiempo de cocción, retire el papel y las legumbres. Saque la tarta del horno y déjela enfriar.

En cuanto se enfríe, precaliente el horno a 160 °C. Reparta la crema pastelera sobre la base de la tarta. Extienda la masa reservada, córtela en tiras y póngalas sobre la crema de forma decorativa. Hornee de nuevo la tarta 30 minutos, hasta que las tiras de masa se doren. Sáquela del horno, deje que se enfríe y adórnela con las frutas dispuestas en filas entre las tiras de masa.

Fotografía p.339

Delicia de fresa (p.336)

Tarta de frutas del bosque (p.337)

Macedonia

Macedonia

Preparación: 3-4 h
(remojo incluido)
Para 6 personas

1 kg de fruta fresca variada
el zumo de 1 limón colado
50 ml de marrasquino
50 g de almendra laminada
150 g de azúcar
helado de vainilla o de limón, para acompañar

Intente que haya la misma cantidad de cada variedad de fruta. Para prepararla, pélela y descorazónela si es necesario y córtela en dados. Póngala en una ensaladera, rocíela con el zumo de limón y el marrasquino, añada la almendra y el azúcar, y remuévalo bien. Reserve la macedonia unas horas en un lugar frío para que los sabores se entremezclen. Sírvala acompañada de helado.

Ensalada de fruta con salsa de fresas silvestres

Misto di frutta in salsa di fragoline

Preparación: 40 min
(refrigeración incluida)
Para 4 personas

500 g de fresas silvestres limpias
el zumo de 1 limón colado
3 cucharadas de azúcar
1 melón pequeño
6 albaricoques pelados, deshuesados y en gajos
2 melocotones pelados, deshuesados y en gajos
150 g de moras
200 g de fresas
2 kiwis pelados y troceados

Triture las fresas, el zumo de limón y el azúcar en la batidora. Parta el melón por la mitad, retire y deseche las pepitas y extraiga la pulpa en forma de bolitas con un vaciador. Ponga toda la fruta en una ensaladera, eche la salsa de fresa por encima y refrigérelo 20 minutos antes de servirlo.

Corona de frutos rojos en gelatina

Corona di frutti rossi in gelatina

Preparación: 12 h
(reposo incluido)
Cocción: 10-15 min
Para 8 personas

250 g de azúcar
1 kg de frutos rojos variados limpios, como fresas, frambuesas, cerezas y grosellas rojas
7 hojas de gelatina
el zumo de 1 limón colado
2 cucharadas de kirsch
hojas de menta, para adornar

Ponga el azúcar en una cazuela, eche 100 ml de agua y llévelo a ebullición sin dejar de remover hasta que el azúcar se disuelva. Añada las cerezas, baje el fuego y cuézalo 10 minutos. Aparte la cazuela del fuego, cuele el almíbar en un bol y deje que se enfríe. Deje la gelatina en remojo con agua fría 5 minutos, o hasta que se ablande. Escúrrala, estrújela para eliminar el agua, añádala al almíbar de cereza, mézclela bien para que se disuelva y deje que se enfríe por completo.

Ponga los frutos rojos, incluidas las cerezas, en un cuenco. Cúbralos con el almíbar frío, añada el zumo de limón y el kirsch, y mézclelo con suavidad. Humedezca un molde de corona con agua bien fría y llénelo con la fruta almibarada. Tápelo con film transparente y refrigérelo durante toda la noche.

Para servir, destape el molde, pase una hoja de cuchillo humedecida por el borde, sumerja unos segundos la base en agua templada y desmolde la corona en una fuente. Adórnela con hojas de menta y sírvala.

Pudin de fruta en gelatina

Budino di frutta in gelatina

Preparación: 12 h (refrigeración incluida)
Cocción: 25 min
Para 6 personas

- el zumo de 1 kg de naranjas colado
- el zumo de 2 limones colado
- 175 g de azúcar
- 1 cucharada de gelatina en polvo
- 500 g de fresas
- 1 melón pequeño

Vierta el zumo de los cítricos en una cazuela, añada el azúcar y disuélvalo a fuego lento sin dejar de remover. Espolvoree la gelatina por encima y remuévala hasta que se disuelva. En cuanto el líquido rompa el hervor, apártelo del fuego y cuélelo sobre una cazuela limpia. Triture las fresas en el robot de cocina o la batidora e incorpore el puré al almíbar. Caliéntelo a fuego lento, aparte la cazuela del fuego y deje que se enfríe. Vierta el almíbar en un molde de corona y refrigérelo toda la noche.

Parta el melón por la mitad, retire y deseche las pepitas y extraiga la pulpa en forma de bolitas con un vaciador. Sumerja la base del molde unos segundos en agua caliente y desmolde el pudin en una fuente. Rellene el centro de la corona con las bolitas de melón y sírvalo.

Arroz con fruta

Riso alla frutta

Preparación: 1 h 45 min (reposo y refrigeración incluidos)
Cocción: 20 min
Para 4 personas

- 200 g de arroz largo
- 1 tira de piel de limón
- 250 g de fresas limpias
- 6 albaricoques pelados, deshuesados y troceados
- 4 kiwis pelados y en dados
- 1 melón pelado, despepitado y en dados
- 250 g de grosellas rojas
- el zumo de 1 limón colado
- 100 g de azúcar
- 50 g de pistachos tostados
- sal

Cueza el arroz con la piel de limón en agua con sal 15 minutos, o hasta que esté hecho. Escúrralo, deje que se enfríe y páselo a una ensaladera. Añada las fresas, el albaricoque, el kiwi, el melón y la mitad de las grosellas y mézclelo con suavidad.

Ponga el zumo de limón y 100 ml de agua en un cazo, eche el azúcar y caliéntelo a fuego lento sin dejar de remover hasta que se disuelva. Aparte el cazo del fuego, deje que se enfríe el almíbar y échelo sobre el arroz.

Remuévalo, adórnelo con las grosellas restantes y los pistachos, y refrigérelo 30 minutos antes de servirlo.

Frambuesas a la crema en barquillos

Lamponi alla crema in cialda

Preparación: 40 min
(reposo incluido)
Cocción: 5-6 min
Para 4 personas

150 ml de nata extragrasa
75 g de yogur cremoso
1 cucharada de kirsch
200 g de frambuesas
1 cucharada de azúcar glas tamizado

Para los barquillos

25 g de mantequilla ablandada
40 g de azúcar glas tamizado, y un poco más para espolvorear
2 cucharadas de miel fluida
40 g de harina tamizada
1 pizca de canela molida
1 pizca de nuez moscada recién rallada
1 pizca de clavo molido
1 clara de huevo

Precaliente el horno a 200 °C y forre la bandeja del horno con papel vegetal. Para preparar los barquillos, bata la mantequilla con el azúcar e incorpore gradualmente la miel junto con la harina y las especias.

En un bol aparte, monte la clara a punto de nieve e incorpórela a la masa de los barquillos. Dispóngala en la bandeja en forma de 4 círculos bien espaciados entre sí.

Hornee los barquillos 5 o 6 minutos, hasta que se doren. Saque la bandeja del horno, retire los barquillos de uno en uno con una espátula y déjelos caer sobre un bol pequeño puesto del revés para que adopten forma redondeada a medida que se enfríen. Espolvoréelos con azúcar glas. Para preparar la crema, monte la nata e incorpore con suavidad el yogur y el kirsch.

Cuando los barquillos se hayan enfriado y estén duros, sepárelos de los boles y póngalos boca arriba en platos individuales. Reparta la crema entre los cuatro barquillos, cúbrala con las frambuesas, espolvoréelo con el azúcar glas y sírvalo enseguida.

Áspic de fruta fresca

Frutta fresca in gelatina

Preparación: 12 h (reposo y refrigeración incluidos)
Cocción: 20 min
Para 6 personas

- 3 hojas de gelatina
- 1 botella de vino blanco dulce
- 100 g de azúcar
- 2 kiwis pelados y troceados
- 2 mandarinas peladas y troceadas
- 12 frambuesas
- 1 manzana pelada, descorazonada y troceada
- 1 plátano pelado y troceado
- 1 pera pelada y troceada
- 2 hojas de menta troceadas

Deje la gelatina en remojo en agua fría unos 5 minutos, hasta que se ablande. Vierta el vino en una cazuela y caliéntelo a fuego lento. Escurra y estruje la gelatina para eliminar toda el agua, póngala en la cazuela, añada el azúcar y remueva hasta que ambos ingredientes se disuelvan. Aparte la cazuela del fuego y deje que la mezcla se entibie.

Disponga toda la fruta en una ensaladera, en alternancia, de manera que los distintos colores creen un efecto atractivo. Vierta la preparación anterior por encima, con delicadeza para que no se desordenen los trozos de fruta, y déjelo en el frigorífico toda la noche.

Justo antes de servirlo, adorne el áspic con la menta.

Bavarois de frutas del bosque

Bavarese ai frutti di bosco

Preparación: 6 h 30 min (refrigeración incluida)
Cocción: 3 min
Para 8 personas

- 20 g de gelatina en hojas
- 200 g de fresas silvestres
- 400 g de moras
- 50 ml de vino blanco
- 500 g de fresas
- 2 cucharadas de zumo de limón recién exprimido colado
- 175 g de azúcar glas
- 500 ml de nata extragrasa, y un poco más para adornar (opcional)

Para la decoración

- 1 ramita de melisa
- 1 puñado de fresas
- 1 puñado de fresas silvestres
- 1 puñado de moras

Deje la gelatina en remojo en agua fría unos 5 minutos, hasta que se ablande. Enjuague las fresas silvestres y las moras con el vino y séquelas. Triture las dos variedades de fresas en la batidora y pase el puré a un cuenco.

Triture las moras en la batidora y pase el puré por un colador de nailon de malla fina sobre el mismo cuenco. Incorpore el zumo de limón y el azúcar. Escurra y estruje la gelatina para eliminar toda el agua, disuélvala al baño María e incorpórela al puré de fruta con suavidad.

Monte la nata en un cuenco e incorpórela al puré. Échelo en un molde, tápelo con film transparente y refrigérelo de 6 a 8 horas o, si es posible, toda la noche, hasta que cuaje.

Para servir, sumerja la base del molde en agua caliente unos segundos y desmolde la crema en una fuente. Adórnela con las hojas de melisa y la fruta y, si lo desea, un poco de nata montada.

Nota: La crema bávara, o *bavarois*, es un postre sencillo que se prepara con fruta de temporada, nata montada y gelatina. Presenta una consistencia similar a la de las natillas y la frescura propia de un postre de verano.

Gratén de frutas del bosque con sabayón

Gratin di frutti di bosco all zabaione

Preparación: 20 min
Cocción: 30 min
Para 4 personas

500 g de frutas del bosque, como fresas silvestres, moras, frambuesas y arándanos
3 yemas de huevo
65 g de azúcar
2 cucharadas de Grand Marnier
la ralladura fina de ½ limón

Parta las frutas más grandes por la mitad y póngalas todas en una fuente refractaria o en 4 recipientes individuales refractarios. Precaliente el gratinador. Bata las yemas con el azúcar y el Grand Marnier en un bol refractario y cueza la crema al baño María, sin dejar de batir, de 8 a 10 minutos, hasta que se espese pero sin que rompa el hervor. Aparte el bol del fuego, incorpore la ralladura de limón y vierta el sabayón sobre la fruta. Ponga la fuente bajo el gratinador y gratínela hasta que se dore. Sirva el gratén caliente o frío.

Fotografía p.350

Bolitas de melón con yogur a la menta

Palline di melone allo yogurt profumato alla menta

Preparación: 3 h 15 min (reposo y refrigeración incluidos)
Para 6-8 personas

450 ml de yogur griego
4 cucharaditas de miel fluida
2 ramitas de menta picadas
2 melones

Mezcle el yogur con la miel y la menta en un bol y refrigérelo 2 o 3 horas. Parta los melones por la mitad, retire y deseche las pepitas y saque bolas de pulpa con un vaciador. Ponga las bolas de melón en una fuente de cristal grande o repártalas en boles individuales y vierta la salsa de yogur por encima. Refrigérelo 10 minutos antes de servirlo.

Fotografía p.351

Pudin de lima

Budino al lime

Preparación: 30 min
Cocción: 1 h 10 min
Para 4-6 personas

5 huevos
200 g de azúcar
100 ml de zumo de lima
la piel de 1 lima cortada fina y desmenuzada, para adornar

Para el caramelo

100 g de azúcar

Para preparar el caramelo, ponga el azúcar en un cazo y disuélvalo en 75 ml de agua. Cuézalo a fuego lento, sin remover, hasta que tome color. Viértalo en un molde con cuidado, inclinándolo hacia todos los lados para que el caramelo se vaya adhiriendo a las paredes al tiempo que se enfría.

Bata los huevos con el azúcar en un bol hasta que adquieran una consistencia ligera y espumosa e incorpore el zumo de lima. Échelo en el molde cubierto de caramelo y tápelo con papel vegetal. Cuézalo 1 hora al baño María.

Aparte el molde del fuego y deje que se enfríe. Para servir, desmolde el pudin en una fuente y adórnelo con la piel de lima.

Tarta de flor de almendro

Torta ai fiori di mandorlo

Preparación: 15 min
Cocción: 30 min
Para 6 personas

mantequilla, para engrasar
350 g de harina de fuerza, y un poco más para espolvorear
1 cucharadita de levadura en polvo
160 g de azúcar
50 g de almendras escaldadas picadas
2 cucharadas de flores de almendro
4 huevos un poco batidos
4-5 cucharadas de mermelada de fresa
150 g de fresas por la mitad

Precaliente el horno a 200 °C y engrase la bandeja del horno con mantequilla. Tamice la harina y la levadura en un bol e incorpore el azúcar, la almendra y las flores. Añada los huevos y mézclelo bien. Vuelque la masa sobre la encimera espolvoreada con un poco de harina y extiéndala en forma de lámina. Pásela con cuidado a la bandeja y hornéela unos 30 minutos.

Deje enfriar el bizcocho en la bandeja y, después, póngalo en una fuente y úntelo con la mermelada de fresa. Adorne la tarta con las fresas partidas por la mitad.

Gratén de frutas del bosque con sabayón (p.348)

Bolitas de melón con yogur a la menta (p.348)

Tarta de manzana

Torta di mele

Preparación: 1 h
(reposo incluido)
Cocción: 30-40 min
Para 6-8 personas

- 80 g de mantequilla ablandada, y un poco más para engrasar
- 300 g de harina de fuerza, y un poco más para espolvorear
- 3 huevos
- 150 g de azúcar
- 1 cucharadita de levadura en polvo
- 3 manzanas peladas, sin corazón y en trozos iguales
- nata montada, para acompañar

Precaliente el horno a 180 °C. Unte con mantequilla un molde de 23 cm de diámetro, espolvoréelo con harina y sacúdalo boca abajo para que caiga el exceso. Bata los huevos con el azúcar e incorpore la mantequilla hasta obtener una crema homogénea. Tamice la harina y la levadura sobre la crema e incorpórelas. Incorpore también la manzana.

Eche la masa en el molde, alise la superficie y hornee la tarta de 30 a 40 minutos, hasta que al pinchar la parte central con una brocheta esta salga limpia. Saque la tarta del horno, deje que se enfríe, desmóldela y sírvala con nata montada. Si lo prefiere, sírvala caliente.

Mostillo de sandía

Gelo di melone

Preparación: 5 h 15 min
(reposo y refrigeración incluidos)
Cocción: 10 min
Para 6 personas

- 80 g de arruruz
- 120 g de azúcar
- 1 litro de zumo de sandía
- 100 g de *zuccata* (calabaza confitada) en dados
- 50 g de chocolate negro
- flores de jazmín, para adornar

Mezcle el arruruz y el azúcar en una cazuela e incorpore el zumo de sandía poco a poco. Llévelo a ebullición a fuego lento sin dejar de remover. Hiérvalo unos minutos hasta que se espese, incorpore la *zuccata* y aparte la cazuela del fuego. Repártalo entre 6 boles pequeños y deje que se enfríe.

Mientras tanto, corte el chocolate en trozos muy pequeños como si fueran pepitas de sandía. Ponga 5 o 6 trozos en cada bol y refrigérelo de 4 a 6 horas. Para servir, sumerja unos segundos la base de los boles en agua caliente y desmóldelos en una fuente. Adórnelo con flores de jazmín.

Nota: Esta receta tradicional se sirve el 15 de agosto, con ocasión de la festividad de la Asunción, en Palermo y el oeste de Sicilia. El mejor mostillo es transparente, de color rubí con matices rosados, y se derrite en la boca.

Fotografía p.354

Melón sorpresa

Melone sorpresa

Preparación: 2 h 30 min
(refrigeración incluida)
Para 6 personas

- 1 melón grande por la mitad y despepitado
- 350 g de frambuesas
- 350 g de uvas blancas sin pepitas
- 3 melocotones pelados, deshuesados y en dados
- 4 cucharadas de azúcar
- 5 cucharadas de licor dulce, como marrasquino

Extraiga la pulpa del melón en forma de bolitas con un vaciador y póngalas en un cuenco. Reserve las cáscaras. Añada las frambuesas, las uvas y el melocotón, esparza el azúcar por encima y riéguelo con el licor. Reparta la macedonia entre las dos cáscaras de melón y refrigérelo como mínimo 2 horas antes de servirlo.

Fotografía p. 355

Melón con crema fría de coco

Melone con crema fredda al cocco

Preparación: 1 h
(reposo incluido)
Cocción: 45 min
Para 4 personas

- 300 g de coco rallado
- 100 g de azúcar moreno
- la ralladura y el zumo de 1 lima grande
- 40 g de fécula de patata
- 5 cucharadas de ron
- 2 melones *cantaloupe* u *ogen*
- 4 cucharadas de yogur
- sal

Ponga el coco, el azúcar, la ralladura de lima y una pizca de sal en una cazuela. Añada 1,5 litros de agua y cuézalo a fuego lento, removiendo de vez en cuando, unos 30 minutos. Apártelo del fuego y cuele el líquido sobre una cazuela limpia. Disuelva la fécula en 2 cucharadas de agua en un bol e incorpórela al jugo de coco. Caliéntelo a fuego lento, vierta el ron y deje que se evapore el alcohol.

Prosiga con la cocción, sin dejar de remover, 15 minutos o hasta que la crema se espese. Incorpore el zumo de lima, aparte la cazuela del fuego y deje que se enfríe. Parta los melones por la mitad y retire y deseche las pepitas. Con un vaciador, saque bolitas de pulpa procurando no romper las cáscaras. Incorpore el yogur y las bolitas a la crema de coco fría, repártalo entre las cáscaras de melón y sírvalo.

Mostillo de sandía (p.352)

Melón sorpresa (p.353)

Nidos de melón

Coppette di meloni

Preparación: 50 min
(reposo incluido)
Para 4 personas

4 melones *cantaloupe* o *charentais* pequeños
1 melón de pulpa blanca pequeño pelado, despepitado y en dados
2 rajas grandes de sandía peladas, despepitadas y en dados
80 g de azúcar
120 ml de oporto
hojas de menta, para adornar

Corte la parte superior de los melones *cantaloupe* o charentais, vacíe la pulpa procurando no romper las cáscaras y refrigere estas últimas. Corte la pulpa en dados y póngala en una ensaladera. Añada el melón de pulpa blanca, la sandía, el azúcar y el oporto, remuévalo bien y refrigérelo 30 minutos. Para servir, reparta la ensalada de melón entre las cáscaras y adórnelo con hojas de menta.

Melón con moras

Melone alle more

Preparación: 20 min
Para 4 personas

1 melón
500 g de moras
¾ de cucharada de oporto
azúcar glas, para espolvorear

Corte la parte superior del melón y retire las pepitas con una cuchara. Extraiga la pulpa en forma de bolitas con un vaciador y póngalas en un cuenco. Añada las moras y el oporto, espolvoréelo con azúcar glas y mézclelo con suavidad. Tápelo con film transparente y refrigérelo hasta que vaya a servirlo. Para servir, espolvoree 4 platos de cristal con azúcar glas y reparta la ensalada de melón con moras entre ellos.

Tarta de moras

Crostata di more

Preparación: 1 h 40 min (refrigeración incluida)
Cocción: 25-40 min
Para 6 personas

- mantequilla, para engrasar
- harina, para espolvorear
- 1 kg de moras
- 200 g de mermelada de frambuesa

Para la masa quebrada

- 200 g de harina, y un poco más para espolvorear
- 100 g de azúcar
- 100 g de mantequilla ablandada y troceada
- 2 yemas de huevo
- 2 cucharaditas de ralladura de limón
- sal

Para la crema pastelera

- 4 yemas de huevo
- 100 g de azúcar
- 25 g de harina
- 500 ml de leche
- unas gotas de esencia de vainilla o 1 cucharadita de ralladura de limón

En primer lugar, prepare la masa quebrada: tamice la harina y el azúcar en la encimera, haga un hueco en el centro y eche la mantequilla, las yemas, la ralladura y una pizca de sal. Mézclelo bien y trabaje un poco la masa. Envuélvala en film transparente y refrigérela 1 hora.

Mientras tanto, prepare la crema pastelera. Bata las yemas con el azúcar en una cazuela hasta que tomen un color claro y una consistencia espumosa. Incorpore la harina poco a poco hasta que quede bien mezclada. En otra cazuela, caliente la leche y, en cuanto rompa el hervor, eche la vainilla o la ralladura de limón y apártelo del fuego. Vierta la leche caliente poco a poco en la crema y cuézala a fuego lento, sin dejar de remover, 3 o 4 minutos hasta que se espese. Pásela a un bol y deje que se enfríe, removiéndola de vez en cuando para que no se forme una capa en la superficie.

Para preparar la tarta, precaliente el horno a 180 °C y engrase un molde con mantequilla. Extienda la masa en forma de círculo sobre la encimera espolvoreada con un poco de harina, póngala en el molde y pínchela con un tenedor. Cuando la crema pastelera se haya enfriado por completo, repártala sobre la masa y hornee la tarta de 35 a 40 minutos.

Mientras tanto, reserve de 350 a 450 g de las moras para adornar la tarta y triture las demás en el robot de cocina. Pase el puré a un bol, incorpore la mermelada de frambuesa y, si fuera necesario, dilúyalo con un poco de agua (aunque debe quedar espeso).

Saque la tarta del horno y deje que se enfríe. Reparta el puré de moras por la superficie y adorne la tarta con las moras reservadas.

Crema de arándanos

Crema ai mirtilli

Preparación: 1 h
(reposo incluido)
Cocción: 25 min
Para 4 personas

500 ml de leche
1 cucharadita de azúcar avainillado
4 yemas de huevo
120 g de azúcar

Para los arándanos

1 cucharada de azúcar
200 g de arándanos

Para preparar la crema, ponga la leche en una cazuela, incorpore el azúcar avainillado, caliéntelo y, en cuanto rompa el hervor, apártelo del fuego. Bata las yemas con el azúcar en un bol. Incorpore poco a poco la leche caliente sin dejar de batir. Devuelva la crema a la cazuela, baje el fuego al mínimo y cuézala, sin dejar de remover, hasta que se espese pero sin que llegue a hervir. Retire la cazuela del fuego y deje que se enfríe.

Para preparar los arándanos, ponga 2 cucharadas de agua en un cazo y eche el azúcar. Caliéntelo a fuego lento sin dejar de remover hasta que el azúcar se disuelva, eche los arándanos, suba un poco el fuego y cuézalos 15 minutos. Aparte el cazo del fuego y deje que se enfríe. Pase la crema a boles individuales, cúbrala con los arándanos y sírvalo.

Pudin de arroz y arándanos

Riso dolce ai mirtilli

Preparación: 1 h 15 min
(reposo incluido)
Cocción: 20 min
Para 4 personas

500 ml de leche
250 g de Vialone Nano u otra variedad de arroz para *risotto*
200 g de arándanos
4 cucharadas de azúcar
1 pizca de canela molida
½ cucharadita de extracto de vainilla
la ralladura fina de 1 limón
250 ml de nata extragrasa

Ponga la leche en una cazuela y, en cuanto rompa el hervor, eche el arroz. Cuézalo, removiendo de vez en cuando, 20 minutos, hasta que absorba todo el líquido. Si queda demasiado espeso, añada un chorrito de agua caliente y prolongue la cocción unos minutos. Pase el arroz a un cuenco, incorpore los arándanos y remueva hasta que el arroz quede teñido. Incorpore el azúcar por tandas y, después, la canela, la vainilla, la ralladura de limón y la mitad de la nata. Pase el pudin a un molde o a boles individuales y deje que se enfríe.

Monte la nata restante. Desmolde el pudin en una fuente, si utiliza un molde, y sírvalo con la nata montada aparte.

Melocotones rellenos

Pesche ripiene

Preparación: 15 min
Cocción: 1 h
Para 4 personas

- 25 g de mantequilla, y un poco más para engrasar
- 5 melocotones
- 50 g de azúcar
- 4 galletas *amaretti* desmenuzadas
- 2 yemas de huevo
- 25 g de cacao en polvo

Precaliente el horno a 160 °C y engrase una fuente refractaria con mantequilla. Pele, parta por la mitad, deshuese y pique uno de los melocotones y póngalo en un bol. Parta por la mitad y deshuese los otros melocotones, retire parte de la pulpa con una cuchara y póngala en el bol. Incorpore el azúcar, la galleta, las yemas y el cacao. Rellene las mitades de melocotón y reparta un poco de mantequilla por encima. Hornee los melocotones rellenos en la fuente 1 hora. Sírvalos calientes.

Fotografía p.360

Áspic de melocotón

Aspic di pesche

Preparación: 2 h 20 min (refrigeración incluida)
Cocción: 5 min
Para 4 personas

- 3 hojas de gelatina
- 3 melocotones maduros deshuesados y en gajos
- 120 ml de amaretto u otro tipo de licor
- 200 g de azúcar
- 150 g de fruta confitada picada (opcional)

Deje la gelatina 10 minutos en remojo con agua fría. Mientras tanto, ponga el melocotón en un bol, rocíelo con el licor y refrigérelo. Vierta 500 ml de agua en un cazo, eche el azúcar y llévelo a ebullición sin dejar de remover hasta que se disuelva. Estruje las hojas de gelatina y póngalas en el cazo junto con el agua de remojo. Llévelo a ebullición sin dejar de remover para que se disuelva la gelatina y aparte el cazo del fuego. Si lo desea, incorpore 120 g de la fruta confitada y déjelo reposar 5 minutos. Pase una tercera parte de la gelatina a un bol de cristal y refrigérela 30 minutos para que empiece a cuajar.

Saque el bol del frigorífico, disponga una capa de gajos de melocotón sobre la gelatina, cúbralas con la mitad de la gelatina reservada y refrigérelo 30 minutos. Repita la operación hasta terminar los ingredientes y devuelva el áspic 1 hora más al frigorífico, hasta que cuaje por completo. Para servir, desmóldelo en una fuente y, si lo desea, adórnelo con la fruta confitada restante.

Fotografía p.361

Melocotones rellenos (p.359)

Áspic de melocotón (p.359)

Melocotones con fresas

Pesche con le fragole

Preparación:
3-4 h (reposo incluido)
Para 4 personas

- 6 melocotones
- 2 cucharadas de azúcar
- 300 g de fresas limpias
- 3 cucharadas de mermelada de fresa
- 2-3 cucharadas de vino blanco dulce

Ponga los melocotones en un bol, escáldelos con agua caliente, déjelos reposar unos minutos y escúrralos. Pélelos, pártalos por la mitad y deshuéselos. Disponga las mitades de melocotón en una fuente boca arriba, espolvoréelas con el azúcar y rellénelas con las fresas. Mezcle la mermelada y el vino en un bol, y viértalo sobre las fresas. Déjelo reposar en un lugar frío unas horas antes de servirlo.

Peras rellenas de ciruela

Fagottini di pere e prugne

Preparación: 1 h 30 min
(remojo y reposo incluidos)
Cocción: 45 min
Para 6 personas

- 24 ciruelas
- 250 ml de té recién hecho frío
- 200 g de harina, y un poco más para espolvorear
- 2 cucharadas de aceite de oliva
- 100 g de mantequilla ablandada
- 3 cucharadas de azúcar
- 2 cucharadas de brandy
- 6 peras
- 1 yema de huevo batida con 1 cucharadita de agua
- sal

Ponga las ciruelas en un bol, cúbralas con el té y déjelas 1 hora en remojo. Mientras tanto, tamice la harina y una pizca de sal en la encimera y haga un hueco en el centro. Eche el aceite e incorpore la harina poco a poco. Trabaje un poco la masa, incorporando la mantequilla. Agregue agua hasta obtener una masa suave y elástica, dele forma de bola, tápela y resérvela 30 minutos en un lugar frío.

Precaliente el horno a 150 °C. Escurra las ciruelas y deshuéselas. Tritúrelas en el robot de cocina o la batidora, añada el azúcar y el brandy y póngalo de nuevo en marcha hasta obtener un puré homogéneo. Pele y descorazone las peras de manera que queden enteras y con los pedúnculos intactos. Rellénelas con el puré de ciruela.

Forre la bandeja del horno con papel vegetal, extienda la masa sobre la encimera espolvoreada con un poco de harina y córtela en 6 cuadrados. Envuelva cada pera en una porción de masa de forma que solo sobresalga el pedúnculo. Selle bien los bordes y píntelos con el glaseado de yema de huevo. Ponga las peras en la bandeja y hornéelas 45 minutos, hasta que se doren. Sáquelas y déjelas enfriar antes de servirlas.

Melocotones con sabayón de verano

Pesche allo zabaione estivo

Preparación: 20 min
Cocción: 25 min
Para 6 personas

- 240 g de azúcar
- 9 melocotones blancos semimaduros pelados, por la mitad y deshuesados
- 8 yemas de huevo
- 120 ml de vino blanco seco
- 1 cucharada de kirsch
- 200 g de fresas silvestres limpias
- azúcar glas, para espolvorear

Ponga 200 ml de agua en una cazuela, incorpore 150 g de azúcar, añada los melocotones y cuézalos 15 minutos a fuego lento, hasta que estén tiernos. Retire las mitades de melocotón con una espumadera y deje que se enfríen.

Para preparar el sabayón, bata las yemas con el azúcar restante en un bol refractario hasta que adquieran un color claro. Añada el vino y cueza la crema al baño María sin dejar de batir de 6 a 8 minutos, hasta que espume y se espese lo suficiente para cubrir el dorso de la cuchara, pero sin que llegue a hervir. Aparte el sabayón del fuego y añádale el kirsch.

Vierta unas cucharadas del sabayón en 6 boles individuales, ponga las mitades de melocotón encima y cúbralos con el resto. Reparta las fresas, espolvoréelo con azúcar glas y resérvelo en un lugar frío hasta que vaya a servirlo.

Nectarinas asadas

Pesche noce alla griglia

Preparación: 30 min
Cocción: 30 min
Para 4 personas

- 4 nectarinas grandes por la mitad y deshuesadas
- ½ vaina de vainilla
- ½ rama de canela
- 25 g de azúcar
- 3 cucharadas de amaretto
- 2 kiwis pelados y en rodajas

Precaliente el horno y el gratinador a 190 °C. Forre la bandeja del horno con papel vegetal. Ponga las nectarinas boca abajo en la bandeja y gratínelas de 10 a 15 minutos, hasta que empiecen a dorarse.

Mientras tanto, raspe la vaina de vainilla y maje bien la pulpa y las semillas en el mortero junto con la canela y el azúcar. Coloque las nectarinas boca arriba en una fuente refractaria, reparta las especias majadas y rocíelas con el amaretto. Hornéelas de 10 a 15 minutos. Sírvalas calientes o frías adornadas con las rodajas de kiwi.

Ciruelas con helado y nata montada

Prugne con gelato alla panna

Preparación: 15 min
Cocción: 2-3 min
Para 4 personas

500 g de ciruelas
75 g de azúcar
2 cucharadas de azúcar avainillado
250 ml de nata extragrasa
1 cucharadita de azúcar glas
helado de plátano o de sabayón, para servir
4 cerezas, para adornar (opcional)

Escalde las ciruelas en agua hirviendo 2 o 3 minutos. Escúrralas, pélelas, pártalas por la mitad y deshuéselas. Póngalas en una fuente, espolvoréelas con los dos tipos de azúcar, mézclelo y déjelo reposar. Mientras tanto, monte un poco la nata en un bol, añada el azúcar glas y termine de montarla. Introdúzcala en una manga pastelera provista de boquilla en forma de estrella. Disponga unas cucharadas de helado en 4 boles de cristal y cúbralo con las ciruelas. Adórnelo con la nata montada y, si lo desea, las cerezas.

Ciruelas con almendra

Prugne alle mandorle

Preparación: 10 min
Cocción: 15 min
Para 4 personas

8 ciruelas por la mitad y deshuesadas
50 g de azúcar
100 g de almendras escaldadas bien picadas

Vierta unos 500 ml de agua en una vaporera y llévela a ebullición. Espolvoree las ciruelas con el azúcar, póngalas en la cesta de la vaporera y cuézalas 10 minutos. Apártelo del fuego, pase las ciruelas a una fuente y reparta la almendra por encima. Déjelo enfriar antes de servirlo.

Ciruelas al vino

Prugne al vino

Preparación: 20 min
Cocción: 20 min
Para 6 personas

750 ml de vino rosado dulce
1 rama de canela
120 g de azúcar
la piel de ½ limón cortada fina y bien picada
1 kg de ciruelas deshuesadas

Ponga el vino en una cazuela mediana, eche la canela, el azúcar y la piel de limón, y llévelo a ebullición sin dejar de remover hasta que el azúcar se disuelva. Eche las ciruelas y, en cuanto rompa de nuevo el hervor, cuézalas 10 minutos. Páselo a una fuente transparente refractaria, deje que se enfríe y deseche la rama de canela. Refrigere el postre hasta que vaya a servirlo.

Fotografía p.370

Ciruelas flambeadas

Prugne flambé

Preparación: 2 h 30 min (refrigeración incluida)
Para 4 personas

- 600 g de ciruelas rojas y claudias a partes iguales
- 150 ml de nata extragrasa
- 400 ml de marsala u otro vino dulce
- 8 terrones de azúcar
- 120 ml de ron

Corte la parte superior de las ciruelas y resérvelas. Deshuese las ciruelas procurando no romperlas. Monte la nata en un bol, rellene las ciruelas con ella y refrigere la que sobre. Tape las ciruelas con la parte reservada, cubriendo las rojas con los casquetes de las claudias, y viceversa. Vierta el vino en un cuenco y disponga las ciruelas derechas en él. Refrigérelo 2 horas.

Antes de servir, remoje unos segundos los terrones de azúcar en el ron. Cubra las ciruelas con la nata restante y ponga los terrones al ron encima. Con precaución, acerque una cerilla encendida al borde de los terrones y flambéelos. Sírvalo en cuanto las llamas se apaguen.

Uvas caramelizadas

Uva caramellata

Preparación: 15 min
Cocción: 15 min
Para 4 personas

- aceite de almendra de uso alimentario, para pintar
- 1 racimo de uvas moscatel
- 150 g de azúcar

Pinte una fuente con aceite de almendra. Separe las uvas en varios racimos pequeños. Ponga el azúcar en una cazuela, eche 3 o 4 cucharadas de agua y llévelo a ebullición a fuego mínimo, sin dejar de remover hasta que se disuelva.

Hiérvalo unos minutos sin remover, sacudiendo la cazuela de vez en cuando, hasta que el caramelo se dore. Apártelo del fuego y, si quedara demasiado espeso, dilúyalo con 1 cucharada de agua caliente. Sumerja los racimos de uvas en el caramelo con precaución, sáquelos enseguida y páselos a la fuente. Espere a que se solidifique y sírvalo.

Nota: Para preparar una versión con chocolate, trocee una tableta de chocolate negro y fúndalo al baño María. Sumerja los racimos de uvas en el chocolate y deje que se solidifique en el refrigerador antes de servirlos.

Ñoquis con ciruelas a la triestina

Gnocchi di patate con prugne alla triestina

Preparación: 25 min
Cocción: 1 h
Para 4 personas

- 12 ciruelas
- 6 terrones de azúcar por la mitad
- 1 kg de patatas
- 40 g de mantequilla
- 4 cucharadas de pan recién rallado
- 1 pizca de canela molida
- 1 pizca de azúcar
- 200 g de harina
- 1 huevo
- sal

Escalde las ciruelas con agua hirviendo de 5 a 7 minutos. Escúrralas, pártalas por la mitad, deshuéselas y junte de nuevo las mitades rellenándolas con medio terrón de azúcar. Cueza las patatas en agua hirviendo con sal de 25 a 30 minutos, hasta que estén tiernas.

Mientras tanto, funda la mantequilla en una sartén pequeña. Eche el pan rallado y rehóguelo a fuego lento, removiendo a menudo, unos minutos o hasta que se dore bien. Incorpore la canela y el azúcar y aparte la sartén del fuego.

Escurra las patatas, cháfelas mientras aún estén calientes y disponga el puré en la encimera en forma de volcán. Eche en el hueco la harina, el huevo y una pizca de sal y trabaje la masa hasta que quede suave. Sepárela en porciones, deles forma de huevo, introduzca 1 ciruela dentro de cada una y vuelva a modelar la masa para que la fruta quede bien recubierta.

Lleve agua con sal a ebullición. Eche los ñoquis con ciruela y cuézalos hasta que floten. Retírelos con una espumadera y páselos a una fuente caliente. Esparza el pan rallado por encima y sírvalo.

Nota: Si no es temporada de ciruelas, sustitúyalas por la variedad desecada.

Buñuelos con pétalos de rosa

Frittelle alle rose

Preparación: 1 h

Cocción: 15 min

Para 4 personas

- 500 g de azúcar
- 1 cucharadita de licor anisado
- 130 g de harina
- 1 cucharadita de levadura en polvo
- 250 ml de leche
- 20 g de mantequilla
- 500 ml de yogur
- 50 g de pasas
- aceite de oliva, para freír
- los pétalos de 2 o 3 rosas de color rosa de cultivo biológico

Ponga el azúcar en una cazuela, añada 500 ml de agua y llévelo a ebullición sin dejar de remover hasta que se disuelva. Baje el fuego y hiérvalo 5 minutos sin remover, hasta que el almíbar se espese. Incorpore el licor, aparte la cazuela del fuego y deje que se enfríe.

Tamice la harina y la levadura en un bol, añada 2 o 3 cucharadas de leche y mézclelo. Incorpore la mantequilla, el yogur y la leche restante, y mézclelo bien. Forme bolitas con la masa e introduzca unas pasas dentro de cada una.

Caliente aceite en una freidora o sartén a 180 o 190 °C, o hasta que un dado de pan se dore en 30 segundos. Fría los buñuelos por tandas unos minutos, hasta que se doren. Retírelos con una espumadera, déjelos escurrir sobre papel absorbente, páselos por el almíbar y adórnelos con los pétalos de rosa. Sírvalos calientes.

Fotografía p.371

Ciruelas al vino (p.366)

Buñuelos con pétalos de rosa (p.369)

Helados y bebidas

Gelati e bibite

En Italia, la gran variedad de fruta de temporada de los meses de verano se traduce en un sinfín de recetas de helados, sorbetes y granizados. Ya sean preparadas con cerezas, albaricoques, melón, grosellas, higos, moras, ciruelas, fresas o frambuesas, las recetas italianas suelen ser muy sencillas, tan solo hay que elegir frutas bien maduras y mezclarlas con algunos ingredientes.

Para empezar, hay que lavar la fruta a conciencia, ya que cuando está madura se estropea con facilidad. Si dispone de heladora, tendrá listos muchos de los helados en menos de media hora, aunque las recetas también se pueden preparar de forma manual: basta batirlos unos minutos cada hora aproximadamente, hasta que se congelen del todo.

Pero la fruta también es la protagonista de las bebidas estivales, con un sugerente repertorio de cócteles con alcohol y batidos que son la panacea para refrescar el paladar durante los largos y calurosos días de verano.

Helado de piña

Gelato all'ananas

Preparación: 5 h 30 min (congelación incluida)
Para 4 personas

1 piña
450 g de piña en almíbar
1 cucharada de azúcar glas tamizado
250 ml de nata extragrasa

Corte la corona de la piña y extraiga la pulpa con un cuchillo afilado procurando no romper la cáscara. Reserve esta última. Retire y deseche el corazón de la piña y trocee la pulpa. Póngala en el robot de cocina o la batidora, añada la piña en almíbar junto con su jugo y tritúrelo hasta obtener un puré.

Páselo a un bol e incorpore el azúcar glas. Déjelo 1 hora en el congelador, hasta que empiece a adquirir consistencia y a congelarse. Monte la nata e incorpórela.

Pase el helado a la cáscara de la piña y congélelo 4 horas como mínimo.

Helado de jazmín

Gelato ai fiori di gelsomino

Preparación: 30 min (congelación incluida)
Cocción: 10 min
Para 4 personas

200 g de azúcar
50-60 flores de jazmín de cultivo biológico, y unas cuantas más para adornar
100 ml de nata extragrasa

Ponga 500 ml de agua en una cazuela, eche el azúcar y las flores, y llévelo a ebullición sin dejar de remover hasta que el azúcar se disuelva. Cuézalo a fuego lento, sin remover, 10 minutos. Aparte la cazuela del fuego y deje que se enfríe.

Mientras tanto, monte la nata en un bol. Disponga las flores con su almíbar en la heladora, añada la nata y accione el programa de 20 minutos o el indicado por el fabricante. A continuación, ponga el helado en el congelador.

Para servir, reparta el helado en copas de champán o vasos de whisky medianos y adórnelo con flores de jazmín.

Helado de frutas del bosque

Gelato ai frutti di bosco

Preparación: 30 min
(congelación incluida)
Para 6 personas

400 g de frutas del bosque, como fresas, moras, frambuesas y arándanos
el zumo de ½ limón colado
175 g de azúcar glas
250 ml de nata extragrasa

Ponga la fruta, el zumo de limón, el azúcar y la nata en la batidora y tritúrelo 2 minutos. Páselo a la heladora y accione el programa de 20 minutos o el indicado por el fabricante. A continuación, meta el helado en el congelador. Sírvalo en bolas en recipientes individuales.

Fotografía p.380

Helado de menta

Gelato di menta

Preparación:
3 h 30 min-4 h 30 min
(reposo y congelación incluidos)
Cocción: 5 min
Para 4 personas

200 g de hojas de menta bien picadas
80 g de azúcar
50 g de chocolate negro troceado
2 yemas de huevo
200 ml de nata extragrasa
nata montada y hojas de menta, para adornar

Mezcle la menta y el azúcar en un bol. Funda el chocolate al baño María.

Retire el chocolate del fuego y deje que se enfríe un poco. Añada las yemas, remueva hasta mezclar bien ambos ingredientes y deje que se enfríen por completo. Monte la nata en un bol aparte hasta que esté bien consistente, échela en el bol con la menta y, después, el chocolate.

Enjuague con agua un recipiente apto para el congelador. Eche la crema en el molde, tápelo con film transparente y déjelo 3 o 4 horas en el congelador. Para servir, sumerja unos instantes la base del molde en agua caliente, desmolde el helado en una fuente y adórnelo con nata montada y hojas de menta.

Helado de fresa y yogur

Gelato di fragole e yogurt

Preparación: 1 h 20 min
(congelación incluida)
Cocción: 35 min
Para 6-8 personas

- 600 g de fresas limpias
- 1 cucharada de agua de azahar
- 1 cucharada de zumo de limón
- 115 g de azúcar
- 300 ml de nata extragrasa
- 4 yemas de huevo

Para la salsa de fresa

- 600 g de fresas limpias
- 500 ml de yogur griego
- 80 g de azúcar

Para el puré de frambuesa

- 300 g de frambuesas
- 25 g de azúcar
- 1 cucharada de agua de azahar

Para preparar el helado, triture las fresas, el agua de azahar, el zumo y 50 g de azúcar en la batidora. Vierta la nata en una cazuela, llévela a ebullición a fuego lento y apáguelo en cuanto rompa el hervor. Bata las yemas con el azúcar en un bol hasta que adquieran un color claro y una consistencia espumosa e incorpórelo a la nata caliente.

Ponga la cazuela de nuevo en el fuego lento y remueva sin parar hasta que la crema se espese lo suficiente para cubrir el dorso de una cuchara, pero sin que llegue a hervir. Póngala en la batidora junto con el puré de fresa y tritúrelo. Deje que se enfríe, páselo a la heladora y accione el programa de 20 minutos o el indicado por el fabricante. Ponga el helado en un cuenco apto para el congelador y congélelo 30 minutos.

Para preparar la salsa de fresa, triture las fresas en la batidora. Pase el puré a un bol e incorpore el yogur, el azúcar y 100 ml de agua. Tápelo y refrigérelo.

Para preparar el puré de frambuesa, presiónelas a través de un colador dispuesto sobre un bol. Incorpore el azúcar y el agua de azahar. Saque el helado del congelador y repártalo en copas. Eche por encima el puré de frambuesa y, después, la salsa de fresa. Sírvalo enseguida.

Suflé helado de frambuesa y fresa

Souffle gelato di lamponi e fragole

Preparación: 3 h 20 min (congelación incluida)
Para 4 personas

200 g de frambuesas, y unas cuantas más para adornar
200 g de fresas limpias
175 g de azúcar
25 ml de licor de fresa o de otra fruta
la ralladura de ½ limón
500 ml de nata para montar
3 hojas de gelatina

Corte una tira de papel vegetal de 4 cm de ancho de la misma longitud que el diámetro de una fuente para suflé y péguela con cinta adhesiva alrededor del borde.

Ponga las frambuesas y las fresas en la batidora, añada el azúcar, el licor y la ralladura de limón y bátalo hasta que quede homogéneo y espumoso. Páselo a un bol y resérvelo. Monte la nata en un bol aparte.

Ponga la gelatina en un bol refractario, cúbrala con agua y disuélvala al baño María. Añada la nata montada y la gelatina al puré de fruta e incorpórelas con suavidad para que la mezcla no pierda su consistencia esponjosa.

Pásela a la fuente y congélela durante 3 horas. Para servir, retire el papel vegetal y adorne el suflé con frambuesas.

Fotografía p.381

Helado de frutas del bosque (p.375)

Suflé helado de frambuesa y fresa (p.379)

Helado de fresa silvestre y de limón

Gelato di fragoline e limone

Preparación: 1 h 15 min
(congelación incluida)
Cocción: 5 min
Para 6 personas

Para el helado de fresa silvestre

400 g de fresas silvestres limpias
vino blanco con poco cuerpo, para enjuagar
300 ml de leche
1 tira de piel de limón cortada fina
1 vaina de vainilla abierta
2 huevos
250 g de azúcar
200 ml de nata extragrasa

Para el helado de limón

el zumo de 6 limones colado
250 g de azúcar
350 ml de leche
350 ml de nata extragrasa

Para preparar el helado de fresa, enjuague las fresas con el vino. Ponga la leche en un cazo, eche la piel de limón y la vainilla y caliéntelo. En cuanto rompa el hervor, aparte el cazo del fuego y deje que se enfríe.

Bata los huevos con el azúcar en la batidora hasta que adquieran un color claro y una consistencia espumosa, añada las fresas y ponga la batidora en marcha de nuevo hasta obtener un puré. Agregue la nata, cuele la leche y tritúrelo otra vez hasta incorporar los ingredientes. Páselo a la heladora y congélelo según las instrucciones del fabricante.

Para preparar el helado de limón, bata el zumo y el azúcar en la batidora. Añada la leche y la nata y bátalo de nuevo unos instantes. Páselo a la heladora y congélelo según las instrucciones del fabricante. Para servir, forme bolas de distintos tamaños con los dos tipos de helado y dispóngalas en forma de pirámide en un bol de cristal o platos individuales.

Nota: Los sorbetes y los helados elaborados con fruta presentan un mayor contenido en agua que los más cremosos, por lo que hay que removerlos más a menudo para que no se formen cristales de hielo. Recuerde que la refrigeración disminuye el sabor, por lo que la fruta debe estar bien madura y sabrosa.

Crema helada de melón

Crema gelata di melone

Preparación: 4 h 30 min
(congelación incluida)
Para 2 personas

- 2 melones pequeños
- 3-4 cucharadas de miel mil flores u otra variedad fluida
- 150 ml de yogur

Parta uno de los melones por la mitad, despepítelo, retire la pulpa con una cuchara y tritúrela en el robot de cocina o la batidora. Pase el puré a un cuenco, incorpore 3 cucharadas de miel, pruébelo y, si lo prefiere, endúlcelo con otra cucharada. Incorpore el yogur. Páselo a un recipiente rectangular poco hondo y déjelo 4 horas en el congelador. Mientras tanto, parta el otro melón por la mitad y despepítelo. Con un vaciador, saque bolas de pulpa; póngalas en un bol y refrigérelas hasta el momento de servir. Saque la crema helada de melón del congelador y déjela reposar 10 minutos antes de servir el postre. Desmóldela en una fuente, córtela en porciones y adórnela con las bolitas de melón.

Helado de melocotón

Gelato di pesche

Preparación: 6 h 15 min
(reposo y congelación incluidos)
Cocción: 15-20 min
Para 4 personas

- 500 g de melocotones pelados, deshuesados y en rodajas
- 175 g de azúcar glas
- 2 hojas de gelatina
- 5 huevos, con las yemas y las claras separadas
- 120 ml de ron

Ponga los melocotones en un cuenco, espolvoréelos con el azúcar glas, déjelos reposar 2 horas y, después, páselos por un tamiz sobre otro cuenco. Deje la gelatina en remojo con agua fría 5 minutos y estrújela para eliminar el líquido. Ponga las yemas en una cazuela, eche el puré de melocotón y cuézalo sin dejar de remover de 15 a 20 minutos, hasta que se espese. Ponga la gelatina en un bol refractario, cúbrala con un poco de agua y disuélvala al baño María. Incorpórela al melocotón y deje que se enfríe. Monte las claras a punto de nieve en un bol aparte y añádalas también. Vierta el ron en un recipiente apto para el congelador, impregnando bien los laterales, vierta la crema de melocotón y déjelo 4 horas en el congelador. Para servir, sumerja unos instantes la base del recipiente en agua caliente, desmolde el helado en una fuente y córtelo en porciones.

Fotografía p.386

Helado de avellana

Gelato di nocciole

Preparación: 1 h (congelación incluida)
Cocción: 10-15 min
Para 6 personas

- 100 g de avellanas sin cáscara
- 750 ml de leche
- 25 g de azúcar avainillado
- 6 yemas de huevo
- 175 g de azúcar

Precaliente el horno a 200 °C. Reparta las avellanas en la bandeja del horno y tuéstelas de 15 a 20 minutos, o hasta que empiecen a tomar color. Frótelas con un paño de cocina limpio para desprender la piel, píquelas bien y póngalas en un bol. Lleve la leche a ebullición en una cazuela mediana e incorpore el azúcar avainillado. Mezcle unas cucharadas de la leche con las avellanas picadas y, después, incorpore la restante. Bata las yemas con el azúcar en un bol aparte hasta que espumen y añádalas a las avellanas.

Páselo a una cazuela y cuézalo a fuego medio, sin dejar de remover, hasta que rompa el hervor. Apártelo del fuego y deje que se enfríe. Páselo a la heladora y accione el programa de 20 minutos o el indicado por el fabricante. Ponga el helado en un recipiente poco hondo apto para el congelador y congélelo.

Helado de nata con pétalos de rosa

Gelato di panna ai petali di rosa

Preparación: 3 h 30 min (reposo y congelación incluidos)
Cocción: 10 min
Para 4 personas

- 200 ml de champán
- 175 g de azúcar
- 50-66 g de pétalos de rosa de cultivo biológico
- 2-3 gotas de esencia de rosa de uso alimentario
- 100 ml de nata extragrasa
- hojas de rosal o pétalos de rosa de cultivo biológico, para adornar

Ponga el champán y 100 ml de agua en una cazuela, añada el azúcar y caliéntelo a fuego lento sin dejar de remover hasta que se disuelva. Apártelo del fuego. Incorpore de 50 a 60 g de pétalos de rosa al almíbar y déjelos reposar 3 horas para que los sabores se entremezclen. Cuele el almíbar en un bol y añada los pétalos restantes y la esencia. Tritúrelo con la batidora y, después, páselo a la heladora. Monte la nata en un bol, incorpórela al puré de la heladora y accione el programa de 20 minutos o el indicado por el fabricante. Reparta el helado en boles, adórnelo con hojas de rosal o pétalos de rosa y sírvalo enseguida.

Semifreddo de manzanilla

Semifreddo di camomilla

Preparación: 4 h 30 min
(congelación incluida)
Cocción: 10 min
Para 4 personas

- 200 g de flores de manzanilla de cultivo biológico
- 100 g de azúcar
- 3 huevos, con las yemas y las claras por separado
- 50 ml de marsala dulce
- el zumo de ½ limón
- 200 ml de nata
- almendras picadas, para adornar

Ponga las flores y el azúcar en un cazo, cúbralo con 200 ml de agua y llévelo a ebullición, removiendo, hasta que el azúcar se disuelva.

Hiérvalo sin dejar de remover hasta obtener un almíbar espeso. Páselo por un colador de malla fina dispuesto sobre un bol, presione las flores para extraer el líquido y deje que se enfríe. Incorpore las yemas, bátalas hasta que se espese y añada el marsala y el zumo de limón.

Monte las claras a punto de nieve en un bol y la nata en otro. Incorpore las claras montadas al almíbar de manzanilla y, después, la nata. Forre un recipiente apto para el congelador con film transparente, eche la crema y congélela durante unas horas. Adorne el helado con almendra picada y sírvalo.

Vino frío con fresas

Vino gelato alle fragole

Preparación: 3 h 15 min
(congelación incluida)
Para 4-6 personas

- el zumo de 2 limones colado
- 3-4 ramitas de menta
- 4 fresas limpias y en cuartos
- azúcar, para espolvorear
- 1 botella de vino blanco seco frío

Mezcle el zumo de limón con 500 ml de agua en una jarra. Llene por la mitad los compartimientos de un molde para cubitos de hielo con la mezcla de limón y agua y congélelo 1 hora. A continuación, disponga una hoja de menta sobre cada cubito y termine de llenar el molde con el zumo de limón restante.

Congélelo 2 horas más. Ponga las fresas en un bol y espolvoréelas con azúcar. Para servir, ponga 2 cubitos con sabor a limón en cada vaso, vierta el vino y adórnelo con las fresas.

Fotografía p.387

Helado de melocotón (p. 383)

Vino frío con fresas (p. 385)

Semifreddo de frambuesa

Semifreddo ai lamponi

Preparación: 4 h 30 min (congelación incluida)
Cocción: 5-10 min
Para 6-8 personas

6 yemas de huevo
250 g de azúcar
250 g de frambuesas
750 ml de nata extragrasa

Bata las yemas con el azúcar en un bol refractario hasta obtener una consistencia ligera y espumosa. Caliéntelo al baño María sin dejar de batir hasta que se espese lo suficiente para cubrir el dorso de una cuchara.

Aparte el bol del fuego y siga batiendo hasta que se enfríe por completo. Ponga las frambuesas en una fuente llana y cháfelas con un tenedor. En un bol aparte, monte la nata e incorpore las yemas batidas y las frambuesas trituradas. Forre con film transparente un recipiente rectangular apto para el congelador, eche la crema y alise la superficie. Congélelo 4 horas como mínimo. Para servir, sumerja unos instantes la base del recipiente en agua caliente y desmóldelo en una fuente. Retire el film y corte el *semifreddo* en porciones de 1 cm de grosor.

Fotografía p.390

Sorbete de mora

Sorbetto di more

Preparación: 3 h 30 min (reposo y congelación incluidos)
Cocción: 10 min
Para 4 personas

130 g de azúcar
2 cucharadas de agua de azahar, y un poco más para rociar
600 g de moras
nata montada o jalea de mora, para acompañar

Ponga 150 ml de agua en una cazuela, eche el azúcar y el agua de azahar, y llévelo a ebullición, removiendo, hasta que el azúcar se disuelva.

Hiérvalo 5 minutos sin dejar de remover, apártelo del fuego y deje que se enfríe. Triture las moras en la batidora e incorpórelas al almíbar.

Páselo a un recipiente apto para el congelador y rocíelo con unas gotas de agua de azahar. Tápelo con papel de aluminio y congélelo durante unas 3 horas. Sirva el sorbete en bolas acompañado de nata montada o jalea de mora.

Semifreddo de grosella

Semifreddo di ribes rossi

Preparación: 10 h 30 min
(congelación incluida)
Para 4 personas

500 ml de nata extragrasa
80 g de azúcar glas
50 g de bizcochos de soletilla
200 g de grosellas rojas

Forre con film transparente un recipiente rectangular apto para el congelador. Monte la nata con el azúcar, repártala entre 2 boles y refrigérela. Desmenuce los bizcochos en uno de los boles, mézclelo bien con la nata, extienda la mitad en la base del recipiente preparado y congélelo 2 horas.

Reserve 2 cucharadas de las grosellas y triture las demás en el robot de cocina o la batidora. Incorpore el puré al segundo bol de nata, échelo en el recipiente y congélelo otras 2 horas. Saque el recipiente del congelador y termine de llenarlo con la mezcla de nata y bizcochos reservada. Alise la superficie y congélelo 6 horas más. Sumerja unos instantes la base del recipiente en agua caliente, desmolde el *semifreddo* en una fuente, adórnelo con las grosellas reservadas y sírvalo.

Sorbete de ciruela

Sorbetto di prugne

Preparación: 45 min
(congelación incluida)
Cocción: 5 min
Para 4 personas

400 g de ciruelas rojas por la mitad y deshuesadas
la ralladura de 1 naranja
250 g de azúcar
½ rama de canela
1 clara de huevo

Trocee las ciruelas, póngalas en un cuenco con la ralladura de naranja y 2 cucharadas de azúcar y déjelo unos 10 minutos en reposo. Mientras tanto, vierta 250 ml de agua en una cazuela mediana, eche el azúcar restante y la canela y llévelo a ebullición sin dejar de remover hasta que el azúcar se disuelva. Hiérvalo sin remover 5 minutos más y, después, retire la canela y deje enfriar el almíbar. Ponga las ciruelas en el robot de cocina o la batidora, agregue el almíbar y la clara de huevo y tritúrelo hasta obtener un puré. Viértalo en la heladora y accione el programa de 20 minutos o el indicado por el fabricante. Páselo a un recipiente apto para el congelador y congélelo.

Fotografía p.391

Semifreddo de frambuesa (p.388)

Sorbete de ciruela (p.389)

Zuccotto

Zuccotto

Preparación: 4 h 30 min
(refrigeración incluida)
Para 8 personas

300 g de bizcochos de soletilla
150 ml de Grand Marnier
750 ml de nata extragrasa
150 g de cacao en polvo
2 cucharadas de azúcar glas
100 g de chocolate negro picado
20 almendras escaldadas picadas

Forre un molde semiesférico o un bol con algunos bizcochos y rocíelos con parte del Grand Marnier. Monte la nata y repártala entre 2 boles. Tamice el cacao y el azúcar sobre uno de los boles y mézclelo bien. Ponga el chocolate y las almendras en el otro bol y mézclelo bien. Vierta la crema de cacao en el molde y déjelo caer varias veces con un golpe seco sobre la encimera para eliminar el aire. Cubra la crema con una capa de bizcochos y rocíelos con la mitad del Grand Marnier restante. Vierta la crema de almendra, cúbrala con el resto de bizcochos y rocíelos con el Grand Marnier restante. Refrigérelo unas 4 horas y desmóldelo en una fuente. Si lo prefiere, congele el *zuccotto.*

Nota: El *zuccotto* es una especialidad florentina. Al parecer, fue el primer *semifreddo* de la historia de la cocina y se dice que su forma esférica recuerda a la cúpula del Duomo de Florencia.

Sorbete de sandía

Sorbetto d'anguria

Preparación: 40 min
(congelación incluida)
Para 4-6 personas

1 sandía pequeña
200 g de azúcar glas
el zumo de ½ limón colado
rodajas de limón, para adornar

Corte la parte superior de la sandía, retire y despepite la pulpa y reserve la cáscara. Triture 350 g de la pulpa en la batidora con el azúcar, el zumo de limón y 400 ml de agua. Páselo a la heladora y accione el programa de 20 minutos o el indicado por el fabricante. Forme bolas de distintos tamaños con el sorbete y póngalos en la cáscara de la sandía. Adórnelo con rodajas de limón y sírvalo.

Nota: El sorbete de melón se prepara del mismo modo pero añadiendo un vaso de oporto al agua.

Sorbete de albaricoque

Sorbetto d'albicocche

Preparación: 4 h 30 min
(congelación incluida)
Cocción: 15 min
Para 4 personas

200 g de azúcar
400 g de albaricoques deshuesados
2 cucharadas de ron blanco

Ponga el azúcar en una cazuela, vierta 100 ml de agua y llévelo a ebullición sin dejar de remover hasta que el azúcar se disuelva. Hierva el almíbar 10 minutos sin remover, añada los albaricoques y prosiga con la cocción 5 minutos más.

Presione los albaricoques a través de un colador de nailon dispuesto sobre un bol para tamizar la pulpa y mézclela con el ron. Páselo a un recipiente apto para el congelador y congélelo 1 hora, hasta que se espese. Pase el sorbete a un bol, bátalo bien 2 o 3 minutos, devuélvalo al recipiente y déjelo 2 o 3 horas más en el congelador. Sírvalo en boles individuales o vasos altos.

Sorbete a la albahaca

Sorbetto al basilico

Preparación: 1 h
(congelación incluida)
Para 4 personas

16 hojas de albahaca, y algunas más para adornar
500 ml de vino espumoso seco
100 g de azúcar glas
el zumo de 1 limón colado
4 claras de huevo

Ponga la albahaca, el vino, el azúcar y el zumo en la batidora, bátalo 1 minuto a velocidad máxima y páselo a un bol. Monte las claras a punto de nieve en un bol aparte e incorpórelas con suavidad.

Páselo a un recipiente apto para el congelador y congélelo 45 minutos, o hasta que empiecen a formarse cristales de hielo. Sáquelo del congelador y repártalo en 4 vasos altos. Adórnelo con hojas de albahaca y sírvalo.

Nota: Los sorbetes que se preparan con claras montadas a punto de nieve quedan más cremosos.

Sorbete de cereza

Sorbetto di ciliegie

Preparación:
2 h 15 min-3 h 15 min
(congelación incluida)
Para 4 personas

300 g de cerezas maduras deshuesadas
150 g de azúcar glas
½ cucharadita de esencia de almendra

Ponga las cerezas, el azúcar y la esencia de almendra en la batidora, vierta 200 ml de agua y tritúrelo bien. Páselo a un molde rectangular y congélelo, removiéndolo 2 o 3 veces cada hora durante 2 o 3 horas. Saque el sorbete del congelador, repártalo entre 4 boles de cristal y sírvalo.

Sorbete de kiwi

Sorbetto al kiwi

Preparación: 30 min
(congelación incluida)
Cocción: 15 min
Para 4 personas

200 g de azúcar
4 kiwis
el zumo de 1 limón colado
fresas, para adornar

Ponga 500 ml de agua en una cazuela, eche el azúcar y llévelo a ebullición, sin dejar de remover hasta que se disuelva. Cuézalo 15 minutos sin remover y apártelo del fuego. Pele los kiwis, trocéelos y tritúrelos en la batidora. Páselo a un bol e incorpore el almíbar y el zumo de limón. Viértalo en la heladora y accione el programa de 20 minutos o el indicado por el fabricante. Reparta el sorbete entre 4 vasos, adórnelo con fresas y sírvalo.

Polos de mora

Ghiaccioli alle more

Preparación: 3 h 15 min
(congelación incluida)
Cocción: 10 min
Para 4 personas

200 g de azúcar
300 g de moras
el zumo de 1 limón colado

Ponga 500 ml de agua en una cazuela, eche el azúcar y llévelo a ebullición sin dejar de remover hasta que se disuelva. Hiérvalo a fuego mínimo de 5 a 10 minutos sin remover, hasta que se forme un almíbar. Apártelo del fuego y deje que se enfríe. Triture las moras en la batidora y páselas por un colador de nailon dispuesto sobre un cuenco. Incorpore el zumo de limón y el almíbar. Repártalo entre 4 o más moldes para polos, pínchelos con un palo cada uno y congélelos 3 horas.

Granizado de albaricoque

Granita all'albicocca

Preparación: 3 h 15 min
(congelación incluida)
Cocción: 40 min
Para 4 personas

200 g de azúcar
400 g de albaricoques deshuesados y troceados
1 cucharadita de esencia de vainilla
el zumo de 1 limón colado
8 hojas de menta

Ponga el azúcar en una cazuela, eche 200 ml de agua y llévelo a ebullición a fuego lento sin dejar de remover hasta que se disuelva. Hiérvalo a fuego mínimo de 5 a 10 minutos sin remover, hasta que se forme un almíbar.

Apártelo del fuego y deje que se enfríe. Añada los albaricoques al almíbar, devuélvalo al fuego y cuézalo a fuego mínimo 30 minutos removiendo. Retírelo del fuego y déjelo enfriar de nuevo. Presione los albaricoques con su almíbar a través de un colador de nailon dispuesto sobre un cuenco, incorpore la vainilla y el zumo de limón, y páselo a un recipiente apto para el congelador.

Congélelo, removiéndolo cada 30 minutos, durante 3 horas. Saque el recipiente del congelador, reparta el granizado entre 4 boles individuales, adórnelo con 2 hojas de menta cada uno y sírvalo.

Granizado de fresa

Granita alla fragola

Preparación: 3 h 20 min
(congelación incluida)
Cocción: 10 min
Para 4 personas

150 g de azúcar
250 g de fresas limpias
el zumo de 1 naranja colado
el zumo de 1 limón colado

Ponga el azúcar en una cazuela, eche 250 ml de agua y llévelo a ebullición sin dejar de remover hasta que se disuelva. Hiérvalo a fuego mínimo de 5 a 10 minutos sin remover, hasta que se forme un almíbar.

Apártelo del fuego y deje que se enfríe. Reserve 4 fresas para adornar el granizado y presione las restantes a través de un colador de nailon dispuesto sobre un bol. Incorpore el zumo de los cítricos y, después, el almíbar. Páselo a un recipiente apto para el congelador y congélelo, removiéndolo cada 30 minutos, durante 3 horas.

Saque el recipiente del congelador y reparta el granizado entre 4 vasos altos. Adórnelo con las fresas reservadas y sírvalo.

Granizado de melocotón

Granita alla pesca

Preparación: 3 h 15 min
(congelación incluida)
Cocción: 40 min
Para 4 personas

150 g de azúcar
400 g de melocotones pelados, deshuesados y en dados
el zumo de 1 limón colado
1 cucharadita de esencia de vainilla
4 rodajas gruesas de limón, para adornar

Ponga el azúcar en un cazo, eche 200 ml de agua y llévelo a ebullición, sin dejar de remover hasta que se disuelva. Hiérvalo a fuego mínimo unos 10 minutos sin remover, hasta obtener un almíbar.

Aparte el cazo del fuego y deje que el almíbar se enfríe. Añádale el melocotón, tápelo, cuézalo 30 minutos a fuego medio, apague el fuego y déjelo enfriar de nuevo. Presione los albaricoques con su almíbar a través de un colador de nailon dispuesto sobre un cuenco e incorpore el zumo y la vainilla. Páselo a un recipiente apto para el congelador y congélelo 3 horas, removiéndolo cada 30 minutos.

Saque el granizado del congelador y repártalo entre 4 vasos. Adórnelo con 1 rodaja de limón cada uno y sírvalo.

Granizado de frambuesa y grosella roja

Granita di lamponi e ribes

Preparación: 3 h 20 min
(congelación incluida)
Cocción: 10 min
Para 4 personas

400 g de frambuesas
150 g de grosellas rojas
100 g de azúcar
el zumo de ½ limón colado
rodajas de limón, para adornar

Presione las frambuesas y las grosellas a través de un colador de nailon dispuesto sobre un cuenco. Ponga el azúcar en un cazo, eche 200 ml de agua y llévelo a ebullición sin dejar de remover hasta que se disuelva. Hiérvalo a fuego lento unos 5 minutos sin remover, hasta que se forme un almíbar.

Aparte el cazo del fuego y deje que se enfríe. Incorpore el puré de fruta y el zumo de limón al almíbar. Páselo a un recipiente apto para el congelador y congélelo, removiéndolo cada 30 minutos, 3 horas. Saque el granizado del congelador y repártalo en boles individuales. Adórnelo con rodajas de limón y sírvalo.

Barracuda de champán

Barracuda di champagne

Preparación: 2 h 10 min
(refrigeración incluida)
Para 4 personas

- 4-5 fresas limpias
- 1½ cucharadas de granadina
- 1 botella de champán semiseco
- fresas silvestres, para adornar

Ponga las fresas en un bol y tritúrelas bien con un batidor de varillas. Pase el puré a una jarra alta, incorpore la granadina y refrigérelo 2 horas. Antes de servir, vierta el champán y remueva con suavidad. Sirva el cóctel en vasos, adornado con fresas.

Fresas maceradas en marsala

Fragole al marsala

Preparación: 1 mes
(maceración incluida)
Para 2 kg

- ½ botella de marsala
- 1 kg de fresas silvestres limpias
- 250 g de azúcar

Ponga el marsala en un cuenco, eche las fresas, déjelas 30 minutos en remojo y escúrralas, reservando el vino. Disponga capas alternas de fresas y azúcar en un tarro esterilizado hasta terminar los ingredientes.

Por último, cúbralo con el marsala y cierre el tarro. Déjelo macerar en un lugar frío y oscuro, y consúmalo al cabo de 1 mes como mínimo. Sirva las fresas en vasos anchos con el vino aromatizado.

Nota: Consuma esta bebida dentro de un plazo de tiempo razonable, de lo contrario las fresas se ablandarían y perderían su color y sabor.

Macedonia con vino

Spumante alla frutta

Preparación: 2 h 30 min
(refrigeración incluida)
Para 16 personas

- 18 terrones de azúcar
- angostura, para rociar
- 1 kg de fruta fresca variada en trozos pequeños
- 500 ml de brandy
- 300 ml de Grand Marnier
- 4 botellas de vino blanco espumoso seco o dulce refrigerado

Ponga los terrones de azúcar en un cuenco y mójelos con unas gotas de angostura. Añada la fruta, rocíelo con el brandy y el Grand Marnier, tápelo y refrigérelo 2 horas como mínimo. Antes de servir, vierta el vino sobre la macedonia y remuévalo con suavidad.

Fotografía p.404

Frambuesas maceradas en aguardiente

Lamponi sotto spirito

Preparación:
2 meses 1 semana
(maceración incluida)
Cocción: 15 min
Para unos 1,2 kg

- 500 g de frambuesas
- 400 ml de aguardiente o vodka
- 250 g de azúcar

Ponga las frambuesas en un tarro esterilizado y dé unos golpecitos con él en la encimera protegida con un paño para que la fruta se asiente. Vierta el aguardiente, tape el tarro y déjelo 8 días en reposo.

Cuando las frambuesas estén bien maceradas, prepare el almíbar. Ponga 400 ml de agua en una cazuela, eche el azúcar y llévelo a ebullición sin dejar de remover hasta que se disuelva. Hiérvalo 15 minutos sin remover, hasta que se forme un almíbar. Apártelo del fuego y deje que se enfríe. Vierta el almíbar en el tarro, tápelo y déjelo macerar 2 meses en un lugar fresco y oscuro.

Cóctel de frutas del bosque

Cocktail ai frutti di bosco

Preparación: 1 h 15 min (refrigeración incluida)
Para 4 personas

600 g de frutas del bosque, como fresas, moras, frambuesas y arándanos
300 g de azúcar
25 ml de brandy

Para adornar

4 cubitos
4 rodajas de naranja
4 racimos pequeños de grosellas negras
8 hojas de menta

Ponga 600 ml de agua en un cuenco, eche la fruta e incorpore el azúcar. Páselo a la batidora y tritúrelo bien. Añada el brandy y accione de nuevo la batidora para incorporarlo. Páselo a una jarra y refrigérelo.

Para servir, vierta el cóctel en copas y ponga 1 cubito de hielo en cada una. Adorne cada copa con 1 rodaja de naranja, 1 racimo de grosellas y 2 hojas de menta.

Fotografía p.405

Champán al melocotón

Champagne alla pesca

Preparación: 5 min
Para 1 persona

¼ de melocotón bien maduro deshuesado, troceado y refrigerado
120 ml de champán refrigerado
1 cucharada de Grand Marnier o vodka

Ponga el melocotón en una copa alta, eche el champán y el Grand Marnier o el vodka, remuévalo y sírvalo.

Macedonia con vino (p.402)

Cóctel de frutas del bosque (p. 403)

Melón fizz

Melon fizz

Preparación: 2 h 15 min
(refrigeración incluida)
Para 6 personas

- 1 melón grande
- 200 g de azúcar glas
- 250 ml de ginebra
- 1 botella de vino espumoso seco

Parta el melón por la mitad, despepítelo y córtelo en rajas. Pele estas últimas y córtelas en dados. Ponga la pulpa en un cuenco, espolvoréela con el azúcar, riéguela con la ginebra y añada vino suficiente para cubrirla. Refrigérelo 2 horas como mínimo antes de servir.

Fotografía p.408

Melocotón al champán

Pesche allo champagne

Preparación: 1 h 15 min
(reposo incluido)
Para 6 personas

- 500 g de melocotones pelados, deshuesados y en dados
- ½ botella de vino blanco seco refrigerado
- 1 tira de piel de limón cortada fina
- el zumo de ½ limón colado
- ½ botella de champán refrigerado

Ponga el melocotón en un cuenco y refrigérelo. Vierta el vino en una jarra grande, eche la piel de limón y déjelo reposar 1 hora en un lugar frío. Antes de servir, retire y deseche la piel de limón y añada el zumo y, después, incorpore el champán y el melocotón.

Batido de verano

Frullato d'estate

Preparación: 10 min
Para 4 personas

- 600 ml de yogur desnatado
- 600 ml de hielo picado
- 50 g de azúcar
- el zumo de ½ limón pequeño colado
- 4 margaritas, para adornar

Ponga el yogur en la batidora, eche el hielo, el azúcar y el zumo de limón, y bátalo a velocidad media hasta que esté homogéneo. Reparta el batido en 4 vasos, adórnelo con 1 margarita cada uno y sírvalo.

Fotografía p.409

Moras y arándanos macerados en grapa

More e mirtilli sotto grappa

Para las moras:

Preparación: 1-2 meses
(maceración incluida)
Para unos 1,2 kg

500 g de moras
600 ml de grapa
150 g de azúcar

Para los arándanos:

Preparación: 3 meses
(maceración incluida)
Para unos 1,5 kg

300 g de arándanos
1 litro de grapa
150 g de azúcar

Para preparar las moras, retíreles las hojas y los tallos, enjuáguelas un poco, escúrralas y extiéndalas sobre un paño de cocina limpio. Déjelas secar varias horas y póngalas en 1 o más tarros esterilizados.

Ponga la grapa en una jarra grande, eche el azúcar y remueva hasta que se disuelva. Viértalo sobre las moras y cierre el tarro. Déjelo macerar en un lugar oscuro, dándole la vuelta al tarro de vez en cuando, 1 o 2 meses.

Para preparar los arándanos, retíreles las hojas y los tallos, enjuáguelos, escúrralos y extiéndalos sobre un paño de cocina limpio. Déjelos secar y póngalos en un tarro esterilizado. Ponga la grapa en una jarra grande, eche el azúcar y remueva hasta que se disuelva.

Viértalo sobre los arándanos y cierre el tarro. Déjelo macerar en un lugar oscuro, dándole la vuelta al tarro de vez en cuando, 3 meses como mínimo.

Batido de sandía

Frullato di cocomero

Preparación: 10 min
Para 1 persona

1 raja de sandía pelada, despepitada y troceada
el zumo de ½ naranja colado
el zumo de ½ limón colado
100 ml de vino espumoso blanco seco refrigerado
1 cucharada de azúcar
1 triángulo pequeño de sandía sin pelar, para adornar

Triture la sandía con el zumo de cítricos en la batidora hasta que esté homogéneo. Páselo a una jarra, vierta el vino, incorpore el azúcar hasta que se disuelva y sírvalo en un vaso alto adornado con 1 triángulo pequeño de sandía.

Melón fizz (p. 406)

Batido de verano (p.406)

Batido de fresa

Frullato di fragole

Preparación: 30 min
(remojo incluido)
Para 4 personas

- 2 cucharadas de vinagre de vino blanco
- 200 g de fresas
- azúcar, al gusto
- 750 ml de leche

Llene un cuenco mediano con agua e incorpore el vinagre. Eche las fresas con los pedúnculos y déjelas 10 minutos en remojo. Escúrralas bien, retíreles los pedúnculos y páselas a la batidora.

Tritúrelas hasta obtener un puré, pruébelo y, si fuera necesario, endúlcelo con un poco de azúcar. Agregue la leche y vuelva a accionar la batidora unos instantes para incorporarla. Sírvalo en 4 vasos anchos refrigerados.

Zumo de ruibarbo

Succo di rabarbaro

Preparación: 20 min
Cocción: 15 min
Para 6-8 personas

- 1 kg de ruibarbo en tiras cortas
- 250 g de azúcar
- 225 ml de zumo de manzana

Ponga el ruibarbo en una cazuela, cúbralo con agua y añada el azúcar. Llévelo a ebullición, baje el fuego y cuézalo 15 minutos, hasta que esté cocido.

Aparte la cazuela del fuego y cuele el líquido de cocción en un bol. Chafe el ruibarbo con un tenedor para extraer todo el jugo y deseche la pulpa. Incorpore el zumo de manzana al jugo de ruibarbo, páselo a un tarro, ciérrelo y refrigérelo.

Batido de fresa

Lista de recetas

Antipasti, aperitivos y pizzas

Huevos y tortillas

Entrantes

Pescado y marisco

Carne

Ensaladas

Salsas, adobos, marinadas y mantequillas aromatizadas

Hortalizas

Postres

Helados y bebidas

Índice

Los números en cursiva hacen referencia a las fotografías

A

B

C

D

E

F

G

J

K

L

M

Q

R

S

T

U

V

Y

Z

Directorio

En las siguientes direcciones encontrará productos italianos de alta calidad como jamón, aceite de oliva, vinagre balsámico, quesos y otros ingredientes utilizados en las recetas de este libro.

Barcelona

Delizie Grup

Delizie Balmes
Balmes, 149
08008 Barcelona
93 218 33 58

Delizie Gràcia
Travessera de Gràcia, 198
08007 Barcelona
633 335 135

Delizie Sarrià
Major de Sarrià, 43
08017 Barcelona
93 252 24 64
www.delizie.es

Fior di Napoli

Polígono Polizur
C/ Bosc Tancat, nau 47
08290 Cerdanyola del Vallès
93 592 02 39
www.fioridinapoli.com

Il magazzino

Londres, 103
08036 Barcelona
93 209 42 55
www.ilmagazzinoitaliano.com

La italiana Rivali

Bonsuccès, 12
93 318 20 42
www.laitalianarivali.com

Bilbao

Il tortellino

Artekale, 13
48005 Bilbao
www.iltortellino.net

Madrid

Acquafredda

Maldonado, 15
28006 Madrid
91 411 63 14

Capperi Gourmet

Fernando VI, 2
28004 Madrid
91 308 17 74

Mangitalia

Galileo 86
28015 Madrid
91 445 02 69
www.mangitalia.com

Sevilla

Il mercatino italiano
Alfalfa, 15
954 210 178
Sevilla
www.ilmercatinoitaliano.es

Tiendas on line

Benetti & Pecoraro

www.benettipecoraro.com

Italian Delicat

www.italian-delicat.com

Lonpre

www.lonpre.es/gastronom-a-de-italia

Negrini

www.negrini.es

Fotografías de Italia
de Joel Meyerowitz

Fotografías de
las recetas y los
ingredientes
de Andy Sewell

Ilustraciones
de Jeffrey Fisher

Diseño
de Sonya Dyakova

Traducido del inglés por
Carme Franch Ribes para
Equipo de Edición S.L.,
Barcelona

Phaidon Press Limited
Regent's Wharf
All Saints Street
London, N1 9PA

Phaidon Press Inc.
180, Varick Street
New York, NY 10014

www.phaidon.com

ISBN 978 0 7148 6128 9

Recetas para un verano italiano creado a partir de *Il cucchiaio d'argento estate*, publicado por primera vez en 2005, y *Il cucchiaio d'argento*, publicado por primera vez en 1950, octava edición (revisada, ampliada y actualizada en 1997) ©Editoriale Domus S.p.A

Printed in Germany
Impreso en Alemania

Los editores desean expresar su agradecimiento a Clelia d'Onofrio, Carmen Figini, Louisa Carter, Martin y Vanessa Lam, Summer Nocon y Philip Britten por su colaboración en esta obra.

Fotografías de las páginas 14, 18-19, 22-23, 36-37, 52-53, 74-75, 98-99, 106-107, 110-111, 140-141, 144-145, 178-179, 188-189, 214, 215, 230-231, 240, 241, 250, 251, 268-269, 274-275, 280-281, 288-289, 300-301, 318, 319, 332-333, 372, 394-395, 400-401 © Joel Meyerowitz

---

Fotografías de las páginas 26, 27, 30, 31, 40, 41, 46-47, 56, 57, 61, 64, 68, 69, 78, 79, 82, 83, 88, 89, 94, 95, 102, 114, 115, 118, 119, 122, 123, 126, 127, 130, 136, 137, 150-151, 154, 155, 157, 159, 166, 167, 174, 175, 182, 183, 193, 198, 202, 203, 208, 209, 218-219, 222, 223, 236, 237, 246, 247, 255, 258-259, 262, 263, 287, 292-293, 296, 297, 306, 307, 310, 311, 312, 322, 323, 326, 327, 338, 339, 344-345, 350, 351, 354, 355, 360, 361, 364-365, 370, 371, 376-377, 380, 381, 386, 387, 390, 391, 404, 405, 408, 409, 411 de Andy Sewell

---

Notas sobre las recetas

La mantequilla siempre es sin sal.

La pimienta siempre es negra y recién molida, a no ser que se indique otra cosa.

Se entiende que los huevos, las hortalizas y las frutas son de tamaño mediano, a no ser que se indique otra cosa.

La leche siempre es entera, a no ser que se indique otra cosa.

Se entiende que los dientes de ajo son grandes; si los que tiene son pequeños, use dos.

Los tiempos de preparación y cocción son orientativos, ya que dependerán del horno. Si su horno es de aire, siga las instrucciones del fabricante en lo que respecta a las temperaturas.

Para comprobar si el aceite está suficientemente caliente, eche un dado de pan duro. Se si dora en 30 segundos, el aceite tendrá una temperatura entre 180 y 190 ºC, más o menos adecuada para la mayoría de los fritos. Proceda con cautela al freír en abundante aceite: eche los alimentos con cuidado para evitar salpicaduras, lleve manga larga y nunca deje el recipiente desatendido.

Algunas recetas contienen huevo crudo o ligeramente cocinado. Deberán evitarse en casos de personas mayores, niños, embarazadas, convalecientes y personas con problemas en el sistema inmunitario.

Todas las medidas con cuchara son rasas.
1 cucharadita = 5 ml;
1 cucharada = 15 ml.

Pesci
Carni
Pasta
Oli
Vini
Erb